Kontaktadresse nach EU-Produktsicherheitsverordnung:
produktsicherheit@fischerverlage.de

In Deutschland müssen Frauen sich immer noch entscheiden – entweder Kinder oder Karriere. Barbara Vinken analysiert leidenschaftlich, prägnant und intelligent, warum Kinder und ein erfülltes Berufsleben in Deutschland nicht zusammengehen. Ihr Fazit: Es hängt am deutschen Dogma der Mutter, dem wir in Nibelungentreue anhängen und das uns souverän die vorgelebten Erfahrungen unserer europäischen Nachbarn ignorieren lässt. Das hat uns in Sachen Familienpolitik im Verhältnis zu westeuropäischen Standards um 40 Jahre zurückgeworfen. Die Gründe für diese Ideologie wurzeln in einem ungebrochenen Mythos der Mütterlichkeit. Wie ein roter Faden zieht er sich durch die deutschen Versuche der nationalen Selbstbeschreibung und -bestimmung, vom Protestantismus zum Nationalismus bis in die Gegenwart. Auch heute noch glauben die Deutschen, dass nur die gesunde Kleinfamilie mit einer Mutter, die selbstlos einen Raum der Liebe für die Ihren schafft, gegen die harte, kalte Karrierewelt, in der Mütter keinen Platz haben, bestehen kann.

Barbara Vinken (*1960), studierte Literaturwissenschaft in Aix-en-Provence, Freiburg, Paris, Konstanz und an der Yale University. Nach Lehrstühlen an der Universität Hamburg und Zürich ist sie seit 2004 Professorin für Allgemeine und Französische Literaturwissenschaft an der Universität München. Sie lehrte an der New Yorker NYU, an der Berliner Humboldt-Universität, an der École des Hautes Études in Paris und an der Johns Hopkins University in Baltimore. Sie lebt mit ihrer Familie in München.
Im S.Fischer Verlag ist lieferbar »Flanbert. Durchkreuzte Moderne« (2009).

Unsere Adressen im Internet: www.fischerverlage.de
www.hochschule.fischerverlage.de

Barbara Vinken
Die deutsche Mutter

Der lange Schatten eines Mythos

Fischer Taschenbuch Verlag

Pour Momo, encore

3. Auflage

Hedderichstr. 114, 60596 Frankfurt am Main
Druck und Bindung: BoD – Books on Demand GmbH,
Norderstedt, Germany
ISBN 978-3-596-17619-9

Inhalt

Vom ›Volk ohne Raum‹ zum ›Land ohne Leute‹

The times, they are a-changin'?
Bob Dylan

Mitte der neunziger Jahre, als ich dieses Buch begann, war das Thema Kinder und Karriere (von Müttern, versteht sich) ziemlich randständig. Innerhalb von zehn Jahren ist es in der Politik vom »Gedöns« zur »Chefsache« erklärt und zum zentralen Thema im letzten Wahlkampf geworden. Die Feuilletons machen es zum Dauerbrenner. Die Familienministerin wird über Nacht zur Schlüsselfigur der Regierung, ein Minister in spe fällt nicht zuletzt über seine Aussagen zur Familienpolitik, der Familienbericht wird mit Spannung erwartet, staubtrockene Studien zur demographischen Entwicklung sind bestsellerverdächtig. Was ist passiert? Der Grund für die plötzliche Popularität des Themas Kinder, Familie und Berufstätigkeit der Mütter liegt nicht darin, dass sich alle um die Emanzipation der Frauen und deren wirtschaftliche Eigenständigkeit Sorgen machen. Und mit gerunzelter Stirn über Zahlen gebeugt sind, die zeigen, dass sich hierzulande die im europäischen Kontext sowieso eindrucksvoll gespreizte Gehaltsschere zwischen Männern und Frauen nicht langsam schließt, während in Frankreich für das Jahr 2010 die effektive Gleichstellung männlicher und weiblicher Gehälter angestrebt wird. Oder dass man gar im Zuge der europäischen Integration einen Blick über den Tellerrand riskiert und gesehen hätte, dass es in anderen Ländern besser gelaufen ist. Dänemark etwa, aber auch Frankreich, haben eine deutlich höhere Geburtenzahl (1,7 für Dänemark, 1,9 für Frankreich und 1,4 für Deutschland) *und* mehr Vollzeit arbeitende Frauen, die dann auch bessere Karrieren haben. Während in Deutschland die Familiengründung immer noch dazu führt, dass es zu einem typisch weiblichen und typisch männlichen Erwerbslebenslauf kommt, haben sich männliche und weibliche Berufsbiographien in Dänemark und Frankreich weitgehend angeglichen. Der Unterschied zwischen dem Einkommen von

Männern und Frauen ist dort deutlich geringer *und* die Zahl der Kinder deutlich höher.

Der Grund für die plötzliche Popularität von Familie liegt vielmehr darin, dass aus einem »Volk ohne Raum« ein »Land ohne Leute« zu werden droht.[1] Die demographische Obsession, die in Frankreich seit den großen Kriegen Ludwigs des XIV. zum festen Repertoire nationaler Politik geworden ist und in dem napoleonischen Satz gipfelte, eine heiße Nacht in Paris mache die verheerenden Verluste des Russlandfeldzuges wieder gut, hat Deutschland erreicht. Hierzulande sorgt sie allerdings eher für apokalyptische Szenarien, da aus heißen Nächten ja bekanntlich kein Kindersegen mehr folgt. Selbst Adenauers Optimismus in Sachen Fruchtbarkeit, »Kinder kriegen die Leute immer«, ist in Zeiten von flächendeckender Geburtenkontrolle Lügen gestraft worden. Nicht mehr die Versorgung der Heere mit Soldaten, sondern die Sicherung der Sozialsysteme – Stichwort Renten und Pensionen, Pflegeversicherungen und Krankheitskosten – drücken aufs Gemüt. Aber neben diesen praktischen Erwägungen – Wer soll unsere Renten zahlen? – werden viele von einem anderen Unbehagen beschlichen; man sieht ein Volk aussterben, lebensuntüchtig werden, einen bestimmten Lebensstil an sein Ende kommen. Kopfzerbrechen bereitet eine andere deutsche Besonderheit: der enge Zusammenhang nämlich zwischen Qualifikation und Kinderlosigkeit. Eine Zahl macht die Runde: rund 44% der Frauen mit Universitätsabschluss waren bis zu ihren 39 Jahren noch kinderlos. In Frankreich dagegen führen Bildung und Karriere der Frauen nicht zu Kinderlosigkeit: vier von fünf Frauen mit universitärer Laufbahn werden dort auch Mutter, während in Deutschland vier von fünf Professorinnen kinderlos bleiben.[2] Da in Deutschland aber auch die Bildungs- und Karrierechancen der Kinder stärker als in anderen europäischen Ländern herkunfts- und schichtenabhängig sind, ist von negativer Selektion gesprochen worden.

Dieses Unbehagen ist durch das mittelprächtige Abschneiden Deutschlands in der Pisastudie befördert worden, das Deutschland auch in der zweiten Runde im Mittelfeld abgehängt zurückgelassen hat. Der Schock über dieses so unerwartet schlechte Abschneiden hat sich in der Sorge um »Humankapital« rationalisiert; Stichwort: Bildung ist der Rohstoff moderner Industriestaaten. Sie ist deswegen ganz entscheidend für das Bestehenkönnen im Wettbewerb der Nationen und Kontinente um Wohlstand. Hinter diesem rationalen Argument verbirgt sich auch eine narzisstische Kränkung: Deutschland, einstmals das Land der Dichter und Denker, ist Mittelmaß geworden.

In dieser Situation nun ist etwas wirklich Eigenartiges passiert, etwas, von dem ich geglaubt hätte, dass es gar nicht mehr passieren könnte. Man ruft zu Restauration auf. Und dieser Appell verläuft nicht etwa belächelt im Leeren, nein, er wird breit und prominent diskutiert. Restauriert werden soll natürlich zunächst einmal die Familie. Aber dieser Ruf zu Restauration der Familie, stellt sich schnell heraus, ist vor allen Dingen ein Ruf nach einer Restauration der Geschlechterverhältnisse. Wenn Männer keine Männer, Frauen keine Frauen mehr sein dürfen, dann, so die messerscharfe Schlussfolgerung, gibt es keinen Nachwuchs mehr. Mann sein, so liest man erstaunt, heißt sich im Konkurrenzkampf in der harten Welt behaupten. Frau sein heißt, sich zurückzunehmen und liebend für andere zu sorgen. Es ist wie mitten im 19. Jahrhundert – oder sagen wir wie in den fünfziger und sechziger Jahren. Das Ganze wird dem Zeitgeist verpflichtet bis zum Erbrechen mit Pseudosozialdarwinismus garniert. Familie hieß und heißt in Deutschland vor allen Dingen: Papa setzt sich im harten Kampf in der kalten Karrierewelt durch, um das warme Nest, in dem die Mama ihm und dem Kleinen selbstloser Engel im Haus ist, finanzieren zu können. Erst wenn die Mütter sich dem Sog allgemeiner Erwerbsfaszination entziehen, dann ist die jetzt aus den Fugen geratene Welt wieder heil, haben wir der Stimme der Natur gelauscht und sind folglich glücklich. Erst wenn Mütter in ihrer Familie als Familienmanagerin Karriere machen, die nicht Macht und Geld, sondern Glück bringen, um so durch stetige Präsenz einen Raum des Humanums zu schaffen, wird unsere Kultur weitergetragen. Einen Hauch von Heroismus und Abenteuer hat das Ganze außerdem in einer Welt, in der jeder atemlos Profit und Spaß nachjagt. Endlich wird das Land wieder Leute haben. Bestrickend einfach.

Die Forderung nach einem für die Gemeinschaft überlebensnotwendigen Opfer, die Aufforderung zu mehr Selbstlosigkeit wird vor allen Dingen in Mündern von Männern laut, die durch ihre Lebenspraxis beweisen, dass sie gar nicht wissen, wovon sie reden. Mit beispielloser, blinder Selbstbezogenheit haben sie sich zielsicher und ohne Rücksicht auf Verluste in ihrer Karriere durchgesetzt. Die Beispiele, an denen diese Selbstlosigkeit dann auch immer illustriert wird, sind die eigenen Ehefrauen, so man noch welche hat. Diese Ehefrauen werden plötzlich, wie in den Widmungen von Professoren aus dem letzten Jahrhundert, die das große Werk ihrer aufopferungsvollen besseren Hälfte widmen, der sie letztlich alles zu verdanken haben, als öffentliche Vorbilder hingestellt. Augenreibend liest man *öffentliche* Briefe mit Danksagungen an die eigene Ehefrau, die einen Rückzugsraum reiner Liebe erschaffen habe, in dem man für den harten Alltag auftanken kann. Öffentlich bedanken sich Feuilletonchefs bei ihren gut ausgebildeten Ehegattinnen dafür, dass diese ihre eigene Karriere um ihrer Familie willen zurückgestellt hätten – um sich, auch wie im 19. Jahrhundert, um die ihrer Kinder und Ehemänner zu kümmern und nebenher bestenfalls schlechtbezahlte Lehraufträge wahrzunehmen. Man hat kürzlich ausgerechnet, dass diese Art der Nachwuchsförderung den Steuerzahler ziemlich teuer zu stehen kommt und, vorsichtig ausgedrückt, ein suboptimales Umgehen mit volkswirtschaftlichen Ressourcen ist.[3] Aber solche Überlegungen gelten vermutlich als schnöde angesichts einer Liebesarbeit, die durch nichts aufzuwiegen ist – was sind dagegen lächerliche 200 000 Euro, die das Studium einer Medizinstudentin kostet, die jetzt als ausgebildete Ärztin ihr Leben damit verbringt, ihre beiden Sprösslinge biodynamisch zu ernähren und ihnen bei den Hausaufgaben zu helfen?

Gemäß der reaktionären Logik stellt man das als bedroht hin, was in Wirklichkeit unangefochten gesellschaftliche Norm ist. Für die Familie – damit ist, wie gesagt, das Modell des Alleinernährers mit treu sorgender Ehefrau und Mutter an seiner Seite gemeint –, wird gar Artenschutz eingefordert. Selbst die Akzeptanz für Schwule nämlich sei höher als die für Ehefrauen und Mütter, die auf allen schicken Partys einfach nur belächelt würden. Manche fühlen sich angeblich sogar wie Leprakranke ausgegrenzt, wenn sie als Beruf Hausfrau und Mutter angeben. Dem soll abgeholfen werden: Ritterlich wollen diese Männer den zum Schweigen Gebrachten eine Stimme, den diffamierten Müttern und Ehefrauen endlich ein Verteidiger für die Sache der Weiblichkeit und des Familiensegens sein, die im Übrigen die Sache entweder des Naturgesetzes oder des Schöpfungsauftrages ist – meistens irgendwie von beidem – und außerdem unsere Kultur weiterträgt. Artenschutz für ausgerechnet die Form der sexuellen Arbeitsteilung einzuklagen, die sich Deutschlands größter Steuersubvention erfreut, dem Ehegattensplitting nämlich, hat etwas Pikantes.

Feministenbashing ist plötzlich angesagt. Wörter wir »karrieregeile Feministinnen« oder »Karrierefetischismus« werden von Männern in den Mund genommen, deren Karrieregeilheit republikbekannt bis zur öffentlichen Prostitution ging. Die Werte der Familie und der Blutsbande werden in sozialdarwinistischen Szenarien von Männern beschworen, die allein auf ihre Karriere zentriert kinderlos mit einer neuen Lebenspartnerin zusammen sind und deren Kind oder Kinder, überflüssig zu sagen, selbstverständlich bei den geschiedenen Frauen leben. Aber das, erklärt man, liegt an der unterschiedlichen genetischen Ausstattung und den verschiedenen Rollen der Geschlechter im *survival of the fittest*, wie jetzt vulgärdarwinistisch argumentiert und umstandslos auf die menschliche Gesellschaft übertragen wird. Dem armen Darwin hätten die Haare bei der neuen Rede von Alphamännchen und all dem, was daran hängt, zu Berge gestanden. Die Angst um die Männlichkeit, artikuliert als die Sorge um die Familie, feiert jedenfalls fröhliche Urstände.

Die Suche nach dem Schuldigen für die missliche Situation – fehlender Nachwuchs, aussterbendes Volk, schlecht ausgerüstet für den Kampf ums Überleben – hat sich zu einem beliebten Gesellschaftsspiel entwickelt. Spitzenreiter in der Hitliste sind, wie gesagt, »Feministinnen« und »Emanzen«. Und wie üblich finden sich auch Frauen, um besonders effektiv in dieses Horn zu stoßen. Die »Feministinnen«, befinden diese Frauen, arbeiten nicht etwa an der Umsetzung des in der Verfassung festgehaltenen Gleichheitsauftrages zwischen Mann und Frau. Vielmehr haben sie, lila Latzhosen tragend, dafür gesorgt, dass Männer keine Männer, Frauen keine Frauen mehr sind. Und aus lauter herzloser Selbstgefälligkeit und dünkelhafter Eitelkeit (hier drängt sich die Frage nach dem Zusammenhang von lila Latzhose und Eitelkeit auf) haben sie uns in demagogischer Verschwörung dazu gebracht, dass wir die zwischen Männern und Frauen schöpfungsgewollte und seit der Steinzeit ganz reibungslos funktionierende Arbeitsteilung von Männern, die jagen, sprich die Rolle des Versorgers übernehmen, und Frauen, die Kinder bekommen, um chimärischer Selbstverwirklichung willen an den Nagel gehängt und damit gegen Naturgesetz und Schöpfungsauftrag verstoßen.[4]

Die Strafe so wahnhafter Selbstüberhebung, in der die Frau sich erdreistet, in Konkurrenz mit dem Mann zu treten, folgt auf dem Fuß. Die Quittung haben diese Emanzen bekommen. Sie, die eh nie das Glück der Liebe kennengelernt haben, sitzen jetzt da, alt und einsam, ohne Mann, ohne Kind – und vielleicht, das wäre natürlich wirklich diabolisch, noch immer in lila Latzhose, oder doch, als herzlose Karrieristinnen, im Nadelstreifenanzug oder gar in Prada? Die wenigen Frauen, die erfolgreich Karriere gemacht haben, da scheint man sich einig zu sein, müssen jedenfalls dafür bezahlen: durch den Verzicht auf das, was eine Frau erst glücklich und zur Frau macht: die Liebe. Ist die Karriere bei Männern Natur oder Heroismus, die ihre Männlichkeit bestätigt, dann untergräbt sie die Weiblichkeit und kann bei den Frauen nur Ersatz für das sein, was ihnen im Leben abgeht: Herz.

Aber was ist mit all den anderen Frauen, die diesem frevlerischen Tun der wenigen Frauen, die Männer werden wollten, gefolgt sind? Was ist die Bilanz nach 50 Jahren Feminismus? Sie kann in der Anlage dieses Szenarios nur katastrophal sein: Wir sind als Mütter gescheitert, unser Volk stirbt aus und kochen tun wir auch nicht mehr gesund. Gescheitert sind wir im Beruf, immer sind wir abgehetzt, atemlos überfordert, unzufrieden, und richtig Karriere haben wir auch nicht gemacht. Wenn nicht aus Karrierismus, so haben wir aus Konsumwahn den Schöpfungsauftrag und unsere Weiblichkeit verraten, rumgefummelt am heiligen Auftrag der Natur. Dabei haben wir unsere Ernährer verloren: Noch nie war die Scheidungsrate so hoch. Und das Schlimmste: Wir haben keine breiten Männerschultern mehr zum Anlehnen. Eingebrockt haben uns das alles die 6 bis 7 % eitlen Karrieristinnen, die die traditionelle Rolle der Frau als Hausfrau und Mutter diffamiert haben. Dass diese »Karrierefrauen« meist gar keine »Emanzen« waren und sind, ist ein Detail, das in der Schlammschlacht übersehen wird. Es ist an der Zeit, rufen uns die Mahner in der Wüste entgegen, uns endlich darauf zu besinnen, dass Männer Männer und Frauen Frauen sind. Dann würde es auch wieder mehr Kinder geben.

Ich hasse die Keule des Nationalsozialismus, aber fatal wird man an die Tiraden des Dritten Reiches gegen die Emanzipation erinnert: Der unersättliche Ehrgeiz einiger, weniger Frauen – Mannweiber, die es den Männern gleich tun wollten und die dann auch tatsächlich Karriere gemacht haben – habe die anderen Frauen ihrem Auftrag, Mutter zu sein, entfremdet, sie ihres tiefsten Wesens beraubt, sie ihre eigentlichen Fähigkeiten verschleudern lassen und sie in verdinglichtem Konsumdenken in die Fabriken, an die Maschinen gezwungen. Und ihnen zu allem Überfluss auch noch alles symbolische Kapital entzogen.

Im Prinzip, könnte man nun sagen, sind solche Anwürfe egal. Und wenn sie auch ein sehr breites Echo gefunden haben, so sind sie doch in der Presse durchgehend kritisiert worden; vermutlich sehen die Vertreter solcher Meinungen darin irgendeine internationale – diesmal feministische – Verschwörung am Werk. Es ist sicher auch kein Zufall, dass solche Töne in dem Moment zu hören sind, in dem sich in der deutschen Familienpolitik zum ersten Mal seit dem Zweiten Weltkrieg eine Wende andeutet. Zum ersten Mal werden die Konsequenzen aus dem grundsätzlichen Fehlgehen der letzten 50 Jahre Familienpolitik gezogen. Die Leistungen seiner Vorgänger bewertet das jetzige Familienministerium so: Im internationalen Vergleich hat »die Vielzahl und der Umfang familienpolitischer Leistungen in Deutschland bislang zu wenig befriedigenden Ergebnissen geführt. Gemessen an Indikatoren der Nachhaltigkeit wie Geburtenrate, Vereinbarkeit von Erwerbstätigkeit und Familie, Armutsrisiko oder Bildungsniveau haben andere Staaten mit nicht mehr finanziellem Aufwand häufig bessere Ergebnisse erreicht.«[5] Die deutsche Familienpolitik hat aus den nicht gerade erheiternden demographischen Daten andere, nämlich die entgegengesetzten Konsequenzen gezogen wie die deutschen Ideologiefabrikanten. Sie hat sich – durchaus in Übereinstimmung mit dem siebten Familienbericht, der rät, vom Ausland zu lernen – auf den mühsamen Weg nach Westeuropa begeben. Sie sieht die Restauration der Geschlechterrollen und die aus dem 19. Jahrhundert stammende sexuelle Arbeitsteilung nicht als Voraussetzung für mehr Kinder. Sie findet nicht, dass die Mutter in ihrer Familie Karriere machen soll. Im Gegenteil: Sie versucht, den Frauen in Deutschland die Möglichkeit zu geben, die unsere europäischen Nachbarinnen für ganz selbstverständlich halten: beides nämlich zu haben, Kinder und ein erfülltes Berufsleben. Sie versucht mit vierzigjähriger Verspätung – aber trotzdem – endlich praktisch umzusetzen, was alle anderen immer nur versprochen haben: die tatsächliche Vereinbarkeit von Kindern und einem anspruchsvollen Berufsleben.[6] Endlich hat man eingesehen, dass es nicht damit getan ist, neue Väter für das Land zu fordern und die Kindererziehung von den Händen der Mütter in die Hände des Paares zu legen. Neue Väter braucht das Land sicher auch; mehr noch als diese braucht es aber Kinderkrippen, Kindergärten und Ganztagsschulen. Und die Anerkennung der Mutter als Berufstätige, die nicht mit der Geburt des ersten Kindes in die finanzielle Abhängigkeit des Ehemannes oder des Staates gedrängt wird.

Erster Schritt in dieser Wende – interessanterweise wiederum parteiübergreifend, genau wie die Ablehnung außerhäuslicher Kinderbetreuung davor auch parteiübergreifend gewesen war – war das am 1. Januar 2005 in Kraft tretende Gesetz zum Ausbau der Tagesbetreuung für Kinder unter drei Jahren. Nur ein paar Zahlen zum Vergleich: In Dänemark werden 78 % der Ein- bis Zweijährigen in Krippen betreut, in Frankreich sind es 30 % (das liegt am hohen Prozentsatz der assistance maternelle und der Au-pair-Mädchen, die oft die Kinder bis zum dritten Lebensjahr betreuen) und in Westdeutschland 2,5 %. Von den Drei- bis Fünfjährigen besuchen in Dänemark 94 %, in Frankreich 99 % und in Deutschland 77 % Vorschule oder Kindergarten. Aber während es sich in Dänemark und Frankreich durchgehend um Ganztagseinrichtungen handelt, ist der Löwenanteil der deutschen Kindergartenplätze ein Halbtagsplatz. Der gesetzliche Anspruch auf einen Kindergartenplatz ab dem dritten Lebensjahr bezieht sich auf ganze vier Stunden pro Tag. Da kann man Yoga machen oder Kaffee trinken, aber noch nicht einmal einem Halbtagsjob nachgehen. Danach besuchen alle Kinder in Europa selbstverständlich Ganztagsschulen – bloß in Deutschland nicht. Go West ist die neue Richtung. »Ziel ist es, auf das westeuropäische Niveau quantitativ und qualitativ aufzuschließen. Nur wenn Elternschaft und Erwerbstätigkeit sich besser vereinbaren lassen, wird es möglich, mehr Frauen, insbesondere Mütter, in den Arbeitsmarkt zu integrieren und die vorhandenen Bildungs- und Erfahrungsressourcen angemessen zu nutzen.«[7] Und wenn wir dabei nicht Siebenmeilenstiefel anziehen, wird es noch ewig dauern, bis sich irgendetwas bewegt. In der Zwischenzeit werden noch viel mehr Frauen, die eigentlich gerne Kinder gehabt hätten, kinderlos bleiben.

Zu diesem ersten Schritt gehört auch die Entscheidung, Ganztagsschulen verstärkt auszubauen. Wie bei dem Ausbau der Kindertagesstätten sollen hier zwei Fliegen mit einer Klappe geschlagen werden: Zum einen soll die »stille Reserve« der Frauen mit Kindern volkswirtschaftlich effektiver für den Arbeitsmarkt gewonnen werden. Zum anderen sollen die Kinder, die nicht aus bürgerlichen Haushalten kommen, verstärkt gefördert werden. Eines der beeindruckendsten Ergebnisse der Pisastudie war ja vor allem dies: dass es in keinem anderen europäischen Land einen so direkten Zusammenhang zwischen sozialer Herkunft und schulischem Erfolg gibt. Einem Land, in dem, seit ich denken kann, verbissen um Chancengleichheit gekämpft wird, muss das eine schallende Ohrfeige gewesen sein. Mehr als in anderen europäischen Ländern reproduziert das deutsche Schulsystem die gesellschaftlichen Klassen; wie der Papa so der Filius. Von wegen Chancengleichheit oder Meritokratie.

Eigentlich hätte man das auch schon vor Pisa wissen können, wenn man etwas genauer hingeschaut hätte. Da sich unser System im Moment weitgehend auf die Mütter verlässt, kann das nicht verwundern. Sie betreuen die Kinder, wenn sie klein sind. Natürlich lernen die Kinder von Migranten in dieser Zeit nicht deutsch, so wie sie in Frankreich französisch und in Dänemark dänisch lernen, sondern eben nur ihre Muttersprache, und haben damit schulisch bereits ein Manko. Später machen die Mütter mit den Kindern die Schulaufgaben. Noch auf dem Gymnasium stürzen Ärztinnen und Juristinnen am frühen Nachmittag nach Hause, um Tochter oder Sohn bei den Schulaufgaben zur Hand zu gehen. Ich kenne Mütter, die Nachhilfestunden in Latein nehmen, um ihre Kinder effektiver unterstützen zu können. Der Rektor eines Münchener Gymnasiums verkündete auf einer Informationsveranstaltung, der erfolgreiche Schulbesuch setze nicht nur eine intakte Familie, nein, gar die aktive Unterstützung der Schüler durch die Eltern voraus. Und ein Vater, der zwei Töchter auf einem ambitionierten Münchener Gymnasium hat und dessen Frau nicht berufstätig ist, meinte, dass das anders auch gar nicht ginge. Ohne aktive Unterstützung bei den Schulaufgaben durch seine Frau wäre das für die Kinder nicht zu schaffen. Ich fürchte, er hat Recht. Deutsche Institutionen fordern die Erziehungsarbeit in der Familie mehr oder weniger direkt ein, auf die sie sich blind verlassen.

Die Schule ist in dieser Perspektive Annex des Elternhauses. Erfolg oder Misserfolg des Kindes hängen stark vom pädagogischen Einsatz der Eltern ab. So nimmt es wenig Wunder, dass in keinem anderen europäischen Land Schulerfolg und soziale Herkunft so eng aneinandergekoppelt sind wie in Deutschland. Was aber war die unmittelbare und vollkommen paradoxe Reaktion auf die Pisastudie? Die Institution appellierte an das Elternhaus! Die Eltern wurden in die Schule bestellt, um sich einen pädagogischen Film anzusehen, der sie aufforderte, darauf zu achten, dass ihre Sprösslinge mehr lesen – was die Eltern, die da saßen, sowieso taten. Nicht die Schule, das Elternhaus hatte versagt, schloss man aus Pisa, und hier musste angesetzt werden. Den Kindern, denen die Eltern nicht helfen, kann hierzulande scheinbar sowieso niemand helfen.

Deswegen stehen die Eltern der bürgerlichen Mittelklasse – die, die alle lernen wollen, besser zu erziehen – in der eigentlich unhaltbaren Position, für das Fortkommen ihrer Kinder mitverantwortlich zu sein. Sie müssen, nolens volens, die schulische Autorität mit verkörpern, statt sie solidarisch mit ihren Kindern zu erleiden. Sollte man nicht auch hierzulande der Schule geben, was der Schule ist, und ihr die Erziehung übertragen? Die Kinder an der Schulpforte verabschieden? Ein bisschen mehr Vertrauen in die Institutionen entwickeln, die dann auch ein besseres Selbstbewusstsein ausbilden könnten? Den schwarzen Peter nicht dauernd zwischen Elternhaus und Schule hin- und herschieben? Dann würde vielleicht auch endlich einmal den Kindern geholfen, denen sonst keiner hilft. Dann müssten die Mütter – denen womöglich noch droht, die Bank irgendwelcher Elternschulen drücken zu müssen – nicht als Aushilfslehrer für unsere Kinder leben, sondern wir könnten unser eigenes Leben führen. Der Vorschlag, Ganztagsschulen auszubauen, nützt natürlich nur dann etwas, wenn nicht nur die Schulen an den sozialen Brennpunkten, wie es so schön heißt, sondern die besten Schulen der Städte dazu ausgebaut würden.

Der zweite Schritt in dieser familienpolitischen Wende war die Einführung des Elterngeldes. Das Elterngeld ist viel kritisiert und in seinem Kern kaum je richtig erkannt worden. Denn es geht nicht nur um den praktischen Vorteil, bei jungen Familien die berühmte finanzielle Achterbahn abzumildern, die durch den Ausfall des Gehaltes der Mutter entsteht. Durch das Elterngeld werden Mütter zum ersten Mal nicht als Ehefrau oder als Sozialfall wahrgenommen, sondern als berufstätige Bürgerin. Sie bleiben auch als Mutter vor allen Dingen Anwältin oder Unternehmensberaterin. Sie bekommen ihr Gehalt weiter – oder jedenfalls einen Teil davon, und ob das mit den 1800 Euro als Höchstgrenze auch des Arbeitslosengeldes hätte sein müssen, sei dahingestellt. Die Mütter werden damit nicht für das Kinderkriegen oder die Erziehung – und das heißt: alle gleich – sondern in ihrem normalen Job jedenfalls wenigstens bis zu 65 % und einem zugegebenermaßen geringen Höchstsatz weiterbezahlt, bis sie ihren Beruf hoffentlich nach einem Jahr wieder aufnehmen. Sie geraten weder in die Abhängigkeit des Staates noch in die ihres Ehemannes, sondern bleiben immerhin wirtschaftlich autonom. Wie schwierig vermittelbar dieser neue Zustand ist, sah man schon daran, dass das Ganze als »Geschenk« des Staates missverstanden wurde, das man bekommt, ohne zu arbeiten – und das deswegen allen Frauen für zwölf Monate zusteht.

Zum ersten Mal in der deutschen Politik war das Ziel dieser Maßnahme nicht, die Mütter vor allen Dingen zu Müttern zu machen und ihnen darin alle Freiheit der Welt zu geben, um sie de facto aus dem Arbeitsmarkt herauszudrängen oder nach drei Jahren Kinderpause auf schlecht bezahlte Teilzeit zu setzen. Zum ersten Mal ist Familienpolitik keine versteckte Arbeitsmarktpolitik. Ich sehe diese Maßnahme deshalb auch nicht als Tropfen auf den heißen Stein, sondern als Anfang eines Umdenkens, das hier symbolisch bereits geleistet ist. Rein wirtschaftlich, kann man sagen, wäre es natürlich wichtiger, alle Aufwendungen für die Kinderbetreuung wie Kindermädchen und Haushaltshilfen im vollen Umfang absetzen zu können. Solche Kosten belaufen sich, wie jeder weiß, nicht auf 4000 Euro pro Jahr, die ab 2007 abgesetzt werden können, sondern bei anspruchsvolleren Karrieren in den ersten Jahren mit Lohnnebenkosten auf ungefähr 25000 Euro.[8] Wirtschaftlich wäre es auch entscheidender, Kinderkrippen und Kindergärten wie die Schule kostenlos zur Verfügung zu stellen. Wenn diese Betreuungseinrichtungen nicht ausgebaut werden, ist auch das Elterngeld Augenwischerei: »Ohne das« – den Ausbau von Kinderbetreuung, sagte Renate Schmidt so schön – »ist alles andere nichts.«

Bisher hat man parteiübergreifend – und in schroffem Gegensatz zu unseren europäischen Nachbarn – nicht auf außerhäusliche Kinderbetreuung, auf Kinderkrippen, Kindergärten und Ganztagsschulen, sondern auf die Stärkung der Ehe als Versorgungsinstanz gesetzt. Wenn nicht die Einverdienerehe, so war doch die Ehe, in der die Ehefrau »dazuverdient«, das Leitbild. Das Ehegattensplitting – wohlgemerkt kein Familiensplitting wie in Frankreich – und die Versicherungsregeln subventionieren mit hohen Kosten den Austritt auch der kinderlosen Ehefrau aus dem Berufsleben. Schutz von Ehe und Familie hieß in Deutschland, Geschlechtersegregation zu betreiben: den Ehemann in die Lage zu versetzen, die Ehe ob mit oder ohne Kind zur Versorgungsanstalt zu machen, in der er sie unterhält. Auch deswegen ist das Elterngeld, das die Frauen auch als Mutter auf die eigenen wirtschaftlichen Füße stellt, ganz zentral.

Die eigentliche Frage ist nun, ob eine solche Politik Chancen hat, angenommen zu werden. Sehen wir uns in dieser Sache zunächst einmal den letzten Wahlkampf und die Meinung von Kanzlerkandidatin und Bundeskanzlergattin an. Eine der hässlichsten Szenen war der Versuch der Kanzlergattin, der Kanzlerkandidatin in Sachen Weiblichkeit die Kompetenz abzusprechen: Frau Merkel, so Frau Schröder-

Köpf, könne die Frauen in Deutschland nicht repräsentieren, weil sie das »Hin- und Hergerissensein, den Konflikt zwischen Muttersein und Beruf nicht kenne«. Die Kanzlergattin hatte der Kanzlerkandidatin nicht vorgeworfen, keine Kinder zu haben, wie etwa die italienische Presse meinte. Es ist nämlich nicht das Muttersein, sondern der Konflikt zwischen Kind und Karriere, der ontologisch die deutsche Frau auszumachen scheint. Das Stillgestelltsein im Zerrissensein, die auf Dauer gestellte Krise, das permanente schlechte Gewissen: Das ist es, was eine Frau hierzulande zur Repräsentantin ihres Geschlechtes befähigt. Konfliktfrei und mit gutem Gewissen ist beides, Kinder und Karriere, nicht zu haben. In diesen deutschen Konsens stimmt auch Frau Merkel ein, wenn sie meint, sie wäre nicht da, wo sie ist, hätte sie Kinder gehabt. Ich frage mich, was sie alle zu Ségolène Royale, sozialistische Präsidentschaftskandidatin und Mutter von vier Kindern sagen. Kann es eigentlich gar nicht geben, muss so eine künstlich, nahezu monströse Ausnahme sein, als die die Familienminis terin Ursula von der Leyen durch Presse und Talk-Shows gezerrt wurde.

Der alles entscheidende Unterschied zwischen der deutschen Familienministerin und der französischen Präsidentschaftskandidatin sind nicht die drei Kinder, die Frau von der Leyen mehr hat. Ségolène Royale ist auch in Frankreich eine Ausnahme, aber eine Ausnahme, die das gesellschaftliche Leitbild überhöhend bestätigt. In Deutschland stehen solche Ausnahmen dagegen quer zum gesellschaftlichen Leitbild. Hierzulande glaubt eine Bankdirektorin und demonstriert selbst verhängte Opferbereitschaft –, beim ersten Kind ihren Job an den Nagel hängen zu müssen. Kinder und ein erfülltes Berufsleben hält man für schlicht unvereinbar. Eine Mutter kann morgens in einer Galerie arbeiten oder ein paar Stunden im Goetheinstitut unterrichten. Alles andere bringt sie in den Geruch, ihre Kinder zu vernachlässigen, ihrer wirklichen Berufung nicht nachzukommen – das ist deutsches Credo. Andererseits mutet man mittlerweile anders als die Feuilletonchefs einer gut ausgebildeten Frau nicht zu, die hart erarbeitete Ausbildung nicht in ein erfüllendes Berufsleben umzusetzen. Es dämmert den meisten, dass es heute mit einem tiefen Blick in die Augen der

Gattin und dem Seufzer »wo wäre ich ohne dich, Schätzchen« als Dank für soviel Verzicht nicht mehr getan ist.

Wunderschön brachte ein Interview mit Paul Kirchhoff, der damals noch als Finanzminister gehandelt wurde, in der *ZEIT* die schizophrene Gespaltenheit des deutschen Diskurses auf den Punkt: »In meinem Hörsaal habe ich mehr Juristinnen als Juristen, viele davon sind glänzend. Diese jungen Frauen wollen den Wechsel, den sie mit ihrem Studium hart erarbeitet haben, auch einlösen. Ich wäre traurig, wenn diese Frauen nicht erfolgreich wären im Juristenberuf. Allerdings wäre ich auch traurig, wenn diese Frauen mehrheitlich sagen würden: um der Karriere willen verzichte ich auf Kinder. Wir brauchen ein Gesellschaftssystem, in dem es selbstverständlich ist, dass Menschen Vater oder Mutter und Erwerbstätiger sein können.« So weit, so gut. Bis dahin ist der deutsche Konsens formuliert. Fragt sich nur, wie diese Norm faktisch durchgesetzt werden soll. Unmittelbar anschließend nämlich formuliert Kirchhoff eben die Desiderate für die Kindererziehung, die Erfolg im Beruf ausschließen: Die Unverzichtbarkeit einer Bezugsperson für die ersten drei Jahre wird eingefordert und der deutsche Glaubenssatz geäußert, der Staat könne die Kinder nicht besser erziehen als die Eltern. Schließlich wird in Erwägung gezogen, eine bestimmte Summe Geld für die Kindererziehung direkt an die Eltern zu geben »und sie entscheiden zu lassen, ob sie davon einen Kindergartenplatz bezahlen oder lieber selbst erziehen und das Geld quasi als Honorar verstehen«. Hört sich alles sehr liberal und nach freier individueller Entscheidung an. Unbenommen liegt es in der Freiheit des Einzelnen, was er tut – obwohl dieser Staat den Eltern nicht die Freiheit gibt, ihre Kinder mit einem Jahr in eine ganztägige Kinderkrippe zu schicken, schon schlicht und einfach deswegen, weil es nicht genug Kinderkrippenplätze gibt. Allerdings haben auch freie Entscheidungen Konsequenzen. Und diese Konsequenzen sind mit großer Wahrscheinlichkeit voraussagbar. Entschlössen sich die Eltern ganz frei – und das Gerede von den Eltern meint de facto 2,1 % Väter und 97,9 % Mütter – das Geld nicht in einen Kinderkrippenplatz, einen Kindergartenplatz oder eine Tagesmutter zu investieren, dann wäre Herr Kirchhoff aller statistischen Wahrscheinlichkeit nach traurig geworden. Denn eine solche Entscheidung, die Kinder 24 Stunden selber groß zu ziehen, heißt selbst für seine brillantesten Juristinnen: keine Karriere. Bedingung für den Erfolg im Beruf ist nun einmal – das zeigen sämtliche Untersuchungen – eine kontinuierliche Vollzeitberufstätigkeit. Was soll man sagen? Entweder hat Herr Kirchhoff seine Hausaufgaben nicht gemacht und die einschlägigen Studien nicht gelesen. Oder die Ideologie der deutschen Mutter – Kinder sollen von der Mutter 24 Stunden am Tag erzogen werden – macht ihn, wie so viele andere, für die Fakten blind. In merkwürdiger Diskrepanz zu diesem deutschen Credo steht übrigens das interessante Faktum, dass deutsche Frauen, die deutlich weniger Stunden für ihren Beruf aufwenden als etwa ihre finnischen, dänischen oder französischen Nachbarinnen, für die Kinder dann tatsächlich gar nicht mehr Zeit am Tag aufbringen, sondern die nicht in den Beruf investierte Zeit in Freizeit umsetzen. Interessanterweise verbringen Mütter europaweit weitgehend unabhängig von ihrer Arbeitszeit die gleiche Zeit mit ihren Kindern. »Die Befürchtung jedenfalls, dass die Frauen, die sich für Kinder und Beruf entscheiden, ihren Zeitaufwand für die Kinder erheblich reduzieren, kann auf der Basis dieser sehr generellen Vergleiche nicht bestätigt werden.«[9] Sollte einem zu denken geben, dringt aber nicht durch sich mit seltener Hartnäckigkeit behauptende Ideologien.

Die Politiker stehen in dieser schizophrenen Spaltung nicht allein. Der Gender-Datenreport des Familienministeriums Ende 2005 wartete mit folgenden Daten auf: 70% der westdeutschen Männer und 56% der westdeutschen Frauen stimmten der These zu: »Ein Kleinkind wird sicherlich darunter leiden, wenn die Mutter berufstätig ist.« In Ostdeutschland bekannte sich die Hälfte davon, nämlich 35% der Männer und 23% der Frauen, zur Ideologie der Vollzeitmutter. Die Befragten waren nicht etwa im Rentenalter, sondern zwischen 16 bis 29 Jahre alt. Soviel zur Änderung der Rollenbilder unter jungen Erwachsenen. Diese Einschätzungen werden von der vom Baden-Württembergischen Staatsministerium beim Institut für Demoskopie Allensbach in Auftrag gegebenen Studie zu den »Einflussfaktoren auf die Geburtenrate – Ergebnisse einer Repräsentativbefragung der 18–44-jährigen Bevölkerung« von 2004 bestätigt. Die Allensbach-Studie kann man pointiert folgendermaßen zusammenfassen: Berufstätigkeit und Kinder werden in Deutschland nicht als vereinbar, sondern als alternativ aufgefasst. Und das ist keine faktische, sondern eine normative Aussage. »Mehr als in anderen Ländern dominiert in Deutschland die Überzeugung, dass sich Berufstätigkeit und Mutterschaft nur schwer vereinbaren lassen.« (S. 20) »Lediglich 8 Prozent der 18–44-Jährigen plädieren dafür, dass eine junge Mutter im vollen Umfang berufstätig bleibt; 49 % favorisieren den Übergang in eine Teilzeitbeschäftigung, 29 % den völligen Ausstieg aus dem Beruf. Damit ist zwar nicht der völlige Ausstieg, aber doch eine erhebliche Reduktion der beruflichen Tätigkeit das Ideal – aus der Sicht von Frauen noch mehr als aus der Sicht von Männern.« (S. 52) Vollkommen einig ist sich die überwältigende Mehrheit der Frauen, unabhängig davon, ob sie Kinder bekommt oder nicht, darin, dass beides, Kinder und Karriere, nicht geht. How German is it? Die deutscheste aller deutschen Überzeugungen ist zweifelsfrei die, dass die Erziehung der Kinder ins Haus, in die Hände der Mütter gehört. Und diese Überzeugung wird vor allem vom Bildungsbürgertum – den Frauen mit Hochschulabschluss – getragen. Bedingung für das Wahrwerden des Kinderwunsches sind deshalb nicht gesicherte Betreuungsmöglichkeiten für die Kinder (lediglich 25 % der 18–44-Jährigen machen diese zur Bedingung). Bedingung ist, dass nur einer arbeiten muss, um ein für die Familie ausreichendes Einkommen zu verdienen (60 %).[10] Obwohl Deutschland in Sachen Kinderbetreuung – und davon hängt die Vereinbarkeit von Kindern und Beruf für die Mütter ja konkret ab – im europäischen Vergleich ein Drittweltland ist, gibt es wegen dieser überwältigenden Erwartung, einen Ernährer zum Vater seiner Kinder zu machen, kaum Druck auf die Politik. Weil Frauen als Mütter mit ihrem Ausscheiden aus dem Beruf oder in der Teilzeitarbeit ihre finanzielle Unabhängigkeit aufgeben, wird die Ehe als Versorgungsanstalt wirtschaftlich unumgehbar. Deswegen sind die weniger gut verdienenden Familien an der Erhöhung des Kindergeldes und die besser verdienenden am Ehegattensplitting vitaler interessiert als an Ganztagskrippen und -schulen. »Nirgendwo in Europa wird noch heute das Modell ›alleinverdienender Familienvater und nichterwerbstätige Ehefrau‹ so stark steuerlich begünstigt wie in Deutschland«, so das Berlin-

Institut für Bevölkerung und Entwicklung.[11] Die für das Wohlergehen der Kinder als nötig erachtete Abhängigkeit vom Ehemann führt zum unerbittlichen Einrasten der traditionellen Klischees: Der Ehemann verdient, und die Ehefrau sorgt unentgeltlich liebend für die Familie. Mit diesem, steuerlich subventionierten Geschlechtermodell fällt Deutschland krass reaktionär hinter seine europäischen Nachbarn zurück, die wesentlich emanzipiertere und erotisch interessantere gesellschaftliche Modelle entwickelt haben.

Deswegen ist ein solches Rollenmodell in gewisser Weise unsagbar geworden und alles andere als hip. Es steht im schroffsten Gegensatz zu unserem Selbstbild. Wir verstehen uns als gleichberechtigte Gesellschaft, die eine gleichberechtigte Verteilung der Belastungen durch die Familie anstrebt und beiden Geschlechtern gleiche Verwirklichungen im Beruf einräumt. Kinder bedeuten deswegen in Deutschland vor allem: Rückfall in ein Rollenmodell, das man für überwunden hält, Rückfall in eine Paarstruktur, die als überholt gilt, Rückfall in wirtschaftliche Abhängigkeit, die mit unseren Normen eines gelungenen Lebens nicht zu verbinden ist, und das freiwillige Sich-Begeben in die Abhängigkeit der Institution Ehe, deren Zerbrechlichkeit jeden Tag vor Augen steht. Allerdings hat auch hier der Gesetzgeber in international einmaliger Weise dafür gesorgt, dass diese Institution für einen durchschnittlich verdienenden Mann mit zwei Kindern wirtschaftlich so gut wie unauflöslich geblieben ist.

Kinder gelten folglich als mit dem normalen, erwachsenen Leben, das sich durch finanzielle Autonomie auszeichnet, nicht vereinbar. Man kann sie erst bekommen, wenn man das Leben gelebt, seine Freiheit und Unabhängigkeit genossen und im Beruf seinen Mann gestanden hat. Denn schließlich glaubt man hierzulande, die intellektuelle Stimulanz, die finanzielle Autonomie und das damit einhergehende Selbstwertgefühl aufgeben zu müssen, um Mutter zu werden. Zum einen macht das das Fenster, das gegen alle biologischen Entwicklungen als ideal für die Geburt eines Kindes gesehen wird, so extrem eng. Zum anderen haben viele Frauen mit Universitätsabschluss soviel von der Welt und der Liebe gesehen, aber auch so viel Spaß am Beruf gefunden, dass sie ihre Unabhängigkeit nicht so leicht aufgeben. Wehmut, Schmerz und Trauer begleiten diesen Verzicht auf Kinder fast immer, der selten als Triumph des Egoismus erlebt wird.

Frauen, die sich für Kinder entscheiden, nehmen den Verlust von sozialen Kontakten, von beruflichen Chancen und finanzielle Nachteile hin. Vor allem aber büßen sie nach eigenen Aussagen gesellschaftliches Prestige ein. »Nur 17 % der Frauen glauben, dass die Gesellschaft keine Unterschiede zwischen Hausfrauen und berufstätigen Frauen macht. 44 % der Frauen gehen davon aus, dass Berufstätigkeit für eine Frau unabdingbar ist, um gesellschaftliches Prestige zu erringen.« (Allensbach) Mütter begeben sich hierzulande mit bestem Wissen und Gewissen in der überwältigenden Mehrheit in eine Situation, die sie selber für unaussprechlich halten. Frauen – und Männer –, die sich gegen Kinder entscheiden, entscheiden sich damit vor allen Dingen gegen die Regression in eine solche Paarstruktur.

Unsere Gesellschaft ist und wird in verstärktem Maße in zwei Teile auseinanderfallen. Auf der einen Seite haben wir die Leute mit Kindern, die in Paarstrukturen leben, die die Mütter selbst als wenig prestigeträchtig empfinden und vor denen nicht wenige Männer zurückschrecken. Auf der anderen Seite haben wir Leute ohne Kinder, die neue Paarkonstellationen leben, sich aber vor allem über ihren Beruf identifizieren. Das ist ein bedeutender, aber immer noch der kleinere Teil der Bevölkerung. Es ist zweifelsfrei der besser ausgebildete. Beide Teile – die Leute mit wie die Leute ohne Kinder – vereint bei entgegengesetzter Entscheidung eine in Europa einmalige dogmatische Verhärtung, die das, was überall um uns herum passiert, zum Tabu erklärt: die jenseits der Grenzen und manchmal sogar nebenan in alltäglicher Selbstverständlichkeit vorgelebte Vereinbarkeit von Kindern und Berufsleben. Und für dieses selten ausgesprochene, aber umso wirksamere Dogma, das keiner empirischen Prüfung standhält, bezahlen wir gesellschaftlich, vor allem aber in unserem eigenen Leben einen viel zu hohen und – das ist die eigentliche Tragik – ganz und gar überflüssigen Preis; überflüssige Märtyrerinnen auf der einen Seite, die alles um der Kinder willen aufgeben, überflüssiger Verzicht auf Kinder auf der anderen Seite, den die meisten Frauen schweren Herzens auf sich nehmen.

Eine andere Politik hat nur Chancen angenommen zu werden, wenn es zu einem tief greifenden Mentalitätswandel kommt. Und auf diesen muss man hoffen, da wir in einer totalen No-win-Situation angekommen sind. Das Problem ist nicht, dass wir zu emanzipiert sind, sondern dass wir zu wenig emanzipiert sind. »Um Menschen in modernen Industriestaaten zu höheren Kinderzahlen zu motivieren«, resümiert das Berliner Institut für Bevölkerung und Entwicklung, »scheint weniger die Höhe von Geburtenprämien, Kindergeld und sonstigen Transferleistungen entscheidend zu sein. Ausschlaggebend ist eher die Gleichstellung von Männern und Frauen in der Gesellschaft.«[12] Mütter aber können in Deutschland auch nach ihrer eigenen Überzeugung – Stichwort Konflikt von Kindern und Beruf – nicht gleichgestellt sein. Auf berufliche Gleichstellung glauben sie um der Kinder willen verzichten zu müssen. Denn das Credo lautet, vom Staat können die Kinder nicht so gut erzogen werden wie von der Familie, sprich der Mutter. In Krippen, Ganztagskindergärten und Ganztagsschulen sehen wir immer nur Aufbewahrungsanstalten für die armen Kinder, deren Mutter sich nicht um sie kümmert. Das scheint sich nicht zu ändern, obwohl mittlerweile alle neueren Untersuchungen auf die fördernde Wirkung von Kindergärten hinweisen, die die Kinder entschieden schultauglicher machen. Wenn sich diese Haltung zu den Institutionen nicht ändert, und wenn, anders herum, diese Institutionen nicht mehr Selbstbewusstsein entwickeln und die Kinder an die Hand nehmen, werden in Deutschland nicht mehr Kinder geboren werden. Erst wenn wir Kinder und Karriere für vielleicht nicht spielend, aber doch vereinbar halten, kann sich etwas ändern. Erst wenn die Mutter-Kind-Ideologie ad acta gelegt wird, wird sich etwas bewegen. Dies hat man sehr schön so zusammengefasst: »Frauen sollen wie Männer die Möglichkeit haben, berufstätig zu sein. Sie können auch eine berufliche Karriere anstreben, solange sie allein leben und keine Familie haben. Doch wenn sie Mütter werden, hat ihre Mutterrolle eindeutig Priorität vor der Berufsrolle zu haben. Eine Mutter, die das nicht tut, ist eine Rabenmutter. Eine Frau, die nicht Mutter wird, ist keine richtige Frau.«[13] Nicht zurück in die Steinzeit, zu den Genen, die vulgärdarwinistisch interpretiert ewig die Geschlechtscharaktere festlegen, sondern hin nach Nord- und Westeuropa, hin zu mehr Gleichheit der Geschlechter, hin zu einem erfüllenden Beruf auch für Mütter muss deswegen das Ziel unserer Träume sein.

Erst wenn es für uns wie für unsere Nachbarinnen selbstverständlich geworden ist, Mutter, Anwältin und Frau zu sein, ohne ständig vom schlechten Gewissen oder vom Phantasma Mannweib heimgesucht zu werden, gibt es wieder mehr Chancen auf das Glück, das Kinder sind.

Einleitung

Simone de Beauvoir
sprach Gott bewahr.
Nina Hagen

Das Auseinanderklaffen von Vorstellung und Wirklichkeit zeigt sich selten so klar wie in der Figur der deutschen Mutter. Eigentlich sind sich alle einig: Gleichberechtigung ist kein Thema, sie ist selbstverständlich. Gleichstellung ist folglich ein technisches Problem, aber kein Streitpunkt. Gleichwohl kann in der Bundesrepublik Deutschland, der neuen wie der alten, keine Rede davon sein, dass sich diesbezüglich viel getan hätte. Was man auch von Statistik halten mag, und wie immer man Gebrauch davon machen will, so viel liegt auf der Hand: Hierzulande ist seit den zwanziger Jahren in Sachen Gleichberechtigung nicht viel passiert.

Die Berufung der Frau zur Mutter steht in Deutschland als Bollwerk gegen die Gleichheit von Frauen und Männern. Sie sorgt für die Abwesenheit der Frauen in den Berufen, vor allem in den Karriereberufen. Kinder und Karriere schließen sich in Deutschland aus – darin stimmen Männer und Frauen überein. Sie betreten damit einen deutschen Sonderweg, für den sie weder in benachbarten europäischen Ländern noch in Amerika auf Zustimmung hoffen können. Mutterschaft wird nicht zum Leitmotiv gewählt, weil sie der Macht der Männer trotzt, sondern weil sich mit ihr die Vorstellung vollkommener Partnerschaft verbinden lässt, in der der wilden Welt des Wettbewerbs die Idylle der Kleinfamilie entgegengehalten wird. Die deutsche Mutter ist damit zu einer, ja vielleicht zur entscheidenden ethischen Instanz in der Gesellschaft geworden. Paradoxerweise kann sie diese gesellschaftlich grundlegende Funktion nur ausfüllen, wenn sie sich aus allem Gesellschaftlichen heraushält, um ihre schönere, buntere und bessere Welt zu kultivieren. Als Grundlage der Gesellschaft, als Garant einer humaneren Welt, als Rückzugsraum frei von schädlichen Einflüssen bildet die Mutter-Kind-Beziehung ein Reservat der Menschlichkeit. Pädagogik und Psychologie liefern als vorläufig letzte Ausformung des Protestantismus die Legitimation für diesen Rückzug.

Die fast völlige Abwesenheit von Frauen in Karriereberufen kennzeichnet einen spezifischen deutschen Sonderweg, auf dem die Bundesrepublik den Trends fast aller europäischen Nachbarn entgegensteuert. Das wurde im Vergleich mit der DDR besonders deutlich, der man ausgerechnet als unakzeptable Mitgift anlastete, was diese mit den westeuropäischen Nachbarn verband, nämlich eine effektive Gleichstellungspolitik. Wie kommt es, dass wir, abermals im Namen eines deutschen Motivs, der ewigen natürlichen Mütterlichkeit um der eigenen, tieferen Lösung willen dem emanzipatorischen Fortschritt Europas widerstehen?

Der Ausgangspunkt dieses Buches ist die ebenso krasse wie unthematisierte Diskrepanz zwischen einem aufgeklärt auftretenden Bewusstsein von Gleichberechtigung und der genügsamen Einwilligung in deren praktisches Gegenteil. Die Absicht des Buches ist die Darstellung des Phänomens deutsche Mutter und seine Aufklärung. In dieser Absicht wendet sich das Buch gegen das Dogma der deutschen Mutter. Die historische Tiefenstruktur soll aufgezeigt werden, die dieses Dogma in blinder Selbstverständlichkeit wirksam sein lässt.

Um die herrschende Politik der tatsächlichen Nichtgleichstellung von Männern und Frauen auf dem Arbeitsmarkt zu analysieren, ist eine Klärung der kulturellen Voraussetzungen nötig. Denn der Arbeitsmarkt ist offensichtlich nicht, wie es das liberalistische Credo will, von freiem Wettbewerb oder anderen Rationalitäten bestimmt. Vielmehr bildet er historisch gewachsene Geschlechterideale ab und gibt kulturellen Grundüberzeugungen Ausdruck, die mit dem bewusst Gesagten nicht übereinstimmen.

Die deutsche Mutter, so meine These, ist ein altehrwürdiges Produkt des Protestantismus. Ihre Wiege ist die Reformation. Sie trat in dem Moment in die Welt, in dem die Religion begann, sich von einer heiligen, mit dem Jenseits beschäftigten Sache auf ethische, innerweltliche Angelegenheiten zu verlegen und zur bloßen Moralunterweisung zu werden. Von diesem Zeitpunkt an profilierte sie sich gegen die weltlich herrenlose weibliche Liebe, wie sie in der Nonne, der Aristokratin und später der Arbeiterin verkörpert ist. Die Mutter ist die Figur, die die herrenlose Lust domestiziert und fruchtbar macht. Die Schicht, die sie zum Triumph führte, war das Bürgertum.

Martin Luther begründete das Phänomen, indem er die Erziehung der Kinder durch die Eltern zum Gottesdienst erhob. Mit der Reformation galt nicht mehr die Braut Christi, die als Geliebte des himmlischen Bräutigams Mutter im Geiste ist, als die gottgefälligste weibliche Existenzform, sondern die Ehefrau und Mutter. Sie gebar in der heiligen Ehe so viele Kinder wie möglich, um ihre Seelen zu Gott zu bringen. Die Familie und nicht mehr das Kloster stand fortan als heiliger Raum der Welt gegenüber. Mit der ebenso natürlichen wie gottgewollten Fortpflanzung legte die Reformation in eigenartiger Tautologie die Natürlichkeit der Geschlechtsrollen fest und befestigte ihre gottgewollte Hierarchie. Die Ehefrau ist dem Ehemann als Haupt der Familie untergeordnet. Jede geistliche, die natürliche Geschlechtlichkeit übersteigende keusche Erotik wird als pervers gebrandmarkt. Fürderhin konnte keine Frau mehr dem Mann überlegen sein, wie es die mittelalterliche Héloïse, zuerst die Geliebte Abélards und Mutter seines Kindes, als Braut Christi und Äbtissin eines Klosters war und wie es in den Worten des großen Philosophen bezeugt ist. Gleichzeitig entfiel jede direkte Beziehung der Frau zu Gott. Sosehr die Reformation den Familiendienst als das allergottgefälligste Werk unterstrich, durch das Eltern zu Bischöfen und Priestern ihrer Kinder werden, so armselig war es in der neuen Familie um die geistliche Dimension der Mütterlichkeit bestellt. Der Vater, Haupt der Familie, war der Verkünder des göttlichen Wortes, der die Seinen auf den Weg des Glaubens lenken sollte, während sich die Rolle der Mutter in leiblicher Speisung erschöpfte: im Stillen, Breifüttern, Haushalten, Essenkochen.

Der nächste große Schritt vollzog sich im achtzehnten Jahrhundert. Indem Politik grundsätzlich Geschlechterpolitik wurde, profilierten sich die Dimensionen der Institution Mutter. Sie wurde Dreh- und Angelpunkt für Reformbestrebungen und neue Gesellschaftsverträge. Johann Heinrich Pestalozzi trug dem Protestantismus die geistige Mutterschaft mit und gegen Jean-Jacques Rousseau ein. Für Rousseau stand und fiel der Staat mit dem Stillen der Mütter. Am Stillen der leiblichen Mütter hing Rousseau zufolge eine nicht nach Ständen, sondern nach Geschlechtern hierarchisch getrennte Gesellschaft; es war Bedingung der Republik. Keine Republik ohne Muttermilch: Das Stillen unterwerfe die Mütter dem Rhythmus des Kindes und führe ganz natürlich dazu, dass sie nicht in Gesellschaft verkehren und sich mit ihren Liebhabern aushäusig vergnügen könnten. Nur eine Gesellschaft, die der Lust der Frauen Herr werde, könne zu einer Republik freier Männer werden.

Pestalozzi wollte nicht die Republik befördern, sondern eine Reformation des Adels einleiten. Zu diesem Zweck gab er den an das Haus gefesselten Müttern eine Aufgabe; er machte sie zu Erzieherinnen und sich selbst wiederum zum Erzieher aller Mütter. Er begründete eine Tradition, die in der Mutter die Erretterin der Welt sieht. Diese Funktion kann sie nur erfüllen, wenn sie seinen pädagogischen Vorschriften nachkommt. Die Hierarchie der Geschlechter, wie sie die reformierte Familie bestimmte, verkehrte sich. Pestalozzi ordnete den Ehemann der wahren Mutter unter; als guter Ehemann wird er eines ihrer Kinder. Die Milch der frommen Denkart, von der Mutter gespendet, schützt vor den Verlockungen der Welt. Die Familie ist Ort der permanenten Erlösung, der Zustand des Heils. Am pädagogisch unterwiesenen Muttergeist werde die Gesellschaft, so hoffte Pestalozzi, genesen. Die Revolution wird überflüssig, wenn der Adel sich im Geist der Mütterlichkeit von zehrender Weiblichkeit befreit und bürgerlich reformiert. Ein mütterliches Patriarchat, in dem alle zu mütterlich behüteten Kindern oder zu Müttern im vollen Sinne des vom Pädagogen vorbuchstabierten Wortes geworden sind, ist die Utopie, die sich bei Pestalozzi als idealer Staat am Horizont abzeichnet. Es sollte ein Staat sein, der nicht wie der revolutionierte französische vom toten Buchstaben des Gesellschaftsvertrags, sondern von der alles verbindenden, mütterlichen Liebe begründet wird.

Luise von Preußen wurde zu Pestalozzis Fürsprecherin und beförderte seine Reformen. An ihr wurde die Reform des Adels im Sinne der protestantisch-bürgerlichen Familie vorexerziert. Der junge Dichter Novalis sah Anfang des neunzehnten Jahrhunderts die eheliche Liebe des preußischen Königspaares als Vorbild für einen neuen

Staatsvertrag, der auch bei ihm gegen den toten Buchstaben der französischen Verfassung stand. Luise machte das Credo jeder bürgerlichen Gesellschaft klar: Geschlechterhierarchie geht über die Hierarchie der Stände. Sie war als Königin eine Frau wie jede andere, Ehefrau und Mutter, die sich auf ihr Haus beschränkte und jeder deutschen Frau in ihrer liebenden Unterordnung unter ihren Ehemann und ihrer tätigen Kinderliebe als Vorbild dienen sollte. Nicht als Königin, sondern als Ehefrau und Mutter wurde sie zur vorbildlichen Patriotin und mitreißenden Kraft in den Kriegen gegen Napoleon und seinen Neffen. Mit der Zeit wurde sie, die für Deutschland den Liebestod gestorben war, zum Sinnbild der Muttererde, für die sich der totale Einsatz lohnt.

Die Frauenbewegungen zu Anfang des zwanzigsten Jahrhunderts zeichneten sich in Deutschland nicht wie in anderen europäischen Ländern hauptsächlich durch den Kampf um gleiche Bürgerrechte aus. Sie betonten nicht die Gleichheit, sondern den Unterschied der Geschlechter. In ihren politisch wirksamsten Ausprägungen blieb diese Politik Mütterpolitik. Das an sie geknüpfte Heilsversprechen wurde in der Gesundheit und Funktionstüchtigkeit des Volkskörpers verankert. Die Männer hatten sich in diesem Einsatz als ungeeignete Bundesgenossen erwiesen: Sie sorgten nicht väterlich für den Nachwuchs, den sie auch außerehelich zeugten, schleppten Geschlechtskrankheiten ein und ließen die Öffentlichkeit zu einer kalten Sphäre ohne Gemeinsinn verkommen. Während die Beziehung zwischen Mutter und Kind zur wahren Beziehung des Herzens, zur innigsten Liebesbeziehung aufrückte, verlor die patriarchalische Ehe unter der als illegitim empfundenen Vorherrschaft des Ehemannes an Boden. An ihre Stelle trat mit dem radikalen Flügel der Frauenbewegungen der Kampf um freie Liebe, der nicht hedonistisches Ausleben, sondern im Gegenteil eine Vergeistigung der Triebe, selbstverantwortete Mütterlichkeit im Sinn hatte, verbunden mit der Forderung nach Mutterschutz, der es jeder Frau erlauben sollte, ihr Kind wirtschaftlich abgesichert und respektiert großzuziehen. Im Kampf um weibliche Berufstätigkeit ging es dem gemäßigten Flügel der Frauenbewegung nicht um die Gleichheit der Bürger, sondern um die Natur der Frau. Ein sozialer Beruf solle es Frauen, die keine Kinder hatten, erlauben, ihre Mütterlichkeit zu verwirklichen; auch bedürfe die Öffentlichkeit dringend dieses mütterlichen Einflusses zur sittlichen Heilung. Die Mutter – das ist die Krönung des Mütterfeminismus – verdrängte den Mann aus der Position, die er bisher unhinterfragt eingenommen hatte und die der Frau wegen ihres Geschlechtes abgesprochen worden war: die des modernen, selbstbewussten, selbstbeherrschten und selbstbestimmten Subjektes. Denn das Kinderkriegen sei nicht blindes biologisches Geschehen, dem die Frau unterworfen ist, sondern ihr ureigenstes Werk, ihre Schöpfung. Indem sich die Mutter wie der Künstler für ihr Werk aufopfert, verkörpert sie moderne Subjektivität am reinsten.

Ausdruck dieser säkularisierten Mutterreligion, in die Teile der Frauenbewegung willig einstimmten, war Ina Seidels Roman *Das Wunschkind*, der 1930 veröffentlicht wurde. Im Zeichen des Mütterlichen wird hier Nationalgeschichte zur Heilsgeschichte; Mütter machen nicht Geschichte, sondern erlösen von ihr. Diese Mütterlichkeit war eigentümlich erdig. Sie sprach mit der Macht von Blut und Boden, von Heimatscholle und Heimaterde. Eine im Geist neuer Mütterlichkeit reformierte, selbstbewusste Maria soll durch die Opferung des Sohnes im Krieg für Deutschland von einer Geschichte, die nichts als Kriegsgeschichte ist, erlösen und ein neues Reich des Heils anbrechen lassen. Die nach dem Ende aller Geschichte eintretende Epoche hängt am Sieg der deutschen Mutter über die französische Frau, der deutschen Maria über die französische Eva. Ehemänner und Väter müssen vom Schauplatz der Geschichte verschwinden; anfällig für die Folgen des Sündenfalls fühlen sie sich fatal zu Eva hingezogen und haben als heilsschaffende Kräfte versagt. Einzig die Mutter kann den Sohn vor Eva schützen. Im Krieg gefallen, kehrt er in die Muttererde wie in ihren Leib zurück, um darin ewig zu leben.

Nach nationalsozialistischen Vorstellungen konnten alleine die Söhne Heilsbringer sein. Die ödipale Brüderhorde revoltierte gegen die versagenden Väter. Anders als Ödipus kamen sie in den Genuss der Mütter nur über den Umweg des christologischen Schemas vom Opfertod des Sohnes. Durch ihren heilbringenden Opfertod für das Dritte Reich sollten sie in die Muttererde eingehen, um ewig zu leben.

Weiblichkeit wie Väterlichkeit hatte in diesem Reich Müttern und Soldaten zu weichen. Hand in Hand kämpften diese für die Ewigkeit der Rasse. Die Zucht des Volkskörpers hatte an die Stelle der patriarchalischen Familie zu treten, die, indem sie zur Brutstätte verkam, praktisch intakt blieb, aber institutionell bedeutungslos wurde. Damit Männer Männer sein konnten, durften Frauen keinesfalls mit ihnen auf dem Arbeitsmarkt konkurrieren. Das wurde per Gesetz verfügt. Denn die wahre Berufung der Frau lag in biologischer Mütterlichkeit, die zur heiligsten aller Aufgaben rückte; heilig sollte jede Mutter deutschen Blutes heißen. Im Schoß der Mütter lag in fataler Durchmischung von Biologie und Religion, die dem Vitalismus des neunzehnten Jahrhunderts entstammte, das ewige Überleben eines Volks reinen Blutes. Jede Geburt garantierte im ewigen Weiterströmen reinen Blutes die Unsterblichkeit der Rasse und des Volkskörpers. Mit dieser Figur schließt sich der Kreis. Religion und Natur fallen in der nationalsozialistischen Mutter zusammen. Indem sie ihr Kind gebiert, schenkt sie der Rasse ewiges Leben.

Unbeschadet dieser prominenten Rolle in der nationalsozialistischen Pseudoreligion stieg die Mutter nach dem Krieg wie der Phönix aus der Asche. Noch immer garantierten die Mütter den Deutschen eine bessere Welt. Aus der Perspektive deutscher Mütterpolitik kann es nur eine pervertierte Mutter gewesen sein, in deren Namen der Nationalsozialismus triumphierte. Zu einfach war es für die deutsche Mutter, nach 1945 die Erfahrung des Krieges als Missbrauch ihrer höheren Berufung abzuweisen und sich von der nationalsozialistischen radikalen Moderne einer postfamilialen Kameradschaft abzuwenden und regressiv auf ihre tieferen Wurzeln im Schoß der Familie zu besinnen. Im Nachkriegsdeutschland galt es wieder einmal, wahrer Mütterlichkeit ihr Recht zu verschaffen – gerade auch im Gegensatz zur DDR, der man unterstellte, dass die Familie als Raum reiner Menschlichkeit von einem totalitären Staat zerrüttet wurde.

In der Nachkriegspolitik der Bundesrepublik stand in bester protestantischer Tradition die von mütterlichen Werten bestimmte Familie noch immer gegen die Welt. Was ihren heilsbringenden Einfluss auf diese angeht, war man zurückhaltender geworden. In der richtigen

Welt, in der Welt der Wirtschaftskriege und der Fußballturniere, ging es erst einmal darum, wieder wer zu sein, die durch die Niederlage lädierte Männlichkeit zu restaurieren. Das prachtvolle Ergebnis dieser Anstrengungen sehen wir in Wirtschaftswunder und Automännern vor uns. Die Tradition der durch mütterliche Werte reformierten Gesellschaft, wie sie mit Pestalozzi und Luise begonnen, von den Frauenbewegungen und dem ethischen Feminismus aufgenommen wurde, war von den Nationalsozialisten an ein Ende gebracht worden; die Gegenüberstellung von Welt und Familie hingegen lebte wieder auf. Die Familie wurde nicht als Teil der Welt begriffen, sondern als ein bedrohter Raum gesehen, den es als Garantie eines humanen Miteinanders gegen die »Welt« zu schützen gilt. Der Staat taucht als potenzieller Feind auf, vor dessen totalitärem Zugriff Schutzräume errichtet werden müssen. Dass die deutschen Frauen anders als ihre europäischen Nachbarinnen nicht alles, nicht Kinder und Karriere, haben können, hängt mit der Rolle, die der Familie als Raum des alleinigen Heils zugewachsen und zur Pflicht geworden ist, zusammen. Die Familie steht einer verderbten Welt gegenüber, in der herzlose Karrierefrauen, aber keine Mütter einen Platz haben.

Die verschüttete Vorgeschichte der deutschen Mutter trennt die bundesdeutsche Familienpolitik in parteienübergreifender Einigkeit vom restlichen Europa. Die verbissen verteidigte Aufgabe der deutschen Mutter ist jetzt, sich jedem Einsatz in der Welt der Männer zu verweigern; es darf nicht wieder geschehen, was geschehen ist. Paradoxerweise aber wird die Voraussetzung, unter der die Katastrophe geschehen ist, blind reproduziert; nämlich sich um einer höheren Lösung willen aus der Welt der Männer herauszuhalten.

Die bundesdeutsche Familienpolitik zeichnete sich bis zum Jahre 2005 durch eine erstaunliche Konstante aus: Sie hat im Gegensatz zu familienpolitischen Maßnahmen in Dänemark oder Frankreich etwa, die beide eine deutlich höhere Geburtenrate *und* einen wesentlich geringeren Verdienstunterschied zwischen Männern und Frauen haben, nie konsequent auf Kinderbetreuung, sondern immer auf Teilzeitarbeit für Eltern, das heißt de facto für Mütter gesetzt. Sie hat immer die »partnerschaftliche« Umverteilung der Aufgaben innerhalb der Familie vertreten, nie deren Übernahme durch außerfamiliäre gesellschaftliche Institutionen oder private Kräfte. Statt sich für Ganztagskrippen und Ganztagsschulen einzusetzen, streitet man sich hierzulande nicht erst seit den sechziger Jahren, sondern seit dem sechzehnten Jahrhundert so ergebnislos wie unverdrossen, wer die Kinder wickeln soll. Und obwohl man mit Luther seit vierhundert Jahren der Meinung ist, dass es wahrer Männlichkeit keinen Abbruch tut, mal ein Kind zu wickeln, ist dies doch im Normalfall Aufgabe der Mütter geblieben. Dass diese nie auf die einfachste Lösung verfallen sind, das so zähe wie ergebnislose Ringen mit dem Partner aufzugeben und das Kinderwickeln zeitweise einem Kindergärtner oder einer Kinderfrau zu überlassen, ist merkwürdig. Weil Kinderbetreuung ganztägig Sache der Familie, sprich Mütterarbeit ist, gibt es in der Bundesrepublik nur für fünf Prozent der Kinder Ganztagskinderkrippen – und das verdanken wir den neuen Bundesländern –, und immer noch ist die Ganztagsschule himmelweit davon entfernt, die Norm zu sein. Bundesdeutsche Familienpolitik hat die Frau in ihrer Rolle als Ehefrau und Mutter, nicht aber als berufstätige Bürgerin gefördert – man denke nur an das unangetastete Ehegattensplitting und sämtliche Versicherungsregelungen, die den Weg der Ehefrau aus dem Beruf heraus subventionieren. Hier beginnen sich die Sachen erst ganz langsam zu bewegen. Aber ob diese Wende in der Politik angenommen werden wird, ist ungewiss. Anscheinend finden die Frauen selbst, dass diese deutsche Mode ihnen gut steht, denn sie halten trotz anderslautender Zielvorstellungen unerschütterlich daran fest. Warum sie das tun, ist das Rätsel der deutschen Mutter.

Während man sich im übrigen Europa und in den USA darin einig ist, dass eine frühe Sozialisation unter Gleichaltrigen für die Kinder unverzichtbar ist, weil sie Selbständigkeit und Soziabilität fördert, sieht man darin in Deutschland, wo man allem Gesellschaftlichen misstrauisch gegenübersteht, einen Notbehelf. Wofür hat man sich schließlich Kinder »angeschafft«, wenn man sie sofort wieder »abschiebt«? Ganztagskrippe ab sechs Monaten ist eine Provokation für die deutsche Mutter. Da könne sie es ja gleich zur Adoption freigeben, befindet sie und zählt drohend besorgt die lange Liste der Störungen auf, die ein solches, um Mutterliebe geprelltes Kind zwangsläufig befallen. Die Skepsis der deutschen Mutter gegenüber der Kinderkrippe ist grenzenlos, und nur eine verschwindende Minderheit glaubt, dass die Betreuung in einem Ganztagskindergarten positive Impulse geben kann. Man fragt sich, wie es dann kommt, dass französische, dänische und italienische Kinder als Erwachsene so schrecklich normal und nicht allesamt als krippengeschädigte Bindungsunfähige herumlaufen. Der deutsche Sonderweg schadet Kindern und Müttern gleichermaßen. Die fehlende Kinderbetreuung hat Deutschland im europäischen Vergleich in Sachen Karriere von Frauen, Verdienstmöglichkeiten *und* Geburtenrate ganz nach hinten katapultiert.

Unseren Kindern sollten wir deutsche Mütter ersparen und ihren Schatten, der sich erst über Generationen verlieren wird, durch die Vielfalt anderer Verhältnisse aufhellen. Uns selbst zuliebe sollten wir uns nicht dem Druck des Vorbildes der deutschen Mutter aussetzen. Das bedeutet Abschiednehmen von dem selbstgerechten, wesensversessenen Dogma der Mutter als besserem Menschen, Abschiednehmen von der Rhetorik des Sich-Aufopferns, Abschiednehmen vom deutschen Sonderweg einer Weltverbesserung. Wir sollten abfallen vom deutschen Glauben, der in der von Mutterliebe durchdrungenen Familie das Versprechen einer heilen Welt sieht. Es ist an der Zeit, die Gegenüberstellung von kalter, egoistischer, männlicher Karrierewelt und besserer Familienwelt aufzugeben, die Gegenüberstellung von Karrierefrau und Mutter fallenzulassen. Vielleicht entscheiden sich dann wieder mehr Frauen für das Glück, Kinder zu haben.

Teil I

Eine Neubewertung altbekannter Tatsachen

Thema: Gleichberechtigung, Gleichstellung und Vereinbarkeit

Die neue Frau ist etwas eiliger
in Erscheinung getreten als die neue Mutter.
Robert Musil

Unter Gleichberechtigung versteht man in Deutschland nicht nur gleiche Möglichkeiten der Selbstentfaltung und gleiche sexuelle Rechte, sondern auch gleiche Chancen für Frauen und Männer im Beruf, gleiche Teilhabe an Macht, Geld und Autorität. Gleichberechtigung von Frauen und Männern wird als ein erstrebenswertes Ziel, auf das sich die modernen oder mittlerweile postmodernen westlichen Gesellschaften zubewegen, angesehen. Sie gilt als wichtiges Charakteristikum, ja als entscheidender Indikator für deren Aufgeklärtheit und Fortschrittlichkeit; Emanzipation und Gleichberechtigung sind wie Demokratie oder Menschenrechte zu Marken im internationalen Wettbewerb und im Kampf um die Legitimation von Staaten geworden. Die meisten Regierungen scheinen diese Bewegung auch voll guten Willens zu unterstützen – auf dass aus dem noch nicht ganz emanzipierten Wesen Frau bald eine gleichberechtigte Partnerin der Männer werde.

Auch darüber, dass das Ziel der beruflichen Gleichberechtigung noch nicht erreicht ist, herrscht Einigkeit. Beide Geschlechter haben ein ausgeprägtes Bewusstsein von der faktischen Diskriminierung von Frauen in beruflichen Zusammenhängen. Die überwältigende Mehrheit hält diese Diskriminierung für nicht wünschenswert, und viele sind der Meinung, dass politisch mehr für die volle Realisierung der Gleichberechtigung getan werden müsste. Zwar übertrifft die Unzufriedenheit der Frauen, was ihre Unterstützung im Berufsleben angeht, in beiden Teilen Deutschlands die der Männer, aber auch diese sind keineswegs glücklich darüber, wie es ihren Töchtern, Freundinnen, Frauen und Müttern beim so genannten außerhäuslichen Erwerb ergeht.

Ausschließlich Mutter und Hausfrau zu sein ist weder die Norm noch das Ideal. Mit den siebziger Jahren ist die Hausfrauenehe in die Krise geraten und der bis dahin geltende Sozialvertrag, nach dem die

Frau auf die Familie und der Mann auf die Welt der Erwerbstätigkeit fixiert war, gilt nicht mehr. Weibliche außerhäusliche Erwerbstätigkeit ist nicht mehr nur unter den Bedingungen des »Notzustandes« akzeptabel, wie sie vor dem Krieg beispielsweise in einer Frauenbeilage des fortschrittlichen *Hamburger Echos* von 1929 definiert worden war, nämlich für den Fall, dass »der Mann ... nicht genug [verdient], um Frau und Töchter zu ernähren, und infolgedessen die weiblichen Mitglieder der Familie ebenso zum Lebensunterhalt beitragen [müssen] wie die männlichen, wenn die Familie als Wirtschaftsverband überhaupt bestehen soll«.[1] Auch das Gesetz, das einerseits die Berufstätigkeit der Ehefrau von der Zustimmung des Ehegatten abhängig machte, andererseits die Ehefrau aber dazu verpflichtete, bei zu geringem Familieneinkommen erwerbstätig zu werden, ist seit 1963 nicht mehr in Kraft. Frauen können selbständig entscheiden, ob sie erwerbstätig sein wollen. Erwerbstätigkeit ist vom Notfall zum anerkannten Normalfall geworden. Manchmal müssen Frauen berufstätig sein; die meisten wollen berufstätig sein. Eine repräsentative Untersuchung der Whirlpoolstiftung kommt zu dem Ergebnis, dass nur noch wenige Frauen zwischen Beruf und Familie wählen möchten: »Die Frage, die sich heute und in Zukunft stellt, ist nicht, ob Frauen außerhalb des Hauses arbeiten sollten, sondern in welchem Ausmaß und zu welchen Bedingungen.«[2] Der notorische Professor, der einer begabten Studentin erzählt, ihre Ausbildung sei wichtig, damit sie ihrem Gatten eine gebildete Ehefrau und ihren Kindern eine immer gesprächsbereite, kluge und hilfreiche Mutter sein könne, ist wahrscheinlich noch nicht ausgestorben, aber eher eine Kuriosität. Allerdings finden sich im Zuge der so genannten familienorientierten Wende gespenstische Echos aus dieser Vergangenheit, diesmal aus Frauenmund. Elisabeth Motschmann empfiehlt Studentinnen, mit ihrem Studium den Zweck zu verfolgen, »eine angenehme und gebildete Gesprächspartnerin für Mann und heranwachsende Kinder« zu werden,[3] Eva Herman meint, das Eva-Prinzip läge darin, die Erwerbsarbeit gentechnisch besser den Männern zu überlassen und sich im trauten Heim der Familie zu widmen.

Mittlerweile scheinen es die Deutschen mit Simone de Beauvoir zu halten, für die Emanzipation ohne wirtschaftliche Unabhängigkeit ein

Unding war. Beauvoir gehörte zu den ersten Frauen, für die es unbegreiflich war, wie emanzipierte Frauen mit der Heirat von einem Tag auf den anderen ihre wirtschaftliche Selbständigkeit aufgeben konnten. *Das andere Geschlecht* erschien in Frankreich 1949. Im Jahre 1995 fanden 85 Prozent der in den alten Bundesländern Lebenden und 92 Prozent der in den neuen Bundesländern Lebenden wichtig, dass Frauen, auch wenn sie verheiratet sind, wirtschaftlich auf eigenen Füßen stehen – so jedenfalls die Zahlen, die das Bundesministerium für Familie, Senioren, Frauen und Jugend 1995 in seiner Umfrage »Gleichberechtigung von Frauen und Männern. Wirklichkeit und Einstellungen in der Bevölkerung« ermittelte.[4] Mehr noch, das allgemeine Rollenverständnis räumt im Westen wie im Osten Deutschlands Männern und Frauen die gleichen Verwirklichungschancen im Berufsleben ein. Beruflicher Erfolg wird beim überwiegenden Teil der Bevölkerung für Frauen und Männer gleich wichtig genommen. So skeptisch die reale Arbeitsmarktsituation im Hinblick auf Gleichberechtigung eingeschätzt wird, so optimistisch sind die Zukunftsprognosen. Kaum jemand zweifelt daran, dass die Gleichberechtigung von Männern und Frauen auch auf beruflichem Gebiet in nächster Zukunft Faktum sein wird. Die gegenwärtigen ungleichen Erwerbs- und Karrierechancen werden schlicht zum Übergangsphänomen erklärt. Sieht man sich die Fakten an, fragt man sich, woher dieser Optimismus kommt.

Gewiss wäre es leichtsinnig, die formal-juristischen Fortschritte in punkto Gleichstellung für unwichtig zu halten. Aber trotz der im Grundgesetz festgehaltenen Gleichstellung und trotz des Konsenses in der Bevölkerung ist es in der Praxis der Berufswelt bei erstaunlichen Konstanten der Ungleichheit geblieben. »Die Ungleichheit der Erwerbschancen von Frauen und Männern«, schreibt Karin Hausen, »wird seit Jahrzehnten heftig attackiert. Gleichwohl behauptet sie sich bis heute als äußerst stabiles Strukturmerkmal moderner Wirtschafts- und Gesellschaftssysteme.«[5] Frauen verdienen durchschnittlich deutlich weniger als Männer; diese Diskrepanz vermindert sich nicht, im Gegenteil, sie nimmt einem Bericht des Verbandes berufstätiger Frauen vom Oktober 1997 zufolge wieder zu. Zwischen 1985 und 1993 blieb der Verdienstunterschied zwischen Männern und Frauen gleich; 1997 vergrößerte er sich.[6] Diese Tendenz hat sich nicht verändert.[7] Auch bei gleichem Alter und gleicher Arbeit verdienen Frauen weniger. Frauen sind wesentlich öfter arbeitslos, und Frauen machen selten Karriere, obwohl sich ihre Ausbildung in den letzten fünfzehn Jahren der Ausbildung der Männer angeglichen hat. Im Jahre 2002 waren mehr als die Hälfte der Studienanfänger Frauen. Dass Frauen heutzutage genauso, ja öfter besser qualifiziert sind als Männer, hat sich auf dem Arbeitsmarkt kaum niedergeschlagen.[8]

Der Prozentsatz der Frauen, die die berühmte Glasdecke durchstoßen, die unsichtbar die oberen Karriereetagen, auf denen die Männer bis auf die eine oder andere Alibifrau unter sich bleiben, von den unteren abtrennt, ist nach wie vor ausgesprochen niedrig. Zwar verzeichnet man in der Bundesrepublik dank der Quoten auf der politischen Ebene eine Erhöhung des Frauenanteils, doch in den Bundesbehörden und an den Bundesgerichten hat sich der Frauenanteil, einem Bericht zur Umsetzung der Richtlinien zur beruflichen Förderung von Frauen in der Bundesverwaltung zufolge, nur minimal erhöht.[9] Auch die so genannte vertikale Segregation, die hierarchische Trennung, sowie die Tendenz zu einem dualen, nach Geschlechtern geteilten Arbeitsmarkt sind kaum rückläufig. Sie erweisen sich gegen alle Versuche der Gleichstellungspolitik als resistent.[10] Nach wie vor gibt es so genannte Frauen- und Männerberufe, und das heißt Männer- und Frauenlöhne, obwohl so gut wie sämtliche juristische Zugangsbeschränkungen aufgehoben sind. Frauenberufe, die wesentlich schlechter bezahlt werden, wenig Prestige haben und kaum Aufstiegschancen bieten, sind keine Domäne der Frauen aus Unterschichten, sondern werden von Frauen aller sozialen und Bildungsschichten ergriffen. Wenn Frauen wie im letzten Jahrzehnt verstärkt im Dienstleistungssektor Arbeitsplätze finden und die Zahl der weiblichen Arbeitslosen in manchen Regionen überproportional im Verhältnis zu der der männlichen Arbeitslosen zurückgegangen ist, so liegt das daran, dass es sich um Jobs mit begrenzten Zeitverträgen handelt, die kaum Aufstiegschancen bieten, und dem, was man sich in besseren Zeiten unter einem Beruf vorstellte, nicht entsprechen.[11] Es scheint so zu sein, dass trotz aller gegenteiligen Versicherungen unausgesprochen Männern die Führungspositionen, in die Frauen als Primadonna oder besser *unica donna* ausnahmsweise aufsteigen können, vorbehalten bleiben. Frauen bekommen in der Regel keine den Männern gleichwertigen Verträge, sondern bilden noch immer »das Reservoir der unqualifizierten, unstetigen und je nach Lage des Arbeitsmarktes von Fall zu Fall mobilisierbaren und demobilisierbaren Arbeitskräfte«.[12] Der Erfolg der Frauen im Beruf lässt auf sich warten.

Das Phänomen der Segregation wirft ein anderes Licht auf die Teilzeitarbeit. Sie mag bei einer verknappten Arbeit als ideale Lösung erscheinen, aber es sieht umgekehrt so aus, als ob heute die, die Arbeit haben, immer mehr arbeiten müssen, während immer mehr Leute ohne Arbeit sind. Vielleicht wäre ein Ansteigen der Teilzeitarbeit in dem oft proklamierten, aber selten zu beobachtenden Übergang vom industriellen zum postindustriellen Arbeitsparadigma zu begrüßen. In diesem Sinne plädiert man für eine Entmythologisierung der Erwerbsarbeit und erklärt, dass diese bereits kulturelle Hegemonie und Prägekraft verloren habe und keinen zentralen Lebenswert mehr darstelle. Manche feministischen Gruppen sehen im Abschied vom »Berufsmenschentum« sogar ein Heil, das die Emanzipation von der Emanzipation verspricht, die an der Berufstätigkeit der Frauen hing;[13] die Frauen sollten warten, bis bei den Männern von der »zentralen Wertschätzung des Berufes« nicht mehr viel übrig sei. Dieses Ziel firmiert als »Feminisierung« der Gesellschaft. Hier ist einzuwenden, dass die Frauen sich nicht von etwas zu emanzipieren brauchen, was sie nie bedrückt hat. Ihr Problem liegt normalerweise nicht darin, die Wichtigkeit von Karriere zu überschätzen und dem Beruf eine zu zentrale Stellung in ihrem Leben einzuräumen. Und es ist daran zu erinnern, dass »der soziale Status, das materielle Einkommen, aber auch die Eingriffsmöglichkeiten in gesellschaftliche Prozesse … immer noch von beruflichen Karrieren«[14] abhängen.

Man sollte den Begriff der vollen Berufstätigkeit neu definieren, damit ein anderes Konzept von Voll- und Teilzeitarbeit entsteht. Die neuen Medien wie Telefon, Telefax, Computer und E-Mail machen viele Arbeiten von der Präsenz an einem Ort unabhängig und ermöglichen einen selbstorganisierten, flexibleren Tages- und Wochenarbeitsplan. Volle Berufstätigkeit, die nicht nach der Leistung, sondern nach der Präsenz am Arbeitsplatz gemessen wird, ist nicht mehr praktische Notwendigkeit, sondern Fetisch. Der Acht-Stunden-Tag oder auch ein Dreizehn-Stunden-Tag im Büro sind anachronistisches Leitfossil einer vergangenen Ära. »Wenn ich zu Hause bei meinem Sohn bin, kann ich jedes Problem per Telefon, Fax und mit Hilfe meines Computers in maximal einer Stunde lösen«, meint eine Bankdirektorin.[15] Man sieht nicht ganz, warum sie das nicht könnte, wenn sie ohne ihren Sohn zu Hause wäre. Dass an der Präsenzpflicht nicht zu rütteln ist, liegt in der Tat nicht an rationalen Überlegungen. Wahrscheinlich ist einer der Gründe dafür das Kontrollbegehren, aber auch die Vorstellung, dass ein wirklicher Mann außer Haus arbeitet. Eine Flexibilisierung des Konzeptes von Voll- und Teilzeitarbeit würde allerdings zu einer stärkeren Durchdringung von öffentlichem und Privatraum führen. Und das sieht auf den ersten Blick nicht nur wie eine zeitgemäße, sondern wie eine frauenfreundliche Errungenschaft aus. Es ist nicht plausibel, dass »erst wenn Führungspositionen in Teilzeit ausgeschrieben werden, der Karriereknick von Frauen aufhören«[16] würde. Im Gegenteil, wenn es zu einer einfacheren Mischung von Privat- und Berufswelt käme, würden nicht mehr so viele weibliche Karrieren knicken. Daran ist aber kaum zu denken. Das liegt nicht zuletzt daran, dass diese Mischung die Unterscheidung von männlich und weiblich verwischen würde; Männer – das hat die dekuvrierende Debatte um das Elterngeld noch einmal drastisch vor Augen geführt –, die sich dafür entscheiden, die Elternzeit in Anspruch zu nehmen, gelten schon als ein bisschen komisch. Für richtige Männer kommt so etwas nicht in Frage. Teilzeitarbeit ist hierzulande der Faktor, welcher den Arbeitsmarkt am stärksten segregiert. 90 Prozent der Teilzeitbeschäftigten sind weiblich; mehr als ein Drittel der berufstätigen Frauen in den alten Bundesländern arbeiten Teilzeit. Das Gros der Teilzeitstellen ist aber durch geringe Qualifikation ausgezeichnet. Es handelt sich oft um Positionen, die leicht gekündigt werden können, oder um ungeschützte Arbeitsverhältnisse. Die zwischen 1991 und 2004 verzeichneten Beschäftigungsgewinne sind deshalb nur die halbe Wahrheit. Denn zwar hat »die Zahl berufstätiger Frauen seit 1991 deutlich zugenommen, nicht aber das von ihnen geleistete Arbeitsvolumen. Es verteilt sich lediglich auf mehr Personen.« 2004 waren 75 % aller Teilzeitstellen, aber nur knapp 37 % der Vollzeitarbeitsplätze von Frauen besetzt.[17] Diese Verteilung nimmt sich im europäischen Vergleich folgendermaßen aus: »Zudem liegt der Anteil von Männern in Teilzeitbeschäftigung und der Anteil von Frauen in hohen Berufspositionen in Deutschland gleichermaßen niedrig im Ländervergleich.«[18] Denn auch auf qualifizierten Teilzeitstellen ist so gut wie nie Karriere zu machen, weil die so genannte ungeteilte Berufsidentifikation als nicht gegeben gilt. Weniger zu arbeiten signalisiert, dass der Beruf nicht Lebensmittelpunkt ist, dass man anderes, vielleicht sogar Wichtigeres zu tun hat – etwa mit einem einjährigen Kind eine französischsprachige Krabbelgruppe zu besuchen. Frauen, die einen solchen Job ergreifen, wird unterstellt, dass sich ihre Berufung nie und nimmer auf die Arbeit, sondern auf Mann und Kind bezieht. In den Augen der Arbeitgeber und meistens sogar in denen der Arbeitnehmerinnen selbst steht auch hochqualifizierte Teilzeitarbeit unter dem grundsätzlichen Vorbehalt, nur zweitrangig zu sein. Wer ihr nachgeht, hat Höheres im Sinn als Karriere. In der Tat ist der Wunsch nach Teilzeitarbeit bei Frauen ungebrochen; die Nachfrage ist weit höher als das Angebot. 77 % der Frauen, die mit einem Partner zusammenleben und Kinder unter zwölf Jahren haben, wünschen sich Teilzeitarbeit; in Frankreich wollen nur 40 % der Frauen, die Kinder unter sechs Jahren haben, eine Teilzeitarbeit.[19]

Diese Fakten verbieten es, die Geschichte der Frauenerwerbstätigkeit als einen weitgehend erfolgreichen Kampf um Gleichberechtigung und Frauenemanzipation zu schreiben.[20] Die höhere Erwerbsquote der Frauen, allgemein anerkannter wichtigster Anzeiger für ihre Emanzipation, ist Augenwischerei. Die Zahl der Frauen, die mit Männern in Konkurrenz treten können und auf dem Arbeitsmarkt als vollwertig wahrgenommen werden, ist sogar zurückgegangen. Statt stolz eine beruhigende Fortschrittsgeschichte zu erzählen, müsste man sich dem traurigen Faktum eines Rückschlags stellen, der nicht nur um ein paar Jahre zurückwirft, sondern das tröstende Fortschrittsszenario als Ganzes und grundsätzlich in Frage stellt. Es handelt sich um den klassischen Widerspruch von Ideal und Wirklichkeit.

Es sieht so aus, als ob die Geschichte vorgeblicher Emanzipation davor bewahren soll, den Fakten ins Gesicht zu sehen. Die tatsächlichen Verhältnisse scheinen als objektiver Befund nicht ins allgemeine Bewusstsein zu dringen, und auf der Ebene des Sagbaren wird davon ausgegangen, dass jeder im Prinzip die gleichen Chancen auf dem Arbeitsmarkt habe. Die neue Unduldsamkeit gegenüber Themen wie Emanzipation oder Feminismus ist nur dadurch zu rechtfertigen, dass man die Frage im Großen und Ganzen für gelöst hält und sie deswegen endlich ad acta legen kann. Und natürlich fällt jedem immer eine glückliche Ausnahme ein, die zeigt, dass es schließlich geht. So ist es zu einer neuen Ideologie geworden, die Ziele der Emanzipation für gerechtfertigt und im gleichen Atemzug für so gut wie erreicht zu erklären.

Das Gleichheitsmodell klammert die Geschlechterfrage aus und skizziert weibliche Karrieren nach dem männlichen Muster, was eine lebenslange Berufsorientierung, Berufsausübung und Berufskarriere impliziert. Dieses Gleichheitsmodell, dessen Geschlechtsneutralität krasse Geschlechtsblindheit kaschiert, kommt de facto aber kaum zum Zuge. Der überwältigende Teil der Bevölkerung lebt nach dem traditionellen Modell, das von den klassischen Geschlechterrollen bestimmt ist. Während Männer berufs- und karriereorientiert vorgehen und die Zielvorstellung haben, den finanziellen und sozialen Status der Familie zu sichern, ist die Priorität der Frauen weder die Familie noch der Beruf, sondern beides, Familie und Beruf, zu vereinbaren. Zwar wollen Männer und Frauen meistens beides, Beruf und Familie; dennoch ist die so genannte Vereinbarkeit reine Frauensache. Hier zeichnen sich in den letzten Jahrzehnten langsame Wandlungen ab. Viele akademisch gebildete Frauen sind aus diesem Vertrag ausgestiegen. Für sie steht das Problem der Vereinbarkeit nicht mehr im Vordergrund. Das Studienfachwahl »Lehramt« war der klassische Universitätsabschluss für Frauen, weil Frauen wegen der Halbtagsschulorganisation Familie und Beruf kombinieren konnten. Seit 1983 nun gibt es mehr Frauen mit einem Diplom- oder Magisterabschluss als mit einem Lehramtsabschluss, und die Doktorprüfungen nahmen zu. Nicht auf Vereinbarkeit zu setzen, genauer, den Beruf nicht nach Maßgabe von Vereinbarkeit diktieren zu lassen, heißt in Deutschland, und nur in Deutschland tragischerweise, sich de facto bereits gegen Kinder entschieden zu haben.[21] Das Aufgeben des Kinderwunsches ist eine Konsequenz der Überzeugung, dass man in Deutschland als Frau beides, Kinder und Karriere, nicht haben kann.

Die weitgehend stabilen Geschlechterrollen, die im beruflichen Bereich wie in der öffentlichen Sphäre allen anderslautenden Beteuerungen zum Trotz bestimmend sind, prägen ebenfalls die Privatsphäre, vor allem die Aufgabenverteilung innerhalb der Familie. Im Gegensatz zu den aufgeklärten Ideologiebildungen lässt sich auch hier ein erstaunliches Verharren in den alten Verhältnissen beobachten. Auch wenn die Paare bis zur Geburt ihres ersten Kindes eine relativ gleichberechtigte Aufteilung beruflicher und innerfamiliärer Aufgaben praktizieren, ändert sich das mit dem ersten Kind dramatisch. Mit der Geburt des zweiten Kindes gewinnen diese traditionalen Muster weiter an Prägnanz. Trotz der vielbeschworenen partnerschaftlichen Ehe und trotz aller »neuen Väter« ist in der häuslichen Aufgabenverteilung das meiste beim Alten geblieben. Die Aufgaben und die Organisation des familiären Zusammenlebens werden nicht von Männern und Frauen gemeinsam getragen; die Sorge für Mann und Kinder und die Verantwortung für den Haushalt ist Sache der Ehefrau und Mutter geblieben. Frauen erledigen nach wie vor, unabhängig von ihrer Berufstätigkeit, den Löwenanteil der Hausarbeit, was nicht ausschließt, dass der Mann auch einkaufen geht, für Gäste kocht und sogar das Klo putzt. Das Eindringen der Frau in den seit der bürgerlichen Arbeitsteilung männlich konnotierten Bereich, das Geldverdienen außerhalb des Hauses, ändert nichts daran, dass sie die ihr angestammte Rolle der Hausfrau nach wie vor innehat.

Auch die Kindererziehung ist Domäne der Mütter geblieben. Die Gründung der Kernfamilie, die Geburt des ersten Kindes markiert den entscheidenden Schritt zur vollen Erfüllung der Geschlechterrollen. Frauen, die schon als potenzielle Mütter selten in direkte Konkurrenz zu Männern treten, scheiden, wenn sie tatsächlich Mütter werden, fast ganz aus der Konkurrenz aus. Sie unterbrechen ihre Berufstätigkeit für die Säuglings- und Kleinkinderpflege für zum Teil beträchtliche

Zeit und arbeiten danach überwiegend nur noch halbtags. Diese immer wieder belegten und gegen Änderung erstaunlich resistenten Zahlen belegen sämtliche neueren Studien. Während einer neueren Langzeitstudie zufolge die beiden Partner vor den Kindern beide weitgehend Vollzeit arbeitstätig waren, war eineinhalb Jahre nach der Familiengründung jede zweite Mutter nicht erwerbstätig. Siebeneinhalb Jahre nach der Familiengründung waren insgesamt 37 % der Mütter nicht wieder in den Beruf zurückgekehrt, und ebenfalls 37 % arbeiteten noch nicht einmal halbtags. Wie viele voll arbeiteten, geht aus dem Bericht nicht hervor. Ich halte es allerdings für optimistisch davon auszugehen, dass mehr als 15 % der Mütter in der karriererelevanten Zeit vollzeiterwerbstätig, sprich karrierefähig sind.[22] Als Mütter sind die Frauen entgegen allen guten Vorsätzen Zaungäste im Karrierespiel.

Während Kinder sich auf die Berufstätigkeit der Frau äußerst negativ auswirken, beeinflussen sie die Berufstätigkeit des Mannes leicht positiv. Schließlich kommt als neuer Grund für die Konzentration auf die Arbeit seine Verantwortung für Weib und Kind hinzu. Teilzeitarbeit, die bei Männern mit 2,8 Prozent ohnehin kaum eine Rolle spielt, sinkt auf 2,2 Prozent, wenn die Kinder im Alter zwischen drei und sechs Jahren sind. Offensichtlich verlagert sich der Arbeitsschwerpunkt beim Vater, anders als bei der Mutter, nicht ansatzweise vom Beruf auf den Haushalt. Auch hier klaffen Praxis und Theorie auseinander. Die Liberalität des Gesetzgebers, der Väter und Mütter gleichermaßen für eine Dauer von drei Jahren für die Kindererziehung unter Garantie des Arbeitsplatzes und bei einem vom Gehalt des Ehegatten abhängigen Zuschuss von monatlich sechshundert Markt freistellte, kam nicht zum Zuge. Von den 51 Prozent der Männer, die es grundsätzlich begrüßten, dass auch sie den Erziehungsurlaub nehmen können, zogen 45 Prozent dies für sich selbst nicht in Betracht. Der Prozentsatz der Männer, der dann tatsächlich Erziehungsurlaub nahm, wurde zwischen 2 und 5 Prozent angegeben; auch im günstigsten Fall von 5 Prozent nicht wirklich überwältigend. Es ist oft beklagt worden, dass Männer von der angebotenen Partnerschaftspolitik keinen Gebrauch machen. Das liegt zum einen daran, dass sie im Normalfall mehr verdienen und die besseren

Karriereaussichten haben. Unter ungleichen Bedingungen – ungleiche Gehälter und ungleiche Karrierechancen – kann eine Gleichheitspolitik nicht funktionieren.

Es gibt noch andere Gründe, weshalb Väter von diesem Angebot nicht begeistert Gebrauch machten. Männern fällt es offensichtlich schwerer, ihre finanzielle Unabhängigkeit aufzugeben und sich mit einem Taschengeld abzufinden. Wie die Diskussion der letzten Monate um das Elterngeld gezeigt hat, geht auch kein Mensch davon aus, dass Männer durch die immerhin wesentlich angemessenere Kompensation des Elterngeldes in einem signifikant höheren Prozentsatz für längere Zeit aus ihrem Beruf ausscheiden. Männer fügen sich nicht so leicht darein, mit ihrer Arbeit ihre soziale Sphäre, ihre Selbstbestimmung und ihren gesellschaftlichen Einfluss aufzugeben.[23] Ihnen kann nicht zugemutet werden, was man von Frauen nicht nur selbstverständlich erwartet, sondern was diese selbst in der großen Mehrheit für ebenso selbstverständlich halten, nämlich dass sich ihr Leben durch ein Kind vollständig verändert. Es ist umgekehrt höchst verwunderlich, dass Mütter die »Chance« zu einem Ausstieg aus dem Berufsleben für eine so lange Zeit und zu solchen Bedingungen so widerspruchslos auf sich nehmen. In Deutschland verändert sich das Leben einer Frau durch das Mutterwerden vollkommen; nicht nur wird es wie das Leben des Vaters durch eine neue, andere Liebe und eine bisher nicht geahnte Abhängigkeit und Verwundbarkeit beschenkt und belastet, nicht nur erhält die Beziehung zu dem Mann, der jetzt auch Vater ihres Kindes ist, eine andere Facette. Es ändert sich so grundsätzlich, weil die Frau in dem Moment, wo sie Mutter wird, ihre Lebenswelt, ihre Tätigkeit, ihre Kollegen, ihren Tagesablauf, ihre finanzielle Autonomie, kurz fast alles, was der Rede wert ist, aufgibt und mit Haut und Haaren zur reinen Mutter wird. Oder auf Kinder verzichtet. Auf dass dies so bleibe, wird in Deutschland viel getan; es wird zum Beispiel viel unterlassen, was möglich wäre, weil es symbolisch inakzeptabel ist. Im Muttersein finden Frauen offenbar etwas, was für die Aufgabe des eigenen, vorherigen Lebens entschädigt. Das, was sie diese Kompensation annehmen und mögliche Alternativen sehenden Auges ausschlagen lässt, ist wiederum das Rätsel der deutschen Mutter.

Vergleich: Die Familienpolitik der DDR und der BRD im europäischen Kontext

Und drinnen waltet die züchtige Hausfrau,
die Mutter der Kinder.
Friedrich Schiller, *Das Lied von der Glocke*

Wenden wir uns des Pudels Kern zu, der Vereinbarkeit von Beruf und Familie. Und wagen wir dazu gleich eine These: Die Familienpolitik der Bundesrepublik war Teil des Kalten Krieges. Zugespitzt könnte man formulieren: Die Familienpolitik der BRD wäre nicht so ausgefallen, wie sie ausgefallen ist, wenn es die Trennung Deutschlands in zwei Staaten nicht gegeben hätte. Sie ist nur als Reaktion auf und in Konkurrenz zur Familienpolitik der DDR zu begreifen. Wäre es nicht zu dieser Frontstellung gekommen, dann wäre wahrscheinlich das passiert, was erst jetzt vielleicht ganz langsam doch passiert: dann hätte sich die Bundesrepublik schon seit den siebziger Jahren vermutlich ähnlich entwickelt wie die europäischen Nachbarländer und müsste jetzt weder mit diesen verheerenden demographischen Daten noch mit einem erheblichen Defizit in Sachen Gleichberechtigung kämpfen. Wären Mütter auch hierzulande als Berufstätige gefördert worden, wäre es vermutlich nicht dazu gekommen, dass die Frauen geglaubt hätten, sich zwischen Kindern und Karriere entscheiden zu müssen und sich jede vierte, unter den Frauen mit Universitätsabschluss sogar mehr als jede dritte, der 1960 geborenen Frauen (38 %) gegen Kinder entschieden hätte. In Frankreich bleibt im Vergleich dazu nur jede zehnte Frau – und das ist zentral – unabhängig von ihrer Ausbildung kinderlos. Vermutlich hätten wir trotz des Dritten Reiches Institutionen wie Kinderkrippen und Kindergärten eines demokratischen Staates das Vertrauen entgegengebracht, das solche Institutionen im Prinzip verdienen. So aber wurde die historisch gewachsene Trennung von Familie und Staat zementiert und Kinder zur Privatsache erklärt. Dass Westdeutschland hier einen so klaren Sonderweg einschlug, lag nicht am an dieser Stelle gerne zitierten katholischen Subsidiaritätsprinzip –

woher hätte dieses plötzlich solche Stoßkraft entfalten sollen –, sondern an der Frontstellung gegen die DDR.

Denn Kinder nicht im Schoß der Familie zu erziehen, sondern sie in die Obhut öffentlicher Institutionen zu geben, hieß – so die verworrene Einschätzung im Nachkriegsdeutschland – sie totalitärem Eingriff auszusetzen. Kommunismus und Nationalsozialismus wurden über diesen einen Kamm geschoren. Vielleicht erinnert sich noch der eine oder andere an die Fotoserie, mit der zur Zeit des damaligen niedersächsischen Ministerpräsidenten Albrecht in Niedersachsen gegen Kinderkrippen polemisiert wurde: Auf einem Schwarz-Weiß-Foto im Verelendungslook saßen in Reih und Glied etwa einjährige Kinder, *offensichtlich* aus einer DDR-Krippe, die alle zur gleichen Zeit aufs Töpfchen gehen mussten. Was sollte das Foto suggerieren? Die Unmenschlichkeit kollektiver Kleinkindererziehung in staatlichen Institutionen, in denen der Mensch einer unerträglichen gleichmacherischen Disziplin unterworfen wird. Diese Kinder müssen sogar noch zusammen müssen. So etwas sollte unseren Kindern, die in einem freien Land aufwuchsen und zu freien Individuen ausgebildet werden sollten, nicht passieren. Fragen der Gleichstellung der Geschlechter mussten vor solchen Herausforderungen verblassen. Die Familie sollte in der BRD gegen den Eingriff eines totalitären Staates, wie man ihn unter nationalsozialistischer Politik erlitten hatte, geschützt werden. Die Familienpolitik der DDR, die mit der Politik anderer westeuropäischer Staaten mehr gemein hatte als mit der Politik der BRD, wurde eben als das interpretiert: als ein Hereinregieren eines totalitären Staates in das private Glück. Totalitär zerstörte sie mit der Familie das Individuum. Eben weil man so auf die DDR fixiert war, übersah man vollkommen, was in anderen demokratischen Staaten gleichzeitig passierte. In den siebziger Jahren kam es in vielen europäischen Staaten – in Dänemark, Frankreich und Schweden etwa – bei aller Verschiedenheit der Politiken zu einer grundlegenden Wandlung eines Musters: das nämlich des vollerwerbstätigen Ehemannes und der Ehefrau, die für die Regeneration des Ehemannes und die Sozialisation der Kinder zuständig war. »Nicht nur in den 60er Jahren trieb die hoch arbeitsteilig organisierte Gesellschaft der Bundesrepublik eine rigorose Trennung des Familienwohnens im Grünen und des Arbeitens in den Innenstädten und in den Industriequartieren voran und unterstützte damit auch räumlich eine Geschlechter trennende Organisation der Alltagszeit.«[1] Eine grundsätzliche Neuaushandlung dieses Modells, das wenig Idyllen und viele Katastrophen produzierte, hat in Westeuropa in den siebziger Jahren eingesetzt. In Deutschland beginnt diese Neuaushandlung erst jetzt zögerlich, seit wir diese Form der Familie nicht mehr als einzigen Garanten eines menschlichen Raumes gegen die DDR glauben verteidigen zu müssen. Noch immer stehen wir in Deutschland im Schatten dieser ideologischen Konstellation der Nachkriegszeit. Mit ihrem ganzen Einsatz für die Familie zeigte die Frau, dass sie ideologisch auf der richtigen Seite stand. Deswegen musste dieser Krieg zuerst ideologisch von Westdeutschland gewonnen werden; unser Familienmodell musste sich durchsetzen. Und erst nachdem dies weitgehend geglückt und die DDR sich der, was Geschlechtergerechtigkeit angeht, zurückgebliebenen BRD angenähert hatte, brach die ideologische Eiszeit ganz langsam, aber wirklich ganz langsam, zu Anfang des dritten Jahrtausends auf. Erst dann konnte sich auch die BRD ganz langsam und mit 40-jähriger Verspätung auf den Weg nach Westeuropa begeben.

Wie die anderen westeuropäischen Staaten förderte die DDR die gleichzeitige Vereinbarkeit von Erwerbstätigkeit und Mutterschaft. Wie in anderen europäischen Staaten setzte man dabei auf außerhäusliche Betreuung für Kinder; Kinderkrippen, Kindergärten und Ganztagsschulen waren so gut wie in Dänemark und Schweden ausgebaut. Die Sozialpolitik war auf die Förderung der erwerbstätigen Mütter ausgerichtet; familienpolitische Maßnahmen galten hauptsächlich der Frau und den Kindern. Unabhängig vom Ehestatus gab es finanzielle Zuwendungen und Erleichterungen auch für allein erziehende Mütter. Die Familienpolitik der früheren Bundesrepublik förderte hingegen – spiegelverkehrt, möchte man fast sagen – die Hausfrauen- und Versorgerehe. Doppelbelastet, wie ihre östlichen Schwestern, sollten die Frauen hierzulande nicht sein; sicher durch den arbeitenden Ehemann versorgt, profitierten die westdeutschen Frauen von einer »Freistellungschance für Familienbelange«.[2] »Umerzogen« wie in totalitären

Staaten mussten sie auch nicht werden, sondern konnten sich auf die von der Natur vermutlich so vorgezeichnete Arbeitsteilung zwischen den Geschlechtern verlassen. Aus dem Kalten Krieg muss auch noch das Wort »Doppelbelastung« stammen, das als eine der entscheidenden Kampfparolen eine erstaunliche Karriere machte. In Frankreich – einem Land, in dem sich zwar männliche und weibliche Erwerbsbiographien weitgehend aneinander angeglichen haben, die Organisation des Hauses aber ebenso weitgehend in der Verantwortung der Frauen geblieben ist – habe ich nie mit ähnlicher Emphase von diesem Problem sprechen gehört. Es scheint eher so, als würden die Frauen dieses Hausherrinnensein durchaus auch genießen.

Während sich überall sonst im westlichen und nördlichen Europa die Erwerbs- und Lebenslaufprofile von Männern und Frauen annäherten, sind sie auch heute in der Bundesrepublik noch fein säuberlich getrennt. Mittlerweile ist zwar nicht mehr die Ehe mit einem Verdiener die Norm, wohl aber die Dazuverdienerehe, in der Frauen in Teilzeit – und einer deprimierenden Steuerklasse – arbeiten. Noch immer gilt für die heutige BRD, was ein Forschungsbericht 2001 festhielt: »Momentan profitieren Partnerschaften mit einem (in der Regel männlichen) Hauptverdiener am meisten von steuerlichen Rahmenbedingungen (z. B. dem Ehegattensplitting), sodass es sich gerade bei sehr ungleichen Einkommenschancen der Partner kaum für die Frau lohnt, arbeiten zu gehen. Dazu kommt die in Westdeutschland außerordentlich prekäre Versorgung mit institutioneller Kinderbetreuung, vor allem für Kinder im Krippen- und Grundschulalter. Für mehr Geschlechtergerechtigkeit in der Arbeitsteilung wäre eine stärkere Beteiligung der Männer an der unbezahlten Arbeit genauso erforderlich wie eine stärkere Erwerbsbeteiligung der Frauen. Ein Ausbau der Betreuungssysteme wie auch politische Maßnahmen zur Arbeitsmarkteingliederung von Frauen würden eine solche Entwicklung fördern.«[3] Ehe, Geburten und Familie sollten Privatsache bleiben und unterlagen damit implizit dem eheorientierten patriarchalischen Primat. Deshalb wurde eine Ganztagsbetreuung in Schulen und Kindergärten als staatliche Einmischung in das Recht der Familie abgelehnt. Durch dieses Leitbild der Einverdiener- oder der Dazuverdienerehe wurden Alleinerziehende und nichteheliche Lebensgemeinschaften mit Kind benachteiligt. Das Leitbild der phasenorientierten Berufstätigkeit führte dazu, dass Frauen so gut wie nie in interessante Berufe hineinkamen und wesentlich weniger Geld verdienten als die Männer. Eine groß angelegte und ideologisch unverdächtige Untersuchung des Ärzteblattes attestierte Westdeutschland deswegen nach der Wende und nach dem diese überdauernden Ende des Kalten Krieges, eine »unzeitgemäße Familienpolitik, die keine Gleichzeitigkeit von Mutterschaft und Erwerbstätigkeit im Blick hatte, sondern mit einem Nacheinander von Beruf, Kinderpause und Wiedereinstieg den Erwartungen der Frauen an eine Vereinbarkeit von Familie und Beruf nicht gerecht« wurde und wo im Übrigen staatlicherseits auch nichts passieren würde, um die erheblichen Karriereeinbußen, die durch das Dreiphasenmodell entstünden, zu kompensieren.[4]

Das Projekt zur »Familialen Arbeitsteilung in den Ländern der Europäischen Union: Länderstudie Deutschland« kam zu nicht weniger niederschmetternden Feststellungen. Was die »Geschlechtergerechtigkeit« angeht, war die DDR der BRD weit voraus. Die Wende wird hier nicht als Aufbruch in die freie Welt des Konsums, sondern als Rückfall in die weniger emanzipierten, bundesdeutschen Verhältnisse analysiert. »In den 90er Jahren scheint sich das Rad der Geschichte in Ostdeutschland rückwärts zu drehen: Männer beteiligen sich weniger an der Hausarbeit, Frauen sind besonders von Arbeitslosigkeit betroffen oder auf Teilzeitstellen verwiesen, Kinderbetreuungseinrichtungen werden abgebaut.« Zwar wurde, stellt der Bericht fest, auch in der DDR keine Gleichheit der Geschlechter erreicht. Trotzdem war mit der zunehmenden Erwerbstätigkeit von Frauen eine beachtenswerte Veränderung in der Beteiligung der Männer an der Hausarbeit zu beobachten. »Männer in der DDR beteiligten sich dabei deutlich mehr an der Hausarbeit als in der BRD, wenn auch im Sozialismus die völlige Gleichstellung nie erreicht wurde. 1965 leisteten Frauen in der DDR 4,2-mal und 1991 ›nur‹ noch 1,8-mal soviel Hausarbeit wie Männer. Heute hat sich die Arbeitsteilung mit 2,0 zwischen West und Ost angeglichen; im Jahre 2000 sind Männer in der DDR weniger an der Hausarbeit beteiligt als noch zu Anfang der 90er

Jahre.« Die Studie kommt zu folgendem Schluss: »Während die Modernisierung der Geschlechterverhältnisse in Westdeutschland langsamer verlief als in Ostdeutschland und heute ins Stocken geraten ist, findet nach einem Modernisierungsvorsprung bis zur Vereinigung heute in Ostdeutschland eine Re-Traditionalisierung statt, deren Reichweite noch nicht absehbar ist.«[5]

So abgeklärte, nüchtern analysierende Töne wurden erst mehr als zehn Jahre nach der Wende laut. Ein wunderschönes Dokument für den ideologischen Kalten Krieg stammt aus dem Jahre 1996. Und ein Blick zurück lohnt sich. »Partnerschaft und Kinder sind für die meisten Frauen vorrangige Lebensbereiche, gefolgt vom Beruf«, so formuliert der Bericht des deutschen Bundesministeriums für Familie, Senioren, Frauen und Jugend, das schon in seinem Namen aufzählt, was auf dem Arbeitsmarkt nicht wirklich, nicht mehr oder noch nicht zählt. Seine Vorlage für die vierte Weltfrauenkonferenz von 1995 schloss daraus: »Gleichberechtigungspolitik deshalb allein mit beruflicher Förderung gleichzusetzen, ginge an den Realitäten vorbei.«[6] Diese Feststellung der Realitäten steht in merkwürdiger Dissonanz zu dem Faktum, dass die Mehrheit der Bevölkerung in offenbarer Verkennung der Realitäten den Erfolg im Beruf für beide Geschlechter als gleichrangig ansieht und beiden sogar die gleichen Chancen der Verwirklichung im Beruf einzuräumen willens ist. Die Weltfrauenkonferenz brachte das Ministerium in die heikle Lage, in einer höchst gewundenen Argumentation durchblicken zu lassen, was es in der Bundesrepublik mit der Vereinbarkeit von Beruf und Kindern für Frauen auf sich hat und was für Politiken über sie abgewickelt werden. Ich nehme dieses Dokument eines ungeschützten Moments in einem sonst lückenlos abgeschirmten Konsens zum Ausgangspunkt meiner Analyse.

Heikel war die Lage, weil die Bundesregierung vor einem internationalen Publikum die Tatsache nicht ganz unter den Tisch fallen lassen konnte, dass die Bundesrepublik in punkto beruflicher Gleichstellung im westeuropäischen Vergleich so blamabel dasteht: »Auch im Ausland sind die Erwerbsquoten der weiblichen Bevölkerung mitunter wesentlich höher als im früheren Bundesgebiet; Schweden 80 Prozent, Dänemark 79 Prozent, Norwegen 71 Prozent, Finnland 72 Prozent

(1991).«[7] Der Prozentsatz der erwerbstätigen Frauen bleibt aber nicht nur hinter denjenigen der immer schon als übertriebene Wohlfahrtsstaaten belächelten skandinavischen Länder zurück. Hier kann man noch mit übersichtlicheren Gesellschaften und dem Wohlfahrtsstaat argumentieren, wohingegen sich Deutschland im permanenten Wirtschaftswunderkrieg, der harte, ganze Männer braucht, verstrickt, und sich solchen Luxus und solche Verzärtelungen nicht leisten kann. Erheblicher und wesentlich prekärer ist, dass der Vergleich auch dort schlecht ausfällt, wo entsprechende Argumente nicht ins Feld geführt werden können, mit Frankreich etwa. Dort sind nämlich ebenfalls so viele Frauen erwerbstätig wie in Dänemark. Auf diesen nahe liegenden Vergleichspartner kommt der Bericht erst gar nicht zu sprechen.

Beschämend offenbar wird das Missverhältnis im Vergleich mit der ehemaligen DDR. Peinlich musste der Bundesrepublik in den Augen der Weltöffentlichkeit vor allen Dingen sein, dass die alte Bundesrepublik in der Frage der Emanzipation der Frauen von der DDR komplett abgehängt worden war. Sicherlich wird auch hier wie in allen Statistiken Unvergleichbares verglichen. Trotzdem sind es nicht so einfach unter den ideologischen Teppich zu kehrende Fakten, dass die Erwerbsquote von Frauen in der DDR ähnlich hoch war wie die von Männern, dass es wesentlich mehr Frauen in Männerberufen gab, dass in den mittleren Führungspositionen der ehemaligen DDR wesentlich mehr Frauen anzutreffen waren als in der alten Bundesrepublik, dass Frauen im Westen im Verhältnis zu Männern weniger verdienten und hierarchisch tiefere Positionen besetzten als ihre Schwestern im Osten. Bleiben Frauen in der alten und nun auch in der neuen Bundesrepublik regelmäßig auf den untersten Stufen stehen, liegt das offenbar daran, dass die beiden für die Unterprivilegierung der Frauen auf dem Arbeitsmarkt ausschlaggebenden Faktoren, die horizontale und vertikale Segregation, in der DDR nicht so ausgeprägt waren. Die zwar richtige Feststellung, dass es in den oberen Polit- und Managementetagen in der DDR keine Frauen gab, hatte allein schon deswegen kein Gewicht, weil die Situation in der BRD dieselbe war. In dieser Zwickmühle blieb besagtem Bundesministerium, das schließlich die Gleichberechtigung der Frauen befördern soll, nur die Flucht nach vorne: von der pragmatischen Ebene der wirtschaftlich objektiven Bedingungen ins symbolisch Eingemachte der ideologischen Werte. Man entschloss sich, Farbe zu bekennen, und so kam es zu einer seltenen Dekuvrierung dessen, was sonst nur einhellig verschwiegen wird.

Der einzige Maßstab für die Gleichberechtigung in der DDR, so bemängelt das Bundesministerium in seinem Bericht an die Weltöffentlichkeit, sei die außerhäusliche Erwerbstätigkeit der Frauen gewesen. Diese könne aber nicht Wunsch der Frauen der DDR, sondern nur ihre Fremdbestimmung durch ein ideologisches System gewesen sein, das ihnen diese Tätigkeit aufgezwungen hätte.[8] »Durchgängige Erwerbstätigkeit der Frauen war im Sinne der sozialistischen Ideologie erwünscht bzw. verordnet«, erklärt der Bericht den Platzvorteil der DDR. »Auch von Müttern mit kleinen Kindern wurde erwartet, daß sie erwerbstätig waren.« Offenbar konnte man sich von so viel Unmenschlichkeit nur abwenden, jedenfalls gibt es im Weiteren kein Wort darüber, wie Frauen in der DDR die Möglichkeit gegeben war, erwerbstätig zu sein.

Vor dem Hintergrund der westdeutschen Mutterideologie muss die Erwartung des sozialistischen Nachbarlandes, dass auch Frauen mit Kindern außerhäuslich erwerbsfähig sind, verwerflich erscheinen. Wie konnte es dazu kommen? Unserem Bericht fällt dazu auch gleich das zugehörige irregeleitete Ideal ein, die »egalitäre Utopie des Kommunismus«. Sollte sich der Leser fragen, was im Unterschied dazu die im Grundgesetz festgehaltene Gleichheit von Mann und Frau bedeuten soll, so hat er die Antwort in den konsensbefestigten Verhältnissen vor Augen. Im Grundgesetz sei keinesfalls eine egalitäre Gleichheit gemeint. Wichtiger sei in der DDR das »Bedürfnis des Staates« nach Arbeitskräften und sein Wille zur Indoktrination der unschuldigen Kindlein gewesen. »Der Staat wollte auf die kollektive Erziehung der Kinder möglichst früh Einfluß nehmen.« Also handelte es sich um nichts als ein verwerfliches, aber zum Glück gescheitertes Unterfangen – siehe friedliche Revolution und Wende –, dem man nun die funktionslos gewordene Grundlage entziehen sollte? Jedenfalls fand man genug Grund, das »breite Angebot an Kinderbetreuungseinrichtungen«, das der Bericht des Bundesministeriums nicht unterschlagen kann, nach der Wende radikal abzubauen. Dass es in der neuen BRD nicht so werde wie in der alten DDR war wichtiger, als die neue BRD so werden zu lassen, wie beispielsweise Dänemark und Frankreich. Der Abbau Ost war der verhinderte Aufbau West – das ist keine altkommunistische Parole, sondern eine feministische Feststellung.

»Eine echte Wahlmöglichkeit zwischen Familie und Beruf gab es in der DDR im Gegensatz zur Bundesrepublik Deutschland nur in Ausnahmen«, schließt der Bericht der Regierung und suggeriert damit einen Sollwert, unter dem »modernisiert und umstrukturiert werden mußte«. Wahlmöglichkeit, wieso Wahlmöglichkeit?, fragt sich der verblüffte Leser, war nicht bisher immer von Vereinbarkeit von Familie und Beruf die Rede? Dass diese Umstrukturierungen keinesfalls geschlechtsneutral waren, sondern vor allem Frauen betreffen, deren Arbeitslosenziffer seit der Wiedervereinigung doppelt so hoch ist wie die der Männer, wird damit erklärt, dass es sich hier in besonders hohem Maße um »verdeckte Arbeitslosigkeit« handelte. Dem Leser schwirrt der Kopf, war doch gerade noch die hohe Berufstätigkeit der Frauen in der DDR damit begründet worden, dass sie wirtschaftlich gebraucht wurden. Weil sie sich in diese Lage – wirtschaftlich gebraucht zu werden, wie die Männer auch – widerspruchslos fügten, werden sie unversehens von Opfern zu bestraften Tätern. Die Behauptung der »echten Wahlmöglichkeit« im Westen offenbart unfreiwillig, dass man hier die Vereinbarkeit von Familie und Beruf als Entscheidung zwischen Familie und Beruf praktiziert und unterstellt, die echte Wahl wirklicher Frauen könne nur für die Familie ausfallen. Die Frauen hätten sich im Osten dem Tort staatlich erzwungener Berufstätigkeit unterworfen. Die staatliche Indoktrinierung sei bei den Frauen von Erfolg gewesen. Die »Erwerbstätigkeit, auch mit kleinen Kindern, ist für sie selbstverständlich geworden«, fasst der Bericht den glücklich überwundenen Horror zusammen. Von vierzig Jahren Sozialismus korrumpiert, dachten sie nämlich gar nicht daran, »im Interesse der Familie« der Stimme der Natur wieder zu folgen und pflichtschuldig ins traute Heim zurückzukehren. Das trifft allerdings auch auf die nicht kommunistisch indoktrinierten Schwedinnen und Norwegerinnen, auf die Däninnen und die Französinnen zu.

Ob zynisch oder einfach nur unlogisch, ob blind die Tatsachen verleugnend oder sie verdrehend, beglückt der Bericht die Weltfrauenkonferenz mit der Aussicht auf eine »neue Schubkraft für die Politik der Gleichberechtigung«, die von der Wiedervereinigung ausgehen könne und diese auch in diesem Punkte rechtfertige. Vorrangig werde es nun nur noch darum gehen, »die Rechtslage unter dem Gesichtspunkt der Vereinbarkeit von Familie und Beruf« zu gestalten. Eben das aber scheint die DDR, folgt man demselben Bericht, erfüllt zu haben, während die Wahlmöglichkeit im Westen es ausschließt. Verlassen wir also diesen Bericht nicht, ohne uns die in seiner Widersinnigkeit symptomatische Selbstdarstellung im Bild des hier Abgewiesenen, Abgespaltenen vor Augen zu führen.

Männer und Frauen in der DDR konnten Kinder haben und gleichzeitig beide voll berufstätig bleiben. Im Gegensatz zum Vorurteil der Kinderunfreundlichkeit scheint sich die volle Berufstätigkeit beider Eltern nicht negativ auf die Kinderzahl ausgewirkt zu haben. Während die Bundesrepublik mit den berühmten 1,4 Kindern pro Frau als eines der reichsten Länder der Welt in punkto Fruchtbarkeit auf einem der letzten Plätze landet, bekamen die Frauen in der DDR im Schnitt immerhin 1,7 Kinder.

Schon 1977 standen in der DDR für 58 Prozent aller Kinder Kinderkrippen und für 88 Prozent aller Kinder Ganztagskindergärten zur Verfügung; in der alten BRD gab es dagegen nur für 1,5 Prozent Krippen und für 75 Prozent Kindergärten, die keine Ganztagskindergärten sind. Die Zahlen der DDR hatten sich bis zum Zeitpunkt der Vereinigung noch verbessert, um dann drastisch dem westlichen Niveau angeglichen zu werden. Während die DDR ein Staat war, der sich in Sachen Kinderbetreuung und Gleichstellung durchaus mit westlichen Modellstaaten wie Schweden vergleichen konnte, wurde er im Zuge der Wiedervereinigung auf das westdeutsche Modell hinuntergeschraubt. Die sozialen Einrichtungen der DDR, die Bedingung für die Möglichkeit von Emanzipation, wurden kurz entschlossen über Bord geworfen und zur ideologischen Rechtfertigung sogar als »unverdiente Privilegien«[9] dargestellt, an denen die DDR ökonomisch zugrunde gegangen sei. Werfen wir einen letzten, nicht ganz wehmutsfreien Blick auf diese

Privilegien: Nach der Entbindung wurde die Frau 20 Wochen mit vollem Gehalt – in der BRD acht Wochen – freigestellt. Außerdem wurde ein Babyjahr bezahlt, in dem man 70 Prozent seines Nettolohnes bezog. Ganze Politiken erhellen sich manchmal an Details. Während man in der DDR die Frauen primär als Arbeitnehmer sah und ihnen in dem Punkt, in dem sie sich manifest von den männlichen Arbeitnehmern unterscheiden, im Mutterwerden, großzügig entgegenkam und in dieser Zeit den durch Mutterschaft bedingten Verdienstausfall kompensierte, wechselten in der BRD Arbeitnehmerinnen, die Mütter wurden, den Seinszustand. Arbeitnehmer und Mutter schlossen sich im kollektiven Unbewussten aus. In der BRD hingegen bekam man ein Müttergeld, völlig unabhängig vom vorherigen Gehalt. Die Summe richtete sich nach dem Gehalt desjenigen, von dem man jetzt finanziell abhängig ist, dem Gehalt des Ehemannes. Erst das Elterngeld, das das Gehalt der Mutter zum Maßstab nimmt und 60 % dieses Gehaltes während der ersten 12 Monate bezahlt, hat uns an DDR-Niveau anschließen lassen – und folgt dabei sogar, Ironie der Geschichte, der noch vor zehn Jahren so dezidiert verfemten DDR-Politik. In der alten deutschen Maßnahme des schäbigen Mutterentgelts hatte sich nicht jener feministische Flügel der Frauenbewegung durchgesetzt, der für die Gleichstellung von Frauen auf dem Arbeitsmarkt ist, sondern jener andere Flügel, der in Deutschland immer schon stärker war und sich bereits in der Weimarer Republik für eine Politik der Mütterlichkeit im doppeldeutigen Sinne eingesetzt hat, für die Idee einer Professionalisierung der Hausarbeit. Diese damals gescheiterte Politik hat heute noch ihre Anhänger, die sich dafür einsetzen, Hausarbeit, Kindererziehung und Haushaltsführung als Beruf anzuerkennen und zu entlohnen.[10] Erst mit dem Elterngeld – dem Rückgriff auf eine DDR-Errungenschaft – hat man dieser Politik den Rücken gekehrt.

Anders als in der DDR wurde in Westdeutschland die Frau mit Kind in der Berufstätigkeit vom Staat nicht gefördert; sie sollte zur Unterstützung des männlichen Ernährers gefälligst zu Hause bleiben. Subventioniert wurde der Weg der Frauen aus dem Arbeitsmarkt heraus. Weibliche Erwerbstätigkeit war kein politisches Ziel, sondern im Gegenteil ein reines und deshalb ethisch fragwürdiges Privatvergnügen, das nicht auch noch staatlicherseits zu fördern ist. Ganz langsam erst beginnt sich hier etwas zu ändern. Von der deutschen Frau mit kleinem Kind erwartete oder forderte man nicht nur, man zwang sie praktisch dazu, ihren Beruf für drei Jahre an den Nagel zu hängen und danach nur halb wiederaufzunehmen. Daran wird auch das Elterngeld nur dann grundsätzlich etwas ändern, wenn es zu einem breiten Ausbau von Kinderkrippen oder anderen Formen der Kleinkinderbetreuung kommt. Und wenn die zögerlich vorangetriebene steuerliche Absetzbarkeit von Kinderbetreuung etwas großzügiger ausfällt. Unter dem skandalösen Stichwort »Dienstmädchenprivileg« wird in Deutschland bei Berufstätigkeit beider Eltern das Gehalt einer Kinderfrau oder eines Kindermannes nicht wie in Frankreich mitfinanziert, es sei denn, die Verhältnisse sind zerrüttet; es ist auch nur zu einem Bruchteil von der Steuer absetzbar. Ab dem Jahre 2007 sollen ganze 4000 Euro pro Jahr absetzbar werden; jeder weiß, dass eine Kinderfrau – obwohl sie Frau ist – dann doch nicht für noch nicht einmal 400 Euro so viel arbeiten kann, um die Mutter effektiv zu entlasten. Nur als Vergleich: In Frankreich übernimmt der Staat die Sozialkosten für die staatlich anerkannten Kinderbetreuerinnen, und Ausgaben für die Kinderbetreuung sind ganz von der Steuer absetzbar. Das Wort Dienstmädchenprivileg suggeriert bürgerliche Zustände, die aber gerade durch den strikten Ausschluss dessen bestimmt waren, was das Einstellen einer Kinderfrau oder eines Kindermannes in postbürgerlichen Zeiten ermöglichen soll: die Berufstätigkeit der Frau. Ein Dienstmädchen ging der Dame des Hauses zur Hand; es entlastete diese von den Hausarbeiten und erlaubte ihr Muße oder mondäne Aktivitäten und nicht etwa eine berufliche Karriere. Die Rede vom Dienstmädchenprivileg verleugnet die neuen Zustände, und zu Zwecken der Diffamierung verweist man auf Gegebenheiten aus dem vorigen Jahrhundert.

Für das Gros der Frauen ist auch heute nach dem dritten Jahr nur eine Halbtagsarbeit möglich, weil es so gut wie keine Ganztagskindergärten und danach Ganztagsschulen gibt. Nur in Deutschland muss man dafür kämpfen, dass die Schulen wenigstens in einer morgendlichen Kernzeit Unterricht oder Betreuung garantieren. Diese schicken ihre Schüler zu willkürlichen Zeiten auf die Straße und kommen ihrer

Sorgfaltspflicht dadurch nach, dass sie Versicherungsschutz auf dem Wege zum und vom Unterricht gewähren. Schulen, die Betreuung für die Kinder auch nachmittags anbieten, sind eine Ausnahme. Weder sind staatliche Unterbringungsmöglichkeiten für Kleinkinder noch Schulen die Norm, in denen Kinder zu Mittag essen, die Freistunden verbringen oder nachmittags zusammen Sport treiben oder Schularbeiten machen können. Das lässt den meisten Frauen keine andere Wahl, als den größten Teil ihrer Zeit im Dienste ihrer Familie zu stehen. Auch wenn die Kinder das Gymnasium besuchen, verlassen sich die deutschen Institutionen darauf, dass die Mütter mit den Kindern die Hausaufgaben machen. Alle Abweichungen von diesem Wege treuer Redlichkeit stempeln die Mutter zur Rabenmutter, nicht zuletzt auch in ihren eigenen Augen. Die Folgen der Verwahrlosung wird man am Kind sehen – so droht die gesamte Umwelt, gegen deren ungeschriebenes Gesetz man verstößt, mal mehr und mal weniger explizit.

Bei so viel Erwartungsdruck und schlechtem Gewissen auf Seiten der Mutter wird das Kind pflichtschuldigst auch irgendein Symptom produzieren. Notfalls werden die Kinderkrankheiten, die umsorgte Kinder tragischerweise genauso oft befallen, zu solchen Anzeichen erklärt. Während eine Vollzeitmutter für Glück, Erfolg und Gesundheit ihres Kindes anerkanntermaßen alles in ihrer Macht Stehende getan hat, wird die arbeitende Mutter für alles zur Rechenschaft gezogen, was sie ihrem Kind durch ihren »Egoismus« und »Ehrgeiz« in der Karriere schuldig geblieben ist: Schwimmkurs, Klavierstunden und Geburtstagspartys. Vollmütter schenken hier anderen Müttern nichts. Sie lassen ihre Frustration mal am Kind der Nichtvollmutter, das in ihren Augen glatt zum Nichtkind werden kann, und mal an dieser selbst aus. Das Naserümpfen über die offenbar nicht selbstgebackenen Plätzchen, die das Kind der Nichtvollmutter mitbringt, ist noch harmlos. Das ist zu verkraften. Aber bleibt das Kind der Nichtvollmutter sitzen, ist das die gerechte Konsequenz der Vernachlässigung und kann nur am fehlgeleiteten Ehrgeiz der Mutter liegen, die zum Schaden des Kleinen andere Dinge im Kopf hat als seine Hausaufgaben. Passiert das dem Vollmutterkind, ist es jedenfalls nicht ihre Schuld.

Die Rolle der Vollmutter liegt nicht in der Natur der Sache, sondern ist eine historisch gewordene Institution, an der in der BRD zäher als in anderen europäischen Staaten wie Dänemark, Frankreich, der DDR und auch Italien, dem Land der klassischen Mama, festgehalten wird. Das wird durch einen leichten Perspektivenwechsel deutlich. Zwischen Befremdung und Amüsement liegt der Ton, in dem das Phänomen der deutschen Mutter in einer französischen Untersuchung leicht stereotypisiert beschrieben wird: »Die Westdeutsche ist und bleibt vor allem Familienmutter. Sollte es ihr einfallen, ihr Kind zu ›verlassen‹, um ein paar Stunden arbeiten zu gehen, zieht sie sich die Bezeichnung ›Rabe‹ zu. Die, die es wagen, die öffentliche Meinung vor den Kopf zu stoßen, werden nicht nur allgemein verdammt, sondern stoßen auf die unglaublichsten Organisationsschwierigkeiten. Sie werden völlig an den Rand gedrängt.« Das Porträt der deutschen Frau wird mit folgenden Pinselstrichen vollendet: »Nach wie vor müssen die meisten Frauen mit der Geburt ihres ersten Kindes auf ihren Beruf verzichten. ... Und so ziehen sich die deutschen Frauen in ihren besten Jahren ins ›Heim‹ zurück und geben ihre Karriereträume auf.«[11]

Es ist nicht von der Hand zu weisen, dass die deutsche Familienpolitik bis zum Jahre 2005 tatsächlich eine Antifamilienpolitik war, die weder im Interesse der Kinder noch dem der Frauen liegt. Sie schrieb die bürgerliche Familienstruktur, die die Arbeitsteilung der Geschlechter etablierte und von dieser abhängt, fort. Ganz bürgerlich wurde an der ebenfalls erst im bürgerlichen Zeitalter entwickelten Annahme von der Naturwüchsigkeit dieser Verhältnisse festgehalten. Frauen erziehen Kinder, Männer verdienen Geld – eine scheinbar so natürliche wie zeitlose Aufgabenverteilung. Frauen wollten und sollten sich nicht wie Männer verhalten und berufstätig werden. Das jedenfalls meinte der Presse- und Informationsdienst der Bundesregierung zur Frauenpolitik im Jahre 1986 unter dem bezeichnenden Titel »Der Weg zur Wahlfreiheit und Partnerschaft«: »Es wäre aber nichts damit gewonnen, wollte man nun Frauen vorrangig in eine Erwerbsarbeit drängen und die Aufgaben der Familie dann Organisationen, Institutionen und dem Staat übertragen. Es kann nicht darum gehen, daß sich Frauen wie Männer verhalten und deren Aufgaben übernehmen, sondern für beide sollen die Gestaltungsmöglichkeiten ausgeweitet werden.«[12] Es sieht so aus, als ob sich daran jetzt etwas ändern würde. Die Unterprivilegierung der Frauen auf dem Arbeitsmarkt, die sich darin ausdrückt, dass Männer die besseren Karrieren, die interessanteren Berufe, mehr Einflussmöglichkeiten und Entscheidungsbefugnisse haben und nicht zuletzt auch wesentlich mehr Geld verdienen, ist also der Effekt eines strukturell etablierten ehezentrierten Patriarchats, das in Westdeutschland implizit als Garantie einer staatsfreien Familie galt, die einen Raum des Humanums, einen Raum des Menschseins und der Liebe garantierte.

Es kann nicht verwundern, dass in der heißen Phase der ideologischen Abrechnung nach der Wende die Frage der frühkindlichen Kinderbetreuung die groteskesten Blüten trieb. Gegen die ehemalige DDR wurde das Argument ins Feld geführt, dass ihre Kinder gestört seien, weil sie in Kinderkrippen aufwachsen mussten. Symptomatisch hierfür ist Hans Joachim Maaz' *Gefühlsstau*, ein Buch über die Wende, das darum so entlarvend ist, weil es in übererfüllender Anpassung bundesdeutsche Ideologie in Reinform darbietet.[13] Natürlich ist es – bei dem Titel überflüssig zu sagen – im Jargon der Betroffenheit geschrieben und vielleicht deswegen bestsellerreif. Schön lässt sich an ihm ablesen, dass die in Westdeutschland zum Ideologiebestand gehörenden Lehren inzwischen als Segnungen auch den Osten erreicht haben;[14] auf dem Umschlag wird vermerkt: »Pflichtlektüre für alle Deutschen in West und Ost.« Die Analyse oder eigentlich Denunziation des DDR-Systems wird von einem extrem simplistischen Rousseauismus getragen. Die Grundlage bildet der Glaube an die notwendige Befreiung eines an sich guten Individuums, das nur Liebe brauche, um nicht entfremdet von der Natur zu sein. Folgerichtig werden die Probleme postindustrieller Gesellschaften auf die Mutter-Kind- beziehungsweise Mann-Frau-Beziehung zurückgeführt. Letzten Endes habe die ganze DDR-Gesellschaft an mangelnder Mutterliebe gekrankt; DDR-Mütter hätten durch das System fatalerweise selbst nicht genug davon gehabt, um auch genug weitergeben zu können. Die unheilige Trias von »technischer« Geburt, »unterlassenem« Stillen oder zu frühem Abstillen und Abstellen der Kinder in der Kinderkrippe habe geradewegs ins Desaster geführt: Der Anfang vom Ende sei die Geburt gewesen; alle »künstlichen« Geburtseingriffe wie »Kaiserschnitt, Zangenentbindung, Narkosen und dämpfende Medikamente« stellten »wesentliche Ursachen für spätere schwere seelische Belastungen und Fehlentwicklungen« dar.[15]

Nur zur Orientierung ein paar Zahlen: In der Schweiz und in den USA wird ein signifikant höherer Prozentsatz von Kindern mit Kaiserschnitt entbunden als in der BRD. Kaiserschnittentbindungen stellen für die physische Gesundheit des Kindes ein geringeres Risiko dar; so fallen die Statistiken der Schweiz und der USA in punkto Geburtsschäden auch besser aus. Im Pariser Raum entbinden mittlerweile 80 Prozent der Frauen mit Periduralanästhesie, also unter teilweiser Narkose, das heißt im Gegensatz zur von »individuellen und natürlichen Rhythmen der Bewegung« geleiteten natürlichen Geburt in Deutschland so gut wie schmerzfrei. Bei Maaz' genauerem Hinsehen würden sich aber wahrscheinlich auch US-Bürger, Schweizer und Franzosen als ähnlich gehemmt, verklemmt und verbogen herausstellen wie die DDR-Bürger seiner Vorstellung. Die zweite Katastrophe sei das aus Unwissen, »psychischer Unreife«, »kosmetischen« Gründen oder aufgrund von Berufstätigkeit unterlassene oder aber zu früh abgebrochene Stillen. Das Stillen unterliegt allerdings Moden. In der BRD etwa war es in den fünfziger und den frühen sechziger Jahren so *out*, wie es von den späten Sechzigern bis zum Höhepunkt in den Achtzigern *in* war. Direkte psychische Folgen des Stillens für die Kinder zu postulieren, gehört seit der Verbürgerlichung der Gesellschaft und einer damit einsetzenden neuen Ordnung der Geschlechter ins ideologische Waffenarsenal – auch hier pure Ideologie, die jeglicher empirisch nachprüfbaren Grundlage entbehrt. Und schließlich, man weiß schon, wie es weitergeht, sei der Beruf der Frau auch für das Elend der Kinderkrippen verantwortlich. Gesellschaftlich zwangsverordnet habe die Frau gearbeitet, statt ihrer natürlichen Berufung zu folgen, und so sei es in der DDR zu »herzzerreißenden Szenen beim Abliefern in den Krippen und Kindergärten«[16] gekommen. Statt »innere Erkenntnis und Reife« zu erlangen, hätten sich diese Mütter vom Staat pervertiert auf die »äußere Karriere« ablenken lassen. Auch der Hinweis auf

»Vermännlichung« statt »wirklicher Emanzipation«, der selbstverständlich die volle Unterstützung des Verfassers gilt, wobei man leider im Dunkeln darüber gelassen wird, wie man sich die nun vorzustellen habe, lässt nicht auf sich warten. Solche Phantasmen einer liebesgesättigten Mutter, einer endlich erfüllten Frau, die frei von »Angst, Unsicherheit und Bedürftigkeit« und am besten auch noch selbstbewusst und selbstbestimmt nie versiegende Liebesquelle ist, sind Lieblingsphantasmen der Moderne. Jedem das Seine, könnte man sagen, und dagegen wäre nichts einzuwenden, wenn sie nicht die Politik bestimmten.

Nach dieser Argumentationslogik müssten die Bundesdeutschen der Modellfall des Menschen sein, die sich in der industriellen Welt normal und ganz unentfremdet entwickeln konnten: wenig Kaiserschnitte und prozentual geringerer Eingriff durch Narkose während der Geburt, große Stillfreudigkeit jedenfalls seit den späten Sechzigern, keine frühkindlichen Trennungstraumata, weil nur ganz wenige Frauen durch »äußere Karrieren« von ihrer Berufung zur Mutter abgelenkt wurden. Dank »natürlicher« Geburt, Rooming-in, dem fast absoluten Fehlen von Kindertagesstätten und dank weder doppelt noch dreifach belasteten Müttern, die sich als Vollzeitmutter durchprofessionalisiert ganz dem Projekt Kind widmen, hätten sie zum glücklichsten, heitersten, zufriedensten und liebesgesättigtsten Volk werden müssen – als das sie sich selber sehen und international bekannt sind.

Wie meilenweit diese westdeutsche Familienpolitik abseits des europäischen Mainstreams lag, zeigt die bemerkenswerte Übereinstimmung politischer Verlautbarungen mit gewissen französischen absoluten Minderheitspositionen. Jetzt, wo sich auch in der westdeutschen Politik eine Wende ankündigt, übernehmen bei uns wie in Frankreich reaktionäre ideologische Lager diese Position. Es handelt sich nicht um die der französischen demokratischen Parteien bürgerlicher oder sozialistischer Provenienz, sondern um die der *nouvelle droite*, der neuen Rechten. Deren Sprecher Alain de Benoist lässt an Klarheit nichts zu wünschen übrig: »In den früheren europäischen Gesellschaften … wurde der Frau eine spezifische soziale Funktion zugewiesen. … Heute jedoch existiert diese soziale Funktion nicht mehr, weil sie von der

Öffentlichkeit übernommen ist. Der Staat ... übernimmt mehr und mehr die Erziehung der Kinder und die Versorgung der Familienangehörigen. So wird die Frau ihrer Erziehungs- und Versorgungsaufgabe beraubt ... Tatsächlich wird sie dazu gedrängt, sich von einem Haushalt zu befreien, der eine Art ›leere Schale‹ geworden ist – und in dem sie keine Rolle mehr zu spielen hat.«[17] Hier wird kein Wort darüber verloren, dass die Gesellschaft mit der industriellen Revolution in zwei Bereiche zerfiel, einen produktiven und einen reproduktiven, und die spezifische soziale Sphäre der Frau, wie im Übrigen auch die des Mannes, so gut wie alle bisherigen Spezifika verlor und sich vollkommen neu gestaltete. Aber auf solche historischen Kinkerlitzchen kann man beim besten Willen nicht achten, wenn man das Große und Ganze, die ewig gleichen Geschlechtscharaktere im Auge hat.

Stellen wir die Familienpolitik der beiden deutschen Staaten zum Abschluss in einen westeuropäischen Kontext, und sehen wir uns Frankreich genauer an. Frankreich steht nicht im Ruf, dass dort die Familien zerfallen und Frauen keine Frauen mehr sind. In der deutschen öffentlichen Meinung wird es im Zweifelsfall als »katholisch« und folglich in völliger Verkennung der Tatsachen als hinter dem aufgeklärten Deutschland deutlich zurückgeblieben eingeschätzt.

In Frankreich hat eine Mutter die Möglichkeit, ihr Kind ab dem dritten Monat ganztägig in einer staatlich betriebenen Kinderkrippe unterzubringen oder es einer *assistante maternelle*, einer staatlich approbierten Kinderfrau, anzuvertrauen. Anders als in Deutschland, wo es erst vom ersten Jahr an und nur in Großstädten wenige Kinderkrippen gibt, ist in Frankreich die Zuweisung eines Platzes nicht von standesrechtlichen Kriterien abhängig. Jede Mutter, verheiratet oder unverheiratet, kann ihr Kind in einer Krippe unterbringen. Mag das auch im Einzelfall nicht immer einfach sein, so wird jeder Frau doch grundsätzlich das Recht zugestanden, auch als Mutter finanziell unabhängig zu bleiben und einen Beruf auszuüben, ein Recht, das die überwältigende Mehrheit der französischen Frauen in Anspruch nimmt. Ihnen wird praktisch die Möglichkeit gegeben – um es im Jargon des Bundesministeriums auszudrücken –, Familie und Beruf zu vereinbaren. Die ganztags arbeitende Frau ist mittlerweile, unabhängig davon, ob sie Mutter ist oder nicht, die französische Norm. Von den berufstätigen Frauen im Alter zwischen 25 und 44 Jahren, die ein oder zwei Kinder haben, arbeiten in Westdeutschland 59,5 Prozent Teilzeit; in Frankreich sind es nur 25,7 Prozent. Während der Vorschulphase des ersten Kindes unterbrechen 64 Prozent der deutschen Frauen, aber nur 41 Prozent der französischen Frauen ihre Berufstätigkeit; 41 Prozent der deutschen und nur 18 Prozent der französischen Frauen arbeiten während dieser Periode Teilzeit.[18] Im Jahre 2004 sehen diese Zahlen in Deutschland nicht besser aus. Nur die Hälfte der Frauen mit Kindern unter zehn Jahren arbeitet in Deutschland. Und von dieser Hälfte arbeiten fast drei Viertel in Teilzeit.[19]

In Deutschland schließen sich Familie und Beruf im Normalfall für so lange Zeit aus, dass danach der Karrierezug abgefahren ist.[20] Eine verheiratete Frau, die keine irgendwie »zerrütteten Verhältnisse« für sich geltend machen kann, bekommt in der Regel keinen Krippenplatz für ihr Kind. Als ordentliche Ehefrau hat sie nur Mutter zu sein. Die Kinderkrippe ist keine Wahlmöglichkeit für mündige Bürger, sondern ein Notfall für die, die als sozial schwach gelten. Sie ist eine soziale Maßnahme, die nicht allen Müttern die Berufstätigkeit ermöglicht, sondern nur den Müttern eingeräumt wird, die unglücklicherweise nicht in den Genuss der Versorgungsanstalt Ehe gekommen und deshalb wirtschaftlich auf sich selbst gestellt sind, sich also in einer Notlage befinden. In Deutschland hat die Politik zwar seit 2005 andere Signale gesetzt; die Leute sind aber immer noch in der überwältigenden Mehrheit der Meinung, dass eine Mutter sich mindestens in den ersten drei Jahren ausschließlich der Erziehung ihres Kindes widmen sollte und zu diesem Zweck von ihrem Mann unterstützt wird.[21]

Als verheiratete Mutter verlor eine Frau in Westdeutschland von einem Tag auf den anderen nicht nur ihre finanzielle Unabhängigkeit, sondern fast alles, was ihr Leben bisher ausgemacht hat; nicht zuletzt veränderte sich das Verhältnis zu ihrem Mann in ökonomischer Hinsicht grundlegend. All dies wurde ihr qua Mutterschaft oktroyiert oder, anders gesagt, das Gros der Frauen in diesem Lande war bereit, dies widerspruchslos auf sich zu nehmen, beziehungsweise noch schärfer, jeder sich bietende Vorwand wurde ergriffen, um diesen Status quo aufrechtzuerhalten. Das Kind wurde in Deutschland nicht in das Leben integriert, sondern es wurde zum Sinn und Zweck des Lebens der Mutter, eine religiös anmutende Verkehrung, die schon ein einziges Kind bewirkte und rechtfertigte.

Vertreten wird eine doppelte Lehre: Erstens geht das Wohl des Kindes über alles, und zweitens kann dies nur durch die volle 24-Stunden-Mutter-Kind-Beziehung garantiert werden. Im »Jahrhundert des Kindes«, wie es Elisabeth Badinter in *Die Mutterliebe* im Anschluss an Ellen Key genannt hat, trifft der erste Teil überall in Europa auf breite Zustimmung. Doch der zweite Teil, dass das Wohl des Kindes das ganze Leben der Mutter fordere, findet in Europa keine Mehrheit und ist ein Stück deutscher Folklore. In Deutschland ist diese Lehre nicht zuletzt so erfolgreich, weil sie besondere Werte behauptet.

Die Aufgabe eines unabhängigen, selbstbestimmten Lebens bietet der deutschen Mutter eine unüberbietbare narzisstische Befriedigung und eine unzweideutige Identität.[22] Sie ist einzig und unersetzlich; in dieser Weise gebraucht wird sie nur als Mutter. Je lauter man unter dieser Last stöhnt und sich bis an den Rand seiner Kräfte aufopfert, desto unabweisbarer demonstriert man Unersetzlichkeit. Die Skepsis der westdeutschen Mutter gegenüber der Kinderkrippe ist folglich grenzenlos, und auch Ganztagskindergärten und Ganztagsschulen erfreuen sich keiner guten Presse. Interessanterweise sind Männer Ganztagskindergärten und überhaupt der kollektiven Kleinkinderbetreuung gegenüber aufgeschlossener als Frauen, von denen in Westdeutschland nur eine verschwindende Minderheit glaubt, dass »aus der Betreuung in einem Ganztagskindergarten positive Impulse resultieren« könnten. Das ist in Europa einmalig. Selbst in Italien, dem Land, dessen Selbstverständnis nach es am wenigsten an Mutterliebe fehlt, gibt es schon für Säuglinge *asili nidi*, Nestheime, und auch »die deutsche Streitfrage, ob man Zweijährige in den Kindergarten schicken soll, ist in Italien kein Thema«.[23] Die Rund-um-die-Uhr-Bezugsperson-Mutter wird keinerlei empirischer Überprüfung unterzogen. Nichts, gar nichts spricht dafür, dass deutsche Kinder aufgrund ihrer exklusiven Mutterbindung die einzig glücklichen, ganz entwickelten Persönlichkeiten abgäben.

Während es in Deutschland interessanterweise gerade die Nichtbetroffenen sind, bei denen die Ablehnung von frühkindlicher Kinderbetreuung am durchgängigsten ist, sind die Verhältnisse in Frankreich umgekehrt. Die etwa der Vorschule, die mit drei Jahren beginnt, entgegengebrachte Wertschätzung zeigt sich schon darin, dass dort Grundschullehrerinnen mit einer Zusatzausbildung für die Kinder zuständig sind. Die Kinderkrippen werden am stärksten von den privilegiertesten Schichten im Pariser Raum, von hochdiplomierten Eltern in Anspruch genommen. Sie finden nicht, dass das Glück der Welt in einer mindestens dreijährigen, durch nichts zu störenden Mutter-Kind-Symbiose liegt, die idealerweise bis zum sechsten Jahr ausgedehnt werden sollte. Sie sind im Gegenteil an der frühen Sozialisation ihrer Kinder interessiert. Die Krippe wird nicht als ein Ort begriffen, an dem die Kinder von wenig liebenden oder wirtschaftlich und sozial unterprivilegierten Müttern abgestellt werden, um unter dem Entzug der mütterlichen Liebe zu leiden, sondern als ein Positivum, ein Ort, an dem sie unter Ihresgleichen sein können, wo sie zusammen spielen und später lernen, ihre Freunde treffen und sich an ein Leben in der Gruppe, wie es für die Schule ja entscheidend ist, gewöhnen. Die Krippe gilt nicht als ein entwicklungshemmender, sondern als ein fördernder Faktor und außerdem als etwas, das den Kindern Spaß macht.

Der massive Ausbau von Kinderkrippen, vor allem aber der massive Ausbau der *école maternelle* und auch die Selbstverständlichkeit der Ganztagsschule fand in Frankreich völlig unabhängig von den Emanzipationsinteressen der Frauen statt. Er lag diesen voraus und galt einzig und allein der Förderung der Kinder. Außer der positiven Wirkung, die ihr für die Kindererziehung zugesprochen wird, unterstützt die Krippe sekundär gewissermaßen und auch erst zu einem späteren Zeitpunkt die Karrieren von Frauen. Durch sie wird der Frau eine kontinuierliche Teilnahme – *conditio sine qua non* für eine Karriere – am Berufsleben ermöglicht. Die französischen Frauen erleiden das Stigma der jahrelangen Berufsunterbrechung bei der Geburt von Kindern denn auch wesentlich seltener als ihre Nachbarinnen diesseits des Rheins. Während in Deutschland männliche und weibliche Berufswege grundsätzlich verschieden aussehen, nähert sich in Frankreich das weibliche dem männlichen Modell an. Männer arbeiten dort im Schnitt nur noch 4,5 Stunden pro Woche länger als die Frauen. Dank der guten Ausstattung mit Unterbringungsmöglichkeiten für Kinder im Vorschulalter können französische Frauen kontinuierlich arbeiten und müssen nicht wegen der Betreuung von Kleinkindern längere Zeit unterbrechen. Und obwohl die Französinnen durchschnittlich mehr Kinder zur Welt bringen, geht der Prozentsatz der berufstätigen Frauen zwischen 30 und 40 Jahren im Verhältnis zur intensivsten Beschäftigungszeit zwischen 25 und 29 Jahren nur unwesentlich von 79 auf 77 Prozent zurück.

Nach der Kinderkrippe gibt es in Frankreich ein Kindergarten-, Vorschul- und Schulsystem, in dem die Kinder bis zum Alter von achtzehn Jahren ganztägig versorgt und erzogen werden. Ganztagskindergarten und Ganztagsschule sind eine Selbstverständlichkeit. Kranke Kinder werden in der Schule oder im Kindergarten von speziell ausgebildetem Personal betreut. Einen Teil der langen Schulferien können die Kinder in einer Ferienkolonie verbringen; gute Schulen organisieren Ski- und Tennisferien und den Musikunterricht der Kinder.

Dieses System ermöglicht es Frauen, Mütter zu werden, ohne deswegen der Erwachsenenwelt des Berufes den Rücken kehren zu müssen. In Deutschland hingegen ist die Regel sowohl für die Grundschule als auch für Realschule und Gymnasium der Halbtagsunterricht. An Verpflegung irgendeiner Art ist nicht zu denken. Ganztagsschulen, die normalerweise Gesamtschulen sind, tragen wie die Ganztagskindergärten – Ausnahmen bestätigen die Regel – das Stigma des Unterprivilegierten und der Vernachlässigung. Das führt zu der paradoxen Situation, dass Mittelschichtkinder selbst aus Ganztagseinrichtungen, die es selten genug, aber hin und wieder gibt, früher abgeholt werden – meistens allerdings erst nach dem Mittagessen um zwei, halb drei Uhr.

Die wenigen Plätze in Ganztagskinderkrippen werden nach sozialen Härtekriterien vergeben. Am oberen Ende der Skala stehen alleinerziehende Eltern, die, wie man weiß, im Normalfall alleinerziehende Mütter sind. Es folgen Paare, deren Jahreseinkommen eine bestimmte Höchstgrenze nicht überschreitet. Da die Plätze dadurch nicht ausgelastet werden – die ersten drei Jahre der Kindererziehung werden ja vom Staat durch Sozialhilfe finanziert –, können wenige verheiratete, das heißt »versorgte« Frauen die Krippe in Anspruch nehmen. Diesen Müttern wird mehr oder weniger indirekt suggeriert, dass sie sich mindestens halbtags besser um ihr Kind kümmern und das Ganztagsangebot nicht nutzen sollten. Das Kind aus anderen Gründen als denen schierer wirtschaftlicher Not regelmäßig in einer Tageseinrichtung unterzubringen, scheint eine bodenlose Frivolität zu sein, egal, ob es sich dabei um deplazierten Karriereehrgeiz oder einfach den Wunsch handelt, mal ein paar Stunden für sich zu haben. Die Mütter haben diese Norm vollkommen verinnerlicht, bringen sich selbst in diesen Zwiespalt und holen ihre Kinder prompt früher ab.

Die hier in Frage stehenden Krippen liegen nicht in Industriezonen am Stadtrand und haben kein Betreuungsverhältnis von eins zu zwanzig. Sie finden sich in nahezu paradiesischen Verhältnissen, in Stadtvillen mit hellen hohen Räumen und großen Gärten. Sie sind so unglaublich luxuriös und »kindgerecht« ausgestattet, dass man sich wie Alice im Wunderland vorkommt. Das warme Mittagessen wird von einer hauseigenen Köchin zubereitet. Eine – liebenswürdige und erfahrene – Erzieherin kommt auf sechs Kinder, denen sie sich ausschließlich widmen kann. Selbst in dieser Idylle hat das Kind sich zu fühlen wie aus dem einzigen Paradies auf Erden, der Mutterliebe, vertrieben und in die fremde weite Welt verstoßen. Unter dem allgemeinen subtilen Druck ist es für die Krippen ausgesprochen schwierig, ein positives Selbstbild zu entwickeln. Offensichtlich können die meisten Mütter von ihrem Narzissmus, der ihnen vom Kind widergespiegelt wird und der ihnen vormacht, dass sie die einzig wirklich Geliebte sind, nicht lassen. Vielleicht brauchen sie diesen Vorwand auch, um ihre Lebensführung zu legitimieren. Wenn das Kind aber per definitionem am besten 24 Stunden am Tag bei der Mutter aufgehoben ist, sind Krippen und Kindergärten immer nur eine Notlösung, welche die durch die vernachlässigenden Mütter möglichen Seelenschäden bestenfalls eindämmen, aber keine gleichwertige Alternative zur Mutterbetreuung anbieten können. Sie befinden sich im Zustand des andauernden Defizits.

Die Berufstätigkeit der Mutter wird als traurige wirtschaftliche Notwendigkeit oder als gesellschaftlich auferlegte Doppelbelastung angesehen, kann an sich aber nichts Positives sein, da sie der Berufung der Frau zur Mutter ins Gehege kommt. Per se geht jede weibliche Karriere auf irgendjemandes Kosten, auf Kosten dessen etwa, was unbestimmt »die Familie« genannt wird, in jedem Fall auf Kosten des Kindes. Zudem scheint sie gegenüber der weiblichen Haushaltshilfe oder dem Au-pair-Mädchen gegen ein ominöses Gleichheitsgebot zu verstoßen; Hierarchie- und Machtverhältnisse gelten zwar unter Männern als gang und gäbe, gefährden unter Frauen jedoch ihr utopisches Potenzial, ihren Status als bessere Menschen.

Es ist ein Tabu, feministische Strategien zu vertreten, die nicht im Dienste von mehr Gleichheit stehen. Dass die von republikanischer Seite angestrebte Gleichheit der Männer unter sich die Gleichheit der Frauen unter sich und damit die Ungleichheit zwischen Männern und Frauen zur Voraussetzung hat, ist eine Hypothese, über die noch nicht einmal nachgedacht werden darf.

Feministische Politik ist in Deutschland als Mütterpolitik zugleich immer eine Politik für eine bessere Gesellschaft mit mehr Gleichheit. Das hat historische Gründe. Es hängt an der Strategie, die die Frauen in Deutschland wählten, um sich einen gleichberechtigteren Zugang zu Karrieren zu erkämpfen. »Bürgerliche Frauen neigten dazu, ihr Interesse an besseren Bildungs- und Berufschancen mit karitativ-sozialfürsorgerischem Engagement für Unterschichtfrauen zu verbinden und gegebenenfalls das eine mit dem anderen zu rechtfertigen. Dafür, daß sie ihre Verdienste bei der Milderung flagranter Klassengegensätze und ihren Beitrag zur Verbreitung bürgerlich-sittlicher Verhaltensnormen unter Beweis stellten, wollten sie mit gleichberechtigtem Zugang zu höheren Bildungsinstitutionen, akademischen Berufen und staatlich-kommunalen Ämtern belohnt werden.«[24] Zugang zu interessanten Berufen suchte man mit dem Engagement für eine bessere Welt zu bekommen. Weibliche Politik war so weit »vermütterlicht«, dass sie einen eigenen Vorteil nur mit Hinweis auf die eigene größere Menschlichkeit verfolgen zu können glaubte.

Das ist keine Politik von gestern, sondern weitgehend noch immer moderne Frauenpolitik, geprägt von einem ethischen Feminismus. Das Einstellen von Kinderfrauen oder Haushaltshilfen wird nicht als die Schaffung eines Arbeitsplatzes, sondern als die Etablierung eines Ausbeutungsverhältnisses begriffen. Dabei ist gerade eine Ausdifferenzierung weiblicher Berufsbilder und Karrieren unabdingbar für das Aufweichen und die Abmilderung der hierarchischen Geschlechtertrennung. So ist es auch nicht einsichtig, dass sich das Augenmerk ständig auf die egalitäre Verteilung der Erziehungs- und Hausarbeit zwischen Vätern und Müttern zu richten hat; vermutlich konfliktfreier und für alle entlastender und befriedigender als im ständigen Kleinkrieg um die Frage, wer kocht oder die Wäsche aus dem Trockner holt, ist das wohl durch Inanspruchnahme zum einen von Haushaltshilfen, zum andern von Restaurants, Reinigungen usw. zu lösen. Die Ausdifferenzierung von Frauenkarrieren würde zu einer Hierarchisierung unter Frauen führen, die nicht mehr über die Männer – Zahnarztgattin oder Handwerkerfrau –, sondern durch den eigenen Beruf bestimmt wäre. Das ist in jeder Hinsicht begrüßenswerter als das in der Bundesrepublik vorherrschende System, welches das Karrieremonopol den Männern überlässt.

Dass Frankreich ein Land ist, dessen öffentliches Leben von keinem ethischen Feminismus bestimmt wird, zeigt ein kurzer Blick auf die französische Politklasse und ihre »Glamourehen«.[25] In Frankreich ist möglich, was sich in Deutschland ausschließt, nämlich Mutter zu sein und Karriere zu machen. Der Glamour dieser Ehen liegt nicht darin, dass beide Partner verdienen; das kennt man auch in Deutschland mit der berühmten Lehrerin, die diesen Beruf nicht um des Berufes willen, sondern vor allem deshalb gewählt hat, weil er es vermeintlich erlaubt, Beruf und Familie zu vereinbaren. Gemeint sind Paare, wo beide Karriere machen. Sylviana Agacinski, die Frau des ehemaligen französischen Premierministers Lionel Jospin, gehört zu den renommiertesten Philosophen Frankreichs. Der Parteivorsitzende der Sozialistischen Partei, François Hollande, hat mit der Präsidentschaftskandidatin der sozialistischen Partei Ségolène Royale vier Kinder. Keiner fragt sie mitleidig danach, ob sie ihre vier Kinder nicht vernachlässige und wie sie denn Familie und Beruf unter einen Hut bringe. Strauss-Kahn, als ehemaliger Minister für Wirtschaft, Finanzen und Industrie eine Art Superminister, ist mit der Tele-Queen der neunziger Jahre, Anne Sinclair, verheiratet, die für die Nachrichten bei tf1 verantwortlich ist. In den normbildenden Kreisen in Frankreich ist die ideale Ehefrau mittlerweile nicht mehr die Hausfrau und Mutter, die einen völlig karriereunverdächtigen Halbtagsjob hat oder ihre Karriere dem Glück ihrer Familie opfert.

In Deutschland sind wir Lichtjahre von solchen Verhältnissen entfernt. Doppelkarrieren gibt es nur, wenn die Frau die Politikerin ist; die Politik ist der einzige Bereich, in dem es Quotierungen gibt. Von den Ehemännern von Frau Merkel, Frau Süßmuth oder Frau Brunn hat keiner verlangt, dass sie ihre Lehrstühle aufgeben. Umgekehrt ist es allerdings kaum vorstellbar, dass Frau Schröder-Köpf nicht dreißig Jahre jünger wäre als ihr Mann, nicht in ihrem Job zurückgesteckt hätte, um einen Salon in Berlin zu führen, sich keinen Doppelnamen zugelegt und so prominent wie Frau Christiansen gewesen wäre. Oder Joschka Fischer hätte keine dreißig Jahre jüngere Filmproduzentin geheiratet, sondern wäre mit einer der Herausgeberinnen der *Frankfurter Allgemeinen* zusammen und das wären keine Ausnahmen. Und keiner würde diesen Frauen nachsagen, dass sie das nur ihren Beziehungen verdankten, und von Vetternwirtschaft reden, die in Deutschland paradoxerweise ins Spiel kommt, sobald Vorteile aus Liebesbeziehungen gewittert werden. Sobald eine Frau hierzulande auf der Karriereleiter auftaucht, kann es nicht mit rechten Dingen, sprich heteroerotikfrei, zugegangen sein. Frauen geistern durch die Presse als Exehefrauen, Fastehefrauen, zu heiratende Schülerinnen, betrogene Ehefrauen und Sekretärinnen. Nicht zuletzt aus solchen Gründen wirkt die deutsche Politszene so hoffnungslos provinziell, und daran ändern auch der Umzug in »die Hauptstadt« und der Berliner Salon nichts.

Die auch die meisten anderen Bereiche bestimmende deutsche Muffigkeit wird so lange so bleiben, wie die Frauen meinen, die Karriere nur zum Schaden ihrer Kinder verfolgen zu können, und sich so in einem permanenten Zwiespalt befinden. Eben nicht nur die Männer, sondern mehr noch die Frauen glauben, dass Kinder zum Aussetzen oder später zum Halbzeitarbeiten zwingen. Es kommt ihnen nicht in den Sinn, an der Kinderbetreuung selbst etwas zu ändern. Die Frauen meiner Generation, die sich in der Illusion einer vollständigen Emanzipation wiegen, ohne dass sich im Vergleich zu den früheren Generationen an den Macht-, Autoritäts- und Geldverhältnissen Wesentliches geändert hätte, haben noch nicht einmal politisch halbwegs überzeugend eine Forderung aufgestellt, die eine in Frankreich längst selbstverständliche Realität beschreibt, nämlich ganztägige Kleinkinderbetreuung ab dem dritten Monat, Ganztagskindergärten und Ganztagsschulen.

In Deutschland meint man, nur am Beruf und der Zeit, die man dafür aufbringt, etwas ändern zu können, und damit ist der Karriereknick vorprogrammiert. Statt sich dafür einzusetzen, dass die Gesellschaft ihren Teil an der Kindererziehung übernimmt oder auch private Alternativen zu schaffen, glaubt man in Deutschland: »Erst wenn auch Führungspositionen in Teilzeit ausgeschrieben werden, wird der Karriereknick von Frauen aufhören.«[26] Die Mutterrolle schließt in Deutschland ein volles Engagement in der Öffentlichkeit des Berufslebens aus; sie ist noch immer der eigentliche Beruf der deutschen Frau. Die Kinder, heute meistens das eine Kind, sind ihr Lebenssinn und ihre Lebensaufgabe. Vielleicht erfüllen die Kinder sie dennoch nicht – das merken die Frauen, obwohl sie es mittlerweile wirklich besser wissen müssten, meistens zu spät –, aber ihre Zeit füllen sie aus. Nur wenn die Frau ihrer eigentlichen Berufung als Mutter nicht nachkommt, kann sie mangels der besseren Alternative einen anderen Beruf ergreifen.

Weil das Begehren nach Rollenstabilität zur Idee der Chancengleichheit in so krassem Widerspruch steht, wird die Gleichstellung der Frauen mit viel rhetorischem Aufwand und wenig konkreten Ergebnissen betrieben. Die Festschreibung der Rollenstereotypen erfolgt nicht an der Frau, sondern an der Mutter. Diese Verschiebung erfreut sich der breitesten Unterstützung. Trendanzeiger ist der Wunsch nach einer noch längeren Berufspause als die drei Jahre Erziehungsurlaub. Während in Frankreich die überwältigende Mehrheit der Frauen nur drei Monate aussetzen will, möchte in Deutschland nur ein Bruchteil der berufstätigen Frauen nach dieser kurzen Zeit wieder arbeiten.

In Deutschland kann sich eine Frau, die Mutter geworden ist, mit viel Organisationstalent eine Nebenbeschäftigung leisten, die ihrer eigentlichen Berufung zur Mutterschaft nicht im Wege steht. Das

Ergebnis ist so traurig wie wahr: Deutschland ist im europäischen Vergleich in Sachen Kinderbetreuung und Kindererziehung ein Entwicklungsland. Die deutschen Frauen brauchen die »Aufgaben der Männer« gottlob nicht zu übernehmen und sind nicht der Erziehung der Kinder und der Versorgung der Familienangehörigen beraubt. Unter dem Stichwort »Renaissance der Familie« ist es zu der simplistischen, so griffigen wie uneinsichtigen Gleichung gekommen: je mehr Frauenberufstätigkeit, desto bedrohtere Familien. Diese Renaissance der Familie, vor dem apokalyptischen Hintergrund des Untergangs jeglicher mitmenschlicher Atmosphäre und der radikalen Vereinzelung beschworen, scheint jedoch nicht die Familie als Gruppe gegenseitiger Zuneigung, Anteilnahme und Unterstützung, Verlässlichkeit und Liebe im Sinn zu haben, sondern auf eine Verschärfung finanzieller Abhängigkeit vom Ernährer angelegt und damit eine Renaissance der Geschlechterhierarchie zu sein.

Sehen wir uns die Konsequenz dieser Politik, der Institution und Ideologie »Mutter«, im europäischen Vergleich genauer an. Europa ist kein Paradies der Frauen, und selbst Frankreich taugt nicht als zufriedenstellendes Vorbild, wie Elisabeth Badinter meint. In allen Ländern gelingt es Männern wesentlich eher, sich durch ihren Beruf eine eigenständige Existenz zu sichern; in allen Ländern machen sie die besseren Karrieren. Dieser generelle Befund soll jedoch nicht über die Unterschiede zwischen den Ländern hinwegtäuschen. Schaut man sich die Dinge näher an, so muss ein liebgewonnenes Vorurteil über Bord gehen: dass es nämlich um die Emanzipation im Sinne einer eigenständigen Existenzsicherung in den nordisch-protestantischen Ländern besser bestellt sei als in den südlich-katholischen Ländern und dass folglich in der Bundesrepublik die Frauen emanzipierter seien als etwa in Frankreich oder Oberitalien. Die normalerweise unter dem Label der Fortschrittlichkeit vereinten überwiegend protestantischen nordeuropäischen Länder zerfallen in zwei deutlich zu unterscheidende Gruppen. Während Dänemark, Finnland, Norwegen und Schweden zu den »patriarchalischen Ländern mit Ansätzen zu egalitären Arbeits- und Sozialstrukturen« gerechnet werden, fallen die Länder in Zentraleuropa, Deutschland, Österreich, die Schweiz, die

Niederlande und Luxemburg, in die Kategorie des »ehebezogenen Patriarchalismus«. Belgien, Frankreich und Italien werden zu den Ländern des »familienbezogenen Patriarchalismus« gerechnet. Interessant ist nun, dass die Länder des »ehebezogenen Patriarchalismus« nach den hier vorgestellten Parametern der Emanzipation, für die die Möglichkeit zu einer eigenen Existenzsicherung ausschlaggebend ist, nicht nur hinter den skandinavischen Ländern, sondern auch hinter den Ländern des familienbezogenen Patriarchalismus zurückbleiben.

Der deutsche »Typus des Wohlfahrtsstaates subventioniert für Frauen eher Wege des verzögerten Eintritts in den Arbeitsmarkt oder vielmehr: er honoriert Wege aus dem Arbeitsmarkt heraus«. Im Verhältnis zu anderen Ländern ist die Erwerbsbeteiligung von Frauen niedriger, deren Anstieg langsamer und der Löwenanteil der seit 1970 entstandenen Beschäftigungsverhältnisse von Frauen Teilzeit. Frauenarbeit gilt immer noch als Zuarbeit. Folgerichtig befindet sich die Bundesrepublik, »was die Diskrepanz von Frauen- und Männerlöhnen betrifft, … im Ländervergleich am unteren Ende der Skala«. Männer verdienen als Norm und im Schnitt noch immer ein Ernährergehalt. »Der Familienlastenausgleich ist keineswegs kinderfreundlich, sondern honoriert vorrangig die patriarchalische Eheführung.«[27] Da in Deutschland nicht die Kinder, sondern eine Eheform subventioniert wird, die im besten Fall die Hausfrauenehe, im zweitbesten Fall aber eine Ehegemeinschaft zu sein hat, in der der Mann eindeutig besser verdient, werden alle nichtehelichen Formen des Zusammenlebens diskriminiert. Das Ehegattensplitting ist, wie der Name schon sagt, an den Ehestatus geknüpft. Deutschland ist ein so kinderfeindliches wie ehefreundliches Land. So gibt es in Deutschland im Gegensatz etwa zu Frankreich, das ohnehin über die Kinder und nicht über die Ehe unterstützt, noch nicht einmal den Rechtsstatus des Konkubinats. In Frankreich hat der seit den siebziger Jahren in beiden Ländern einsetzende Abfall der Heirat anders als in Deutschland nicht dazu geführt, dass die Frauen weniger Kinder bekommen haben.

Die vielgeschmähte geburtenfördernde Politik Frankreichs hat einen starken Gleichberechtigungsschub bewirkt. Das Land sorgt vorbildlich für seine kleinen Bürger und unterstützt die Mütter in ihrer Berufstätigkeit. Der Erfolg dieser Politik zeigt, dass Kinderreichtum durch voll berufstätige Mütter nicht behindert, sondern befördert wird. Da es die Unterscheidung zwischen Ernährerlohn und Zuverdienst nicht in dem Maße gibt wie in Deutschland, zeigt Frankreich zusammen mit Dänemark nicht nur die höchste Frauenerwerbstätigkeit, sondern auch die geringste Lohndiskrepanz in der Europäischen Gemeinschaft und wesentlich geringere Kinderarmut. Im Gegensatz zu Deutschland, wo Kinder den Lebensstandard erheblich sinken lassen, kinderlose Ehepaare durch die von der nächsten Generation zu zahlende Rentenlast doppelt privilegiert werden, Familien und vor allem berufstätige Alleinerziehende dagegen doppelt ausgebeutet werden, war es das Ziel der französischen Politik, dass Kinder den Lebensstandard nicht wesentlich zum Negativen beeinflussen. Kinder werden dort auch nicht als Mittel betrachtet, »Klassenprivilegien« abzubauen. So hat sich der französische Staat zu einer in Deutschland undenkbaren Regelung entschlossen: Sind beide Ehepartner berufstätig und stellen eine staatlich approbierte Kinderfrau oder einen ebensolchen Kindermann für ihr Kind ein, so übernimmt der Staat bis zum dritten Lebensjahr die Soziallasten von Arbeitgeber und Lohnempfänger bis zur Höhe von 600 Euro monatlich.

Werte: Ehe, Familie und das Kind

Vielleicht kann man den Deutschen ihre Paranoia vor staatlicher Einflussnahme aus historischen Gründen nachsehen. Durch die Erfahrung des nationalsozialistischen Regimes und des real existierenden Sozialismus haben sie das Gefühl entwickelt, dass alles, was die Gemeinschaft oder der Staat mit den Kindern macht, Indoktrination sei. Sie führe dazu, dass Kinder als Spione am eigenen Tisch sitzen, die Eltern an den Staat ausliefern, noch das Intimste den Augen des Staates oder der Partei preisgeben. Jedes staatliche Angebot wird hier nicht als Hilfe, sondern als Einmischung aufgefasst, das eine unabhängige Wertsphäre der Familie gefährdet. Franz Wuermeling, der erste Familienminister nach dem Krieg, der antrat, die Frauen vom »Geldverdienenmüssen« zu befreien, optierte in Sachen Kinderbetreuung gegen Kinderkrippe und Horte, durch die »die Familie ... zwar von außen geschützt, aber von innen entkräftet wird«.[1] Er setzte sich für eine ans Haus gebundene »Familienpflegerin« ein, die die Präsenz der Mutter zu Hause natürlich nicht überflüssig machen, sondern ihr entlastend zur Seite stehen sollte. Die Anstrengungen der Nachkriegspolitik, in Sachen Familienpolitik alles anders zu machen, führten in vielen Punkten paradoxerweise zu einer erstaunlichen Nähe zur Nazipolitik. Erklärtes Ziel der nationalsozialistischen Politik war es, Frauen vom Arbeitsmarkt und vor allem aus den besseren Berufen zu drängen. Wollten die Nazis die Frau von der »Emanzipation emanzipieren«, sollte sie sich im Nachkriegsdeutschland zur Hausfrau und Mutter »emanzipieren«. »Mutterarbeit ist mehr als Erwerbsarbeit« und »Mutterarbeit führt zur Selbstverwirklichung der Frau«, proklamierten die CDU-Sozialausschüsse sogar noch 1981. »Hausfrau ist ein Beruf – nicht geringer einzuschätzen als der einer Verkäuferin, Lehrerin oder Richterin. Vielleicht sogar – zumindest zeitweilig – der schönste.«

Wird Familienpolitik fremdbestimmt und zur Lösung arbeitsmarktpolitischer Probleme eingespannt – auch das ein Dauerbrenner deutscher Politik –, spricht man nicht mehr von Arbeitnehmern, sondern von Vätern und besonders von Müttern und Hausfrauen. »Ich finde es sinnvoller, die Mutter bleibt bei ihrem Kinde, als der Vater ist arbeitslos«, meinte 1977 Norbert Blüm,[2] woraus sich schließen lässt, dass nur eine arbeitslose Frau eine gute Mutter ist. 1985 hörte sich das nicht wesentlich anders an: »Wir wissen aus Erfahrung mit dem Gesetz über den Mutterschaftsurlaub, daß fünfzig Prozent derjenigen, die den Erziehungsurlaub und den Mutterschaftsurlaub in Anspruch nehmen, nicht mehr – obwohl sie es vorher vorhatten – in ihren Betrieb zurückkehren, sondern bei ihrem Kind bleiben.«[3] Man fragt sich, was die anderen Eltern machen, die nicht bei ihrem Kind bleiben. Ob die es verlassen?

In Deutschland wird Familienpolitik mehr oder weniger verschleiert funktionalisiert, um den Arbeitsmarkt zu entlasten. Dem dient das Konstrukt der Hausfrau und Mutter. Es stellt sich die Frage, warum die Frauen, »obwohl sie anderes vorhatten«, so bereitwillig darauf einsteigen. Die überwältigende Mehrheit der Frauen plädiert zum Beispiel für die Möglichkeit, den Beruf nach der Geburt von Kindern für länger als drei Jahre unterbrechen zu können. 1987 wurde in einer Umfrage für Eurobarometer[4] ermittelt, welches Modell der Idealfamilie am nächsten kommt: eine Familie, in der die Arbeit gleiche Anforderungen an Mann und Frau stellt und in der sich Mann und Frau Hausarbeit und Kinderarbeit teilen, eine Familie, in der die Arbeit der Frau weniger Anforderungen stellt als die des Mannes und sie folglich einen Großteil von Haus- und Kinderarbeit übernimmt, oder eine Familie, in der der Mann arbeitet und die Frau Hausfrau ist. In Frankreich entschieden sich 22 Prozent der befragten Frauen für die traditionelle Rollenverteilung von Verdiener und Hausfrau. In Deutschland optierten 34 Prozent für dieses Modell; interessant war, dass es sich bei Frauen einer größeren Beliebtheit erfreute als bei Männern, die sich nur mit 29 Prozent für diese Option begeistern konnten. 48 Prozent der Französinnen, aber nur 27 Prozent der Deutschen entschieden sich für das egalitäre Modell. In Deutschland ist die Zahl der Frauen und Männer, die die traditionelle Aufgabenverteilung bevorzugen, in der der Mann verdient und die Frau Hausfrau ist, größer als die Zahl derjenigen, die sich für ein gleichberechtigtes Modell entscheiden.[5] Diese Tendenz scheint sich eher verstärkt als abgeschwächt zu haben. Im Jahre 2004 plädieren noch immer 29 % für den völligen Ausstieg einer jungen Mutter aus dem Beruf, nur 8 % plädierten für eine volle Berufstätigkeit und 49 % bevorzugten eine Teilzeitbeschäftigung. Auch hier war der Anteil der Frauen, die für eine erhebliche Reduktion der beruflichen Tätigkeit der Mutter plädierte, höher als der Anteil der Männer. Anders als in allen anderen westeuropäischen Ländern, in denen ein gleichberechtigtes Modell die Mehrheit hat, hält man die etwas modifizierte klassische Rollenverteilung – sie verdient dazu – für ideal.[6] Die Frauen sind in diesem Prozess offensichtlich nicht einfach Opfer, sondern entschiedenere Täter als die Männer. Die meisten Frauen schicken sich nicht einfach anschmiegsam friedfertig in die Lage der Dinge, sie tragen im Gegenteil wesentlich dazu bei, und es ist nicht anzunehmen, dass sie nicht wissen, was sie tun, wenn sie sich mehr Teilzeitarbeitsstellen oder eine längere Berufspause wünschen.

Was der lange Ausstieg aus dem Berufsleben faktisch bedeutet, darüber gibt uns ein Bericht der Bundesregierung vom April 1996 Auskunft, der den krassen Verdienstunterschied zwischen Männern und Frauen im Westen zu erklären hatte. Dieser Unterschied ist um vieles größer als der im Osten, aber auch als der in Dänemark oder Frankreich. Die geringeren Verdienstunterschiede in den neuen Ländern ergeben sich, stellt der Bericht fest, aus der besseren Ausstattung »mit Kinderhorten und Kindergärten in der früheren DDR«; nur diese ermöglichen beides, Kinder und kontinuierliche Berufstätigkeit, also Vollzeitarbeit. Jeder, der gearbeitet hat, weiß, was es heißt, drei Jahre aus seinem Beruf auszuscheiden. Mit guten Gründen nehmen Männer den Erziehungsurlaub kaum in Anspruch. Die Unterbrechung wird diesem Bericht zufolge den Frauen auch nicht ermöglicht, sondern aufgezwungen: »Die durch Kindererziehung erzwungene Unterbrechung der Berufskarriere bei vielen Frauen« ist aber nicht nur für die fehlenden weiblichen Karrieren, sondern auch für das Verdienstgefälle verantwortlich. Sie sorgt dafür, »daß beispielsweise ein Mann mit 45 Jahren bei einem Stellenwechsel ganz andere Verdienste fordern kann als eine gleichaltrige Frau, die nach der Kinderbetreuungspause wieder ins Berufsleben eintritt«.[7] Faktisch heißt die vielbeschworene Vereinbarkeit von Familie und Beruf, dass die Priorität der Frau auf der Familie zu liegen hat. Das führt zu einer »Hausfrauisierung« und zur weiteren Unterprivilegierung der Frauen auf dem Berufsmarkt, dessen geschlechterhierarchische Arbeitsteilung noch weiter befestigt wird.[8]

Zum gleichen Ergebnis kommt auch ein Gutachten im Auftrag des Bundesministers für Wirtschaft zu Frauenerwerbstätigkeit und Strukturwandel in der Bundesrepublik Deutschland, das sich auf den Zeitraum von 1964 bis 1987 bezieht.[9] Für diese Zeit würde man eine rasante Fortschrittsgeschichte erwarten, doch es ist das Dokument eines Stillstandes. Der Anstieg der Frauenerwerbstätigkeit und Frauenerwerbsquote der letzten Jahrzehnte wird bescheiden genannt; die berufliche »Separierung der Geschlechter« sei »zwischen 1970 und 1987 bemerkenswert konstant«, ebenso die Einkommensrelation zwischen Männern und Frauen: »So verdiente eine Frau im Jahre 1973 durchschnittlich die Hälfte dessen, was ein Mann verdiente. Im Jahre 1983 hat sich die Einkommensrelation mit 55 Prozent kaum verändert.« Dem entspricht auch der Befund, dass »trotz der Steigerung der Frauenerwerbsquote der Anteil der von Frauen geleisteten Arbeitsstunden im gesamten Arbeitsvolumen weitgehend konstant geblieben« ist.[10] Dieses Arbeitsvolumen hat kaum zugenommen, obwohl die Zahl der berufstätigen Frauen zugenommen hat. Noch mehr Frauen arbeiten folglich Teilzeit, was für eine fortschreitende Segregation des Arbeitsmarktes spricht.[11] Das traditionelle Drei-Phasen-Schema zur Charakterisierung des Erwerbslebens verheirateter Frauen, das sich in Erwerbsphase, Familienphase und Wiedereinstieg in das Berufsleben gliedert, ist für die Bundesrepublik nach wie vor typisch. Es unterscheidet sie von anderen europäischen Ländern und hat sich in den letzten zwanzig Jahren nur leicht verändert. Der erhöhte Anteil der berufstätigen Frauen wird hauptsächlich darauf zurückgeführt, dass verheiratete Frauen mit Kindern auch während der Familienphase nicht mehr so lange ganz aus dem Berufsleben ausscheiden, sondern stattdessen Teilzeit arbeiten. Das hat jedoch am Schema selbst, durch das die weibliche Berufstätigkeit geprägt ist, nichts geändert. Dieses Schema verhindert, um es noch einmal klar zu sagen, weibliche Karrieren, denn während der Familienphase kommt es, wie die Einkommensentwicklung von Männern und Frauen eindrücklich belegt, zu »deutlichen Karrieresprüngen bei den Männern und dem Ausbleiben derselben bei den Frauen«. Vor der eigentlichen Familienphase, so das Gutachten, gibt es kaum Einkommensunterschiede zwischen den Geschlechtern; hervorgehoben wird allerdings die wesentlich höhere Arbeitslosigkeit junger Frauen, die mit der Erwartung der späteren Rolle als Ehefrau und Mutter begründet wird. »Während der Familienphase (25–45) machen die Männer deutliche Karrieresprünge. Die Einkommensrelation sinkt von 90 Prozent in der ersten Phase auf 50 bis 60 Prozent am Ende der zweiten Phase. In der dritten Phase (45–65) können Frauen die Einkommenslücke nicht verringern.« Bestehe »der politische Wille zur Integration von Frauen in das Erwerbsleben«, sei »es eine vordringliche Aufgabe, flexiblere Formen der öffentlichen und privaten Kinderbetreuung von Gemeinden, privaten Initiativen und Unternehmen zu fördern«. Von familienpolitischen Strategien, »die darauf setzen, eine Familienphase durch Erziehungsgeld und möglicherweise sogar weiterqualifizierende Angebote attraktiv zu machen«, rät das Gutachten ab, weil sie »mit Risiken behaftet« seien. Ein Indikator für den Karrieresprung bei Männern sei nämlich der »hohe Nichtübereinstimmungsgrad von erlerntem und ausgeübtem Beruf«. Die bei den Frauen nach der Familienphase zurückgehende Übereinstimmung zwischen Berufsausbildung und ausgeübtem Beruf ist umgekehrt nicht wie bei den Männern als Karrieremoment zu interpretieren, sondern Symptom für die Schwierigkeit bei der Wiedereingliederung ins Berufsleben – sprich nicht Gewinn, sondern Verlust. Bei Männern weist der niedrigere Grad der Übereinstimmung darauf hin, dass »Qualifikationen in der beruflichen Praxis erworben werden und Möglichkeiten zur Weiterqualifikation und die Entdeckung der Tüchtigkeitsfelder und Fertigkeiten auch Nebenprodukte der aktiven Beteiligung am Erwerbsleben sind (Learning by Doing)«.[12]

Die Politik folgte den Empfehlungen dieses Gutachtens nicht; der Erziehungsurlaub wurde um drei Jahre verlängert und die Möglichkeiten zur Kinderbetreuung nicht verbessert. »Mit der weiteren Verlängerung des Erziehungsurlaubes ... wird das Phasenmodell noch stärker ausgebaut.«[13] Das Faktum des weiblichen Verzichts auf Karriere, Verdienst und wirtschaftliche Unabhängigkeit vom Mann wird jedoch nie ausgesprochen, weil es ideologisch verpönt ist. Absichtserklärungen dienen als Deckmantel für eine andere, nicht artikulierte Werteordnung. Die meisten Männer und Frauen sind mit dieser Ordnung der Dinge eben nur stillschweigend einverstanden.

Ideologisch wurde diese Frauen- und Familienpolitik unter dem Zauberwort der Flexibilisierung verkauft. Und wer will schon nicht flexibel sein, in Rollenklischees erstarren und die »traditionelle Rollenvorstellung von Ehefrau und Mutter« leben, anstatt, »ohne an feste Rollen gebunden zu sein«, unter »einer Vielzahl weiblicher Lebensformen« frei swingend zu wählen im Land der unbegrenzten Möglichkeiten? Frei nach Nina Hagen: Alles so bunt hier, ich kann mich gar nicht entscheiden. Soviel Liberalismus wäre an sich erfreulich, wenn die Buntheit der Rollenfreiheit und die Vielfalt der Wahlmöglichkeit nicht nur auf raffinierte Weise eine traditionelle Politik kaschierte. Diese Politik ist erklärtermaßen nicht vorrangig darauf ausgerichtet, Frauen beruflich zu fördern, sondern ihr geht es primär um die Vereinbarkeit von Beruf und Familie – ein Problem, das sich selbstredend nur für Frauen stellt. Konkret heißt das Unterbrechungen, Verzicht auf Karriere, unterqualifizierte und niedrig entlohnte Tätigkeiten, ungeschützte Arbeitsverträge, Unfähigkeit, mit den Männern in Konkurrenz zu treten, Ehe als Versorgungsinstanz, Altersarmut, Kinderarmut. Die so genannte Flexibilisierung lockert nicht etwa, sondern befestigt eine Rolle, die den Frauen mit dem bürgerlichen Zeitalter in verschiedenen Varianten unablässig auf den Leib geschrieben wurde, und auch sie selbst halten trotz anderslautender Zielvorstellungen unerschütterlich an ihr fest.

An der durch die deutsche Ehefamilie bedingten Organisation des Kinderlebens stoßen sich die wenigsten. Der Ausweg, den eine bunte Koalition von liberalen Feministinnen bis hin zu konservativen CDU-Familienpolitikerinnen vorschlägt und der einen umfassenden Konsens suggeriert, ist rein privatpolitischer Art und, wie die Erfahrungen lehren, absolut wirkungslos: Die Väter sollen stärker beteiligt werden. Erst seit 2005 ist es zu einer Kursänderung der Politik gekommen.

Kindererziehung, so die allgemeine Meinung in Deutschland, soll so weit es eben geht auf die Familie, genauer die Eltern, vielleicht im Verbund mit gleichgesinnten anderen Eltern, beschränkt bleiben. Das misstrauische Verhältnis, das man dem Staat, der öffentlichen Sphäre und eigentlich allen öffentlichen Trägern gegenüber hat, dehnt sich im Unterschied zu anderen Ländern auch auf die älteren Generationen aus.[14] Großmütter und Großväter werden in die Kinderbetreuung wesentlich weniger einbezogen als in Frankreich und Italien. Das mag auch daran liegen, dass sie sich weniger einbeziehen lassen. Nachdem sie dem Trauma der Kindererziehung glücklich entronnen sind, wollen sie sich amüsieren und immunisieren sich als Senioren gegen alles was nachkommt. Aus der Abwehr und dem tiefsten Misstrauen allen äußeren Einflüssen gegenüber, von denen man sofort Entfremdung, Überfremdung, Einmischung befürchtet, greift man in der Kindererziehung zu staatlich unterstützter, aber selbstverwalteter Selbsthilfe.

Diese scheint vor allem einen Zweck nicht zu verfolgen: die effektive Entlastung der Mütter und ihre Freistellung für ein Berufs- oder überhaupt ein Eigenleben. Manche der in Eigenverwaltung betriebenen Kindertagesstätten, die schon im Namen jeden Anklang einer öffentlichen Institution vermeiden und launig autonom ein Kinderparadies auf Erden versprechen, schließen ganztägig berufstätige Elternpaare aus. Sie haben allen Grund dazu, denn die zu leistende Arbeit der Selbstverwaltung droht zu einem Halbzeitjob zu werden. Sie beschränkt sich nicht nur auf das kontrovers diskutierte Einstellen von Erziehern, sondern auf das nicht enden wollende Auskosten der richtigen, kind- und umweltgemäßen Nahrung (Vollwert, vegetarisch, Grünkern, Makro- oder Mikrobio, rechts- oder linksdrehend), das eigenhändige Aufräumen und Putzen, das wöchentliche Kochen und schließt in Extremfällen sogar die Konstruktion oder Renovierung des Lokals mit ein, von Freizeitaktivitäten, in die Eltern und vor allem Mütter einzubeziehen sind, nicht zu reden.

Die Organisation ist nicht gerade zeitsparend, sondern dient dem Aufbau einer besseren Welt. Bösartig könnte man sagen, dass der komplette Terror der totalen Kinderbetreuung erst im Verein ganz zum Tragen kommt. Erst im Verein kann man autonom endlich rund um die Uhr Eltern sein. Man hat keine Freunde und keine Bekannten mehr außer denen, die zufällig ein gleichaltriges Kind haben. Diese Art der Kinderbetreuung bietet der Mutter Ersatz für Beruf und Teilnahme am gesellschaftlichen Leben. In ihrer neuen Lebenswelt existiert sie mit Müttern unter Müttern als Mutter. Selbst eine Ersatzkarriere eröffnet sich der einen oder anderen unverhofft als Vorsitzende der Kindergruppe. Unter dem Deckmantel der Verantwortung bietet diese Position die Möglichkeit zur völligen Regression in die Welt der Kinder. Das Erwachsenenleben wird um das Kinderleben herum organisiert. Durch die Ausschaltung aller anderen gesellschaftlichen Rollen als der des Elternseins verliert das Erwachsenenleben an Komplexität. Der Verzicht auf die Teilnahme an der öffentlichen und kulturellen Sphäre schließt den Verzicht auf das Erleben der verschiedenen Abstufungen von Erotik ein. Außerhalb dieses außergesellschaftlichen Raums hat die Mutter keinen Platz, nirgends. Aber um das eigene Leben braucht sie sich ja nicht mehr zu kümmern, weil sie dafür sorgt, dass mit den Kindern eine bessere Gesellschaft heranwächst, eine rauch-, macht-, ästhetik- und erotikfreie, vermeintlich gleichberechtigte Zone. Allerdings lernen Kinder bekanntlich nicht das, was man sagt, sondern das, was man tut. Allen wohlmeinenden Reden zum Trotz erfahren sie vor allen Dingen jeden Tag die krasse Trennung der Geschlechter.

Die Alternative, die Müttern in Deutschland vom ersten Jahr des Kindes an offensteht, ist die Tagesmutter. Schon im Namen kündigt sich das Dilemma an. Das Pendant zur Tagesmutter hieße »Nachtmutter«. Abgesehen von den unheilvollen Tönen, die darin mitschwingen, ist nachts die Zeit, in der Kinder schlafen. Eine Frau, die sich um Kleinkinder kümmert und nicht die Mutter ist, kann in Deutschland anscheinend nicht ergänzend zur Mutter gedacht werden. Sie muss sprachlich an die Stelle der Mutter treten. Die Tagesmutter übt – auch das sagt der Name – keinen Beruf aus wie die staatlich diplomierte Kinderfrau in Frankreich, sondern sie verlängert eine natürliche weibliche Funktion, die sie übernimmt, weil die natürliche Mutter sich dieser ihrer natürlichen Berufung entzieht. Die Nichtinstitution der Tagesmutter existiert vor allen Dingen, damit klar wird, dass Kindererziehung mit Professionalität nichts zu tun hat. Denn die Tagesmutter erfüllt quasi beruflich ideal die Rolle, die jeder Frau in dieser Gesellschaft zugedacht ist, nämlich berufslos ihrer Berufung als Mutter nachzugehen. Der Mutter wird aufgebürdet, ihr Kind nicht in einen öffentlichen, neutralen, institutionalisierten und kontrollierten Raum zu geben, sondern es einem anderen privaten Raum, dem Zuhause der Tagesmutter, anzuvertrauen.

In Deutschland hat man sich mit der so genannten Familienpolitik dazu entschieden, Müttern nicht gleiche Karrieren zu ermöglichen wie Männern. Man hat ihr Muttersein »geschützt«, indem man sie finanziell abhängig hielt. Finanzielle Autonomie wurde ihnen nicht eingeräumt. Der Staat oder der Mann bezahlten dafür, dass sich Mütter ganz ihren Kindern oder meistens ihrem einen Kind widmen können. Als Mutter kann sie wählen, ob sie sich als Sozialempfängerin in die Abhängigkeit des Staates oder als Ehefrau in die finanzielle Abhängigkeit ihres Mannes begibt. Der Staat verzichtet hier sogar auf das Subsidiaritätsprinzip und bezahlt drei Jahre lang Sozialhilfe für alleinerziehende Mütter, ohne sich an die Verwandten zu wenden. Von der Gesellschaft als solcher wird jedes Engagement für Kinder abgelehnt. Kinderunterbringung bleibt Privatsache.

Das Modell der Ehe als Versorgungsinstanz ist zwar laut kritisiert, in der politischen Praxis, auch des Feminismus, aber selten in Frage gestellt worden. Frauenrechte wurden nicht als das Recht auf eine autonome, wirtschaftliche Existenz qua Berufstätigkeit verteidigt. Das Hauptaugenmerk lag nicht wie in anderen westlichen Ländern auf einer Entlastung von Haushalt und Kindererziehung. Statt diese Arbeit und vor allem einen Teil der Kindererziehung zu professionalisieren und zu einem Anliegen von öffentlichem Interesse zu machen, das auch in der Verantwortung der Gesellschaft liegt, hält man es offenbar für unumgänglich, dass sie von der Mutter und Hausfrau im Alleingang erledigt werden. Man hat nie wirklich erwogen, diese von der Gesellschaft mittragen zu lassen. Das ist kein weltweit geltendes Naturgesetz, sondern ein deutscher Sonderweg. Auch für die direkte

Subvention von Kindern und damit für eine automatisch eintretende liberalere Geschlechterpolitik hat man nichts getan; die indirekte Subvention, die von der Idee des Ernährergehalts ausgeht, ist die Norm. Politische Auseinandersetzungen und Reformen haben das herrschende Modell der Ehe als Versorgungsinstanz nicht in Frage gestellt, das emotionale Beziehung und wirtschaftliche Abhängigkeit so ungut vermischt. Man hat erfolgreich versucht, die Position der Frau als von ihrem Ehemann Versorgte zu stärken. Man hat nicht versucht, sie als eigenständiges Individuum in die Lage zu versetzen, selbständig für sich zu sorgen. Man erinnere sich an die erbitterten Kämpfe, die in *Emma* etwa für die Unterhaltspflicht nicht etwa des Vaters der Kinder, sondern des Ehemannes der geschiedenen Frau, der bestenfalls eine Halbtagsarbeit zugemutet werden kann, wenn Kinder bis zum Alter von sechzehn Jahren im Haus sind, ausgefochten wurden. Wäre es nicht klüger gewesen, statt die Unterhaltspflicht für die Ehefrau festzuschreiben und so an einer prinzipiell schlechten Situation herumzudoktern – an der Ehe nämlich als Versorgungsinstitution der Frau durch den Mann, der für diesen Unterhalt vom Staat gestützt wird –, für ein anderes Modell zu kämpfen? Durch diese »Verbesserungen« wird die Ehe als Versorgungsinstanz nur befestigt. Um der Familie und um der Eltern willen sollte man sich für eine Antiehepolitik, für eine Entinstitutionalisierung der Ehe einsetzen, die eine freiwillige Lebensgemeinschaft wirtschaftlich voneinander unabhängiger Individuen und keine Wirtschaftsgemeinschaft mehr sein sollte.

Hierzulande hängen die Frauen an ihrer Abhängigkeit, in die sie hoffnungslos verfangen und verstrickt sind. Es hat etwas von einer selbstgewählten und sich stabilisierenden Ohnmacht. Das unterschwellig virulente, von beiden Geschlechtern vorgebrachte und auf einem härter werdenden Arbeitsmarkt wieder an Bedeutung gewinnende Argument der Doppelverdiener ist nur ein Indiz. Es wird vor allem für die Geschlechterhierarchie und den Status der Frau als einer Unterhaltenen, die an den Privilegien des Ernährers aus zweiter Hand partizipiert, eingesetzt. Es ist nicht verwunderlich, dass die verheiratete, berufstätige, gleichberechtigte Frau mit Kind, die nicht »zuverdient« oder, wie man in der älteren Generation noch hören kann, sich ein »Taschengeld« verdient, sondern eine eigene Karriere hat, zwar in der Realität eher selten, dafür aber in der Phantasie umso prominenter ist. Sie verletzt ein Tabu, denn in Deutschland schließt sich das Bild einer voll berufstätigen, karriereorientierten Frau mit dem der Mutter aus. Als Figur der Überschreitung beherrscht die »Karrieristin« das deutsche kollektive Unbewusste gleichzeitig als Wunschbild und Schreckgespenst. Karriere ist schließlich *das* Phantasma aller Frauenzeitschriften. Schreckgespenst und Phantasma ist die Karrierefrau deshalb, weil sie »ganz Frau« ist, nicht auf Sex und Kinder verzichten musste und trotzdem »ihren Mann steht«, nicht »nur Mutter« ist. An ihr springt ins Auge, dass die Geschlechterhierarchie keine natürliche Gegebenheit, sondern kulturelles historisches Konstrukt ist. Die berufstätige, gleichberechtigte Frau mit Kind ist ein Schreckgespenst vor allem auch für Frauen, weil sie zeigt, dass es doch geht und die Ohnmacht keine objektive Gegebenheit ist. Ein erschreckender Gedanke. Die deutsche Ehefrau und Mutter gehört deswegen im europäischen Vergleich wohl zur bestgeschützten Spezies, unter der Voraussetzung, dass sie hauptberuflich Mutter bleibt. Und weil sie in dieser Beziehung so erschreckend gut geschützt ist, hat sie es im Verhältnis zu ihren europäischen Schwestern zu so erschreckend wenig gebracht.

Beispiel: Die Schriftstellerin

Mit ihrer eigentlichen Berufung, die vielleicht stärker denn je bei Mann und Kindern liegt, ist für die Frau in Deutschland nur ein so genannter Frauenberuf zu vereinbaren, ein Halbtagsjob, damit sie »einfach mal rauskommt«, oder eine Arbeit, die zu Hause erledigt werden kann. Unter der Bedingung, dass die Frau ihren Beruf nicht so ausübt wie ein Mann, gilt ihre Berufstätigkeit sogar als wünschenswert. In ihrem Beruf braucht sie nicht ihren Mann zu stehen, sondern soll ganz Frau bleiben. Eine weibliche Berufstätigkeit würde heute kaum noch wie in den sechziger Jahren als Selbstverwirklichungsprojekt oder Ausdruck weiblicher Konsumwut belächelt. Der Beruf ist kein Luxus mehr, er gehört vielmehr dazu. Die weibliche Berufstätigkeit ist nicht nur gesellschaftliche Norm, sondern auch ein »subjektiv inzwischen fest verankerter Wunsch«.[1] Das könnte man als Fortschritt ansehen, wenn es sich nicht nur um eine neue, subtilere Spielart derselben starren Grundstruktur handelte.

Die Starrheit des Gesellschaftskörpers ergibt sich aus festen, nur äußerst zäh veränderbaren Vorstellungen über Männlichkeit und Weiblichkeit und den ihnen zugeordneten Aufgaben.[2] Die geschlechtsspezifische Sozialisation fängt im Kindesalter an. Die Koedukation hat daran nichts geändert, sondern im Gegenteil dazu beigetragen, dass man umso nachdrücklicher Mädchen und Junge wird. Mädchen scheinen in gemischten Schulen hauptsächlich eins zu lernen: nicht so zu sein wie Jungen und nicht mit den Jungen zu konkurrieren. Dieses oft analysierte Symptom wird immer psychologisch erklärt. Es ist von Angst vor Erfolg und von Cinderella-Komplex die Rede. Frauen zögen sich auf die weiblichen Werte zurück und verweigerten männliche Karriereorientierung; im Vergleich zu Männern zeigten Frauen eine geringere Bereitschaft zu aufwärtsgerichteter beruflicher Veränderung.

Die Leiterin des Kölner Managerinnenkollegs, Ilse Marin, formuliert es drastischer: »Es ist ein Tabuthema, aber natürlich kneifen Frauen auch. Und sie tun dann so, als ob sie nie nach oben wollten. Viele Frauen haben zuwenig Mut, um sich offen in Machtkämpfe zu wagen.«[3]

Vielleicht liegt diese Mutlosigkeit daran, dass die Frauen Angst haben, etwas zu verlieren, gerade wenn sie gewinnen. In übersichtlicheren Verhältnissen wie in der Schule ist die vielbeschworene »Angst vor Erfolg« Angst, als Konkurrent den Status des potenziellen Liebesobjekts zu verlieren. Erfolg – und das heißt ja immer, besser zu sein als die anderen, besser zu sein als viele Jungen – übersetzt sich in Angst um die eigene Weiblichkeit und Begehrtheit. Mehr Erfolg, so die Gleichung, die Mädchen lernen, heißt weniger Liebe und Unweiblichkeit. Was Mädchen und Jungen in der Schule vor allen Dingen lernen, ist das *gendering*. Unsere Sozialisation vermittelt erfolgreich die Angst, keine wirkliche Frau und kein ganzer Mann zu sein. Es gibt Frauen, bei denen diese Lektion nicht anschlägt. Das sind die paar Prozent, die später Karriere machen.

In modernen Zeiten, wo es um den ganzen Menschen oder die Gleichheit aller in Androgynie geht, die Differenz der Geschlechter jedenfalls im Diskurs übersprungen wird, und in postmodernen Zeiten, wo sie zwar in Rechnung gestellt, aber gleichzeitig scheinbar zur Disposition zu stehen scheint, wo *gender bending* und *cross dressing* an der Tagesordnung sind, wird diese Angst und dieses Begehren oft übersehen. Sie fällt unter die Rubrik der Rollenklischees, aus denen es sich zu lösen gilt, um zu einem autonomen Selbst zu gelangen, befreit und emanzipiert endlich man selbst zu werden. Dabei ist die unbefragte Geschlechtsidentität nicht nur Norm und Ideologem, sondern absolut begehrt. Sich ganz als Mann oder ganz als Frau zu erfahren, ist die Beschreibung eines Glückszustandes. Das Gefühl hingegen, seinen Mann nicht stehen zu können oder keine wirkliche Frau zu sein, ist angstbesetzt. Diese Angst trifft beide Geschlechter, wenn auch in unterschiedlicher Weise. Das Vertrackte ist, dass sie in der bürgerlichen Gesellschaftsordnung auf dem Arbeitsmarkt bestimmend ist.

Für den Mann ist der Beruf das Terrain, das den ganzen Mann fordert. Worin diese Arbeit, die den Mann zum Mann macht, im Einzelnen besteht, ist schichtenspezifisch. Sie kann als Übernahme von Verantwortung, als gesellschaftsbildende Kulturleistung, als körperliche Kraftanstrengung, als abenteuerliche Herausforderung interpretiert werden. Seine Karriere ist auch und gerade mit Rücksicht auf die Familie seine erste Priorität; sie fixiert seinen Platz unter Gleichen. Berufstätige Frauen haben hingegen Mann und Kinder nach wie vor an die erste Stelle zu setzen; ihre Berufstätigkeit gilt nur mangels besserer Alternativen als ganz gegeben. Eine Ehefrau gilt als beschränkt, eine Mutter als äußerst beschränkt einsatzfähig. Für Frauen hängt die Attraktion eines Berufes an seiner Kombinierbarkeit mit der Familie, an einem Kriterium also, das für »Männerberufe« nicht existiert.

Der Beruf ist im glücklichen Fall nur *eine* Facette weiblicher Entfaltung. Frauen können heute nicht mehr wie Anfang des Jahrhunderts vom Soziologen Thorstein Veblens als *mobilia*, als bewegliches Eigentum des Mannes definiert werden, die in ihrer Eleganz, in ihrem Müßiggang, kurz im Luxus und Raffinement ihres Lebensstils seinen Reichtum repräsentieren. Dennoch ist aus diesen großbürgerlichen Zeiten etwas hängen geblieben. Frauen stehen für die »schönen Seiten des Lebens«, für das »schöner Wohnen« und die »gute Küche«, für den Stil von *Vogue*, *Elle* oder *Brigitte*. Sie backen Plätzchen und basteln, sorgen für das richtige Kulturprogramm, die passenden Antiquitäten, alte Schweizer Spitzenkinderbettwäsche, den mexikanischen Touch in der Tischdekoration. Sie achten darauf, dass die Kinder sich mit selbstgemalten Karten für die Weihnachtsgeschenke bedanken. Sie üben vierhändige Klaviersonaten mit ihrer Tochter und suchen die richtigen Rhythmus- und Malschulen aus. Sie veranstalten einfallsreiche Kindergeburtstage. Sie halten ein gesellschaftliches Leben auch für ihre zunehmend gestressten und sich in der Arbeit einigelnden Ehemänner mit Einladungen aufrecht. Sie organisieren Wochenenden auf dem Land und finden das perfekte Ferienhaus, kurz, sie verwandeln Notwendigkeiten in Ästhetik und Genuss.[4]

Um die Kreativität dieses Transformationsprozesses zu unterstreichen, reden die Amerikaner nicht mehr von der Hausfrau, sondern vom *homemaker*. Frauen haben ein Gut zu haben, das an sich schon Luxus ist, Zeit, sich den Ihren zu widmen, hin und wieder ganz für sie dazusein. Wie stark das Maß aller Dinge mittlerweile die Arbeit geworden ist, zeigt sich daran, dass das, was per definitionem keine Arbeit sein sollte und durfte, mittlerweile unter dem Stichwort Beziehungs- oder Liebesarbeit firmiert. Eine der schönsten Seiten des Lebens verkörpert die Frau idealerweise selbst. Sie, ihr Lebensstil, ist ihr Kunstwerk.

Zur Rhetorik eines vorbildlichen Frauenlebens gehört es heutzutage, dem Ethos der Moderne gehorchend, emanzipiert zu sein. Emanzipation ist zu einer rhetorischen Geste geworden, die nicht mehr Gleichheit mit Männern anstrebt und schon gar nicht dazu führen darf, mit Männern in Konkurrenz zu treten. Die ehrgeizige, arbeitsbesessene Karrierefrau gilt nicht als emanzipiert, sondern als jemand, der sich blind den Werten der Männer angepasst und darüber sein eigentliches Wesen verleugnet hat. Es ist an sich bezeichnend, dass es ihr Gegenstück, den »Karrieremann«, nicht gibt; hier würde man von einem zielstrebigen, verantwortungsbewussten Kollegen reden, der weiß, was er will. Eine Frau, die im Beruf ihren Mann steht, darf das unsanktioniert nur tun, wenn sie keinen Mann, aber Kinder hat, denn dann hat sie keine Wahl. Die Frauen, die nach dem Krieg beruflich erfolgreich Alleinernährer ihrer Familie waren, haben das oft nicht als Gewinn oder Chance, sondern als Verlust der weiblichen Rolle empfunden.

Es gibt noch einen anderen Grund für die Wertschätzung der weiblichen Berufstätigkeit. In den Mittelschichten vermehrt die Berufstätigkeit der Frau jedenfalls in einem halbwegs angesehenen Job das, was Pierre Bourdieu das symbolische Kapital genannt hat. Die Unabhängigkeit und Selbständigkeit signalisierende Berufstätigkeit der Frau ist ein Plus auf dem Partnerschaftsmarkt. Was im Stadium des Kennenlernens noch tatsächliche Potenz sein mag, wird später zu einem nur mehr rhetorischen Gestus. Eine berufstätige Ehefrau hebt in Deutschland nur das eigene Prestige und das ihres Ehegatten, wenn ihr Beruf deutlich zweitrangig und den Karriereprioritäten des Mannes nachgeordnet ist. Sonst ist sie schlicht eine Bedrohung für ihren Mann und dessen Kollegen und unzumutbar für das Glück ihrer Familie.

Das traditionelle Schema hat sich modifiziert. So wie die Frau heutzutage ihre Berufstätigkeit zur Schau stellt, so stellte die Frau im neunzehnten und im frühen zwanzigsten Jahrhundert ihren Müßiggang zur Schau. Die Sorge um Mann und Kinder füllte an sich ihre Zeit aus; die Hausarbeit verrichtete sie, die ganz in der liebenden Hinwendung an ihre Nächsten aufzugehen hatte, wie nebenher. Außerhäusliche Tätigkeit wurde gebrandmarkt, weil sie zu einer »Zersetzung des Familienlebens« führen würde. Mussten bürgerliche Frauen dennoch »dazuverdienen«, so taten sie das heimlich. August Bebel prangert diese »Schmutzkonkurrenz« der bürgerlichen Frauen an, die, um frivol ihrer »Eitelkeit, Putzsucht und Luxusgier« nachzugehen, ihre Handarbeiten unter der Hand und unter Wert verkauften und so den Niedrigstlohn der Arbeiterinnen, die existenziell darauf angewiesen waren, noch einmal drückten.[5] Es definierte die bürgerliche Familie und war gleichzeitig wichtigstes Statussymbol, dass die bürgerliche Frau keinem Beruf außer ihrem so genannten Naturberuf der Ehefrau und Mutter nachging. Das unterschied sie nicht nur von den Männern, sondern auch von den proletarischen Frauen. Aber auch für die proletarischen Klassen wurde das bürgerliche Modell zum Vorbild. Sobald die Arbeiterhaushalte mit einem »Ernährerlohn« über die Runden kamen, schieden die Frauen aus dem Beruf aus und widmeten sich nach dem bürgerlichen Vorbild ganz ihrer Familie. Verbürgerlicht repräsentierten sie den von ihrem Mann erarbeiteten Wohlstand. Nur unverheiratete Frauen, verunglimpft als »alte Jungfern«, durften einen Beruf ausüben, Lehrerin oder Krankenschwester.

Heutzutage ist die Berufstätigkeit der Frau in den Mittelschichten wie gesagt zu einem wichtigen Statussymbol geworden. »Die Erwerbstätigkeit der Frauen hat nicht nur wirtschaftliche Gründe, sondern ist auch Ausdruck einer veränderten Einstellung zur Berufstätigkeit bei Frauen.«[6] Diese »veränderte Einstellung« hängt vielleicht nicht zuletzt damit zusammen, dass die Gründe für die Berufstätigkeit von Frauen nicht mehr primär wirtschaftlich sind. Weil die Frauen es sich leisten können, nicht arbeiten zu gehen, kann sich ihre Berufstätigkeit in symbolisches Kapital umwandeln. Sie ist unabdingbar für die persönliche Zufriedenheit der Frau geworden, die keine Lust mehr hat, ganz im Schatten ihres Mannes zu stehen. Als reine Hausfrauen wären die meisten Frauen heute frustriert. Ihr Beruf stellt also den Burgfrieden zwischen den Geschlechtern sicher.

Der zweitrangige Beruf der Frau suggeriert, was er nicht leistet, emanzipierte Zustände nämlich, die Aufgeklärtheit und Modernität des Paares. Unter der Hand wird das traditionelle, leicht variierte, keineswegs aber grundsätzlich in Frage gestellte Muster umso unbekümmerter fortgeführt. Kant sagte einmal, in die im achtzehnten Jahrhundert übliche Polemik gegen gebildete Frauen einstimmend: »Was die gelehrten Frauen betrifft: so brauchen sie ihre Bücher etwa so wie ihre Uhr, nämlich sie zu tragen, damit gesehen werde, daß sie eine haben; ob sie zwar gemeiniglich still steht oder nicht nach der Sonne gestellt ist.«[7] Ihre Bildung ist ihnen nichts Wesentliches, sondern für andere zur Schau getragenes Attribut, das sie schmückt und ihre Attraktivität erhöht. Wenn man bösartig wäre, könnte man mit Kant von den Frauen heute sagen, dass sie ihre Berufstätigkeit als Accessoire tragen. Viele Frauen identifizieren sich nicht über ihren Beruf, sondern sie stellen Berufstätigsein zur Schau.

Männer- und Frauenberufe sind offenbar nicht zu vergleichen. Männer tun etwas anderes als Frauen, wenn sie einen Beruf ausüben. Frauen tun aufgrund ihrer anderen Prioritätensetzung vor allen Dingen eins nicht: Sie konkurrieren nicht mit Männern. Deshalb ist es ein dem ideologischen Diskurs aufsitzendes Missverständnis, wenn man davon ausgeht, dass es auf dem Arbeitsmarkt um Gleichberechtigung ginge, ja, dass unsere Gesellschaft sich automatisch in Richtung Gleichberechtigung bewegen würde. Die verbreitete Berufstätigkeit der Frauen hat in der Regel nicht dazu geführt, dass Frauen in derselben Art wie Männer einen Beruf ausüben, sondern sie dient zur Festschreibung der Geschlechtsrollen. So ist im Namen der Emanzipation und der Gleichberechtigung gerade diese konterkariert worden.

Die Berufswelt, in der Frauen auftreten, ist nicht zu einer Welt geworden, vor der die schärfsten Gegner weiblicher Berufstätigkeit immer gewarnt haben, eine Welt nämlich, in der Männer nicht mehr Männer und Frauen nicht mehr Frauen sein können. Der bürgerlichen Gesellschaft ist es gelungen, die Frauen berufstätig werden zu lassen, ohne die Bereichsaufteilung, die einer Naturalisierung der Geschlechterrollen diente, aufzuheben. Die Geschlechtertrennung wurde in dem ursprünglich den Männern vorbehaltenen Bereich der außerhäuslichen Erwerbstätigkeit reinszeniert. Das äußert sich im jeweiligen Stellenwert, der dem Beruf des Mannes beziehungsweise dem Beruf der Frau im individuellen Leben eingeräumt wird. Der Mann definiert sich über den Beruf. Die Frau definiert sich, auch als berufstätige Frau, primär im Rahmen des Paares oder der Familie. Da der Maßstab des emanzipierten Menschen der berufstätige Mann ist, sieht es nominal so aus, als ob die Frau sich über ihre Berufstätigkeit emanzipieren würde. Tatsächlich legt sie sich ein männliches Attribut zu, ohne dem Mann ins Gehege zu kommen, ohne mit ihm zu konkurrieren und also um ihre Weiblichkeit bangen zu müssen. Sie braucht, jedenfalls ist das die Suggestion, nicht mehr »nur Frau« zu sein, ohne deswegen gleich, um ihre Weiblichkeit gebracht, zum Mannweib zu werden. Durch das Attribut des Berufes wird sie im Gegenteil ganz Frau.

Dem Schein von Gleichberechtigung und Emanzipation ist so Genüge getan, ohne dass sich an der Gesellschaftsstruktur und der sie fundierenden Geschlechterordnung etwas ändern müsste. Es sieht so aus, als ob dies ein idealer Ausweg aus der paradoxen Verschreibung von weiblicher Individualität in der bürgerlichen Gesellschaft wäre. Nur so erklärt sich die erstaunliche Stabilität einer Ordnung, die quer zur geäußerten Ideologie steht und praktisch durch nichts zu rechtfertigen ist. Es gibt keinen vernünftigen Grund, warum die Geschlechterverhältnisse, die natürlich gleichzeitig Wirtschaftsverhältnisse sind, so bleiben, wie sie sind.

Wie heikel das Zusammenspiel von Geschlechtsidentität, Berufstätigkeit und Mutterschaft und wie angstbesetzt das Überschreiten von Geschlechtsgrenzen ist, lässt sich an der Figur der Schriftstellerin beispielhaft illustrieren. An dieser Figur hat sich die Angst – *gender anxiety* auf Seiten der Männer *und* der Frauen – historisch am eindrücklichsten herauskristallisiert. Die Schriftstellerin ist eine der heiß umkämpften Figuren moderner bürgerlicher Geschlechterbeziehungen. Vielleicht gerade weil wir glauben, solche Beziehungen meilenweit hinter uns gelassen zu haben, bestimmen sie uns hinter unserem Rücken umso effektiver.

Die Schriftstellerin ist die Vorläuferin der Karrierefrau. Sie wird im Zuge der Aufklärung und der dort festgeschriebenen neuen Ordnung der Geschlechter als Gegenbild zum neuen weiblichen Ideal der Ehefrau und Mutter etabliert. Ihr Ehrgeiz macht sie zur Geißel für ihre Familie. Von ihm getrieben, ist sie ihren Kindern eine Rabenmutter und ihrem Mann eine Ehefrau, der mehr an der Gunst des Publikums als an der seinen gelegen ist. Sie trägt nicht seinen Namen, stellt ihren Ehemann in den Schatten, macht ihn lächerlich und betrügt ihn mit der ganzen Welt. Die Schriftstellerin ist eine Frau, die etwas tut, was nur Männer dürfen: Sie macht sich selbst einen Namen, sie überschreitet die Sphäre der Privatheit hin zur Öffentlichkeit; sie ist nicht von Gott oder ihrem Mann erschaffen, sondern erschafft sich in ihrem Werk selbst. Durch das Übertreten von Geschlechtsgrenzen droht ihr der Weiblichkeitsverlust; tatsächlich wird sie paradoxerweise gleichzeitig als Mannweib und als Hure diffamiert.

Friedrich Schillers Gedicht »Die berühmte Frau« behandelt den Topos der Schriftstellerin zu Hochzeiten der bürgerlichen Familie. Der Titel deutet an, was das Gedicht aussagt: Würde und Ruhm schließen sich aus. Die Würde aber macht die Frau erst zur Frau. Das Gedicht – Gegenstück zu »Würde der Frauen«, Schillers Lesebuchschlager für die Generation unserer Mütter und Großmütter – stellt eine Frau dar, die vom Ideal der Frau in allen Stücken abweicht. »Die berühmte Frau« und die Situation, in die sie ihre Familie gebracht hat, wird von ihrem Ehemann porträtiert. Das Gedicht ist ein fingierter Trostbrief an einen Freund in einer tatsächlich misslichen Lage: Dieser wird von seiner Frau betrogen. Der betrogene Freund solle sein Schicksal preisen, meint der Ehemann der berühmten Frau, denn immerhin betrügt seine Frau ihn nur mit einem, hängt an ihrem Status als Ehefrau und trägt seinen Namen, kurz, sie bleibt ganz Frau. Dagegen malt der Ehemann der Berühmten die Hölle, in der er lebt, in drastischen Farben aus: »Mein Weib gehört dem ganzen menschlichen Geschlechte.« »Ein Leipziger … bietet Gegenden dem Publikum zum Kauf, wovon ich billig doch allein nur sprechen sollte«, klagt der von der ganzen Welt Betrogene: »Hier darf ihr – wird dein Hausfreund soviel wagen? – der dümmste Fant, der ärmste Wicht, wie sehr er sie bewundre, sagen; und darfs vor meinem Angesicht! ... Daß diesen Brillant von einer Frau ein solcher Pavian davongetragen!« Aber damit nicht genug: Indem sie sich einen Namen macht, bringt sie ihn um den seinen; ihn kenne »man nur als Ninons Mann«. Als »Zwitter zwischen Mann und Weib, gleich ungeschickt zum Herrschen und zum Lieben«, vereint sie einen »starken Geist« und einen »zarten Leib« und gibt ein groteskes Zerrbild von Weiblichkeit, ohne deswegen an das männliche Geschlecht herankommen zu können. »Um kümmerlich dem stärkern nachzukriechen«, ist sie »dem schöneren Geschlecht entflohn«.[8]

Schiller steht mit seiner Polemik nicht allein da. Er folgt Rousseau, der den Frauen alles Genie qua Geschlecht absprach; Ausnahmen wie Sappho bestätigen die Regel. Schöngeistige Frauen – heute würde man sagen, Intellektuelle – hielt Rousseau für den Anfang vom Ende: »Mir wäre ein einfaches und grobschlächtig erzogenes Mädchen hundertmal lieber als ein Blaustrumpf und Schöngeist, der in meinem Haus einen literarischen Gerichtshof einrichtet und sich zur Präsidentin macht. Ein Schöngeist ist eine Geißel für ihren Ehemann, ihre Kinder, ihre Freunde, ihre Diener, für alle Welt. Von der Höhe ihres Genies aus verachtet sie alle ihre fraulichen Pflichten.« Gäbe es nur vernünftige Männer auf dieser Welt, bliebe »eine gebildete Jungfer ihr ganzes Leben lang Jungfer«.[9] Ruhm oder Mann, lautet bei Rousseau wie bei Schiller die Alternative.

Die durch ihre Autorschaft an die Öffentlichkeit tretenden Frauen werden zu Huren erklärt. Sie haben die ihnen zugedachte Sphäre des privaten Hauses verlassen. Aber diese Frauen treten nicht nur an die Öffentlichkeit, sondern holen diese auch in ihr Haus hinein; sie machen sich zu öffentlichen Frauen und ihr Heim zu einem öffentlichen Haus, zu einem Bordell. Schriftstellerinnen schmücken sich zudem mit fremden Federn, denn ihr Talent geht auf das Konto eines für sie schreibenden Liebhabers, meint Rousseau. Öffentlichkeit, Veröffentlichung und Promiskuität, das Öffnen des intimen Raumes der Familie durch Ehrgeiz und Eitelkeit kennzeichnet die Schriftstellerin, während die beste Frau die ist, von der man nicht spricht, die, wie Rousseau betont, als »richtige Familienmutter ... in ihrem Heim kaum weniger eingeschlossen als eine Nonne in ihrem Kloster lebe«. Ihr Gegenbild ist die Schriftstellerin, deren Namen in aller Munde ist. An diesen Topos knüpft Schiller an.[10]

Den Gegensatz von männlich und weiblich modelliert Rousseau nach dem Gegensatz von erhaben und schön. Der Mann denkt und dichtet »im unendlichen Kreis«, »klimmt zum Ideal«, erstreitet sich ruhelos zerrissen grenzensprengendes Wissen. Schillers würdige Frauen hingegen »flechten und weben/Himmlische Rosen ins irdische Leben«. Sie, »mit schamhafter Sitte/Treue Töchter der frommen Natur« geblieben, leben »zufrieden mit stillerem Ruhme« im Augenblick. Eine wirkliche Frau hütet die Grenzen, die der Mann stürmisch und drängend überschreitet. Ihre bezwingende Gewalt findet sie nicht als Frau, sondern als Engel und Kind.[11]

Die berühmte Frau hingegen, weder Engel noch Kind, scheitert als Geliebte und als Mutter. Sie liebt monströs nur ihren Ruhm und darin nur sich selbst. Im Spiegel sieht sie nicht mehr ihre kokett auf den Mann gerichteten, liebevoll tändelnden Reize. Sie interessiert sich mehr für Rezensionen als für ihre Kinder, die sie schreien lässt, bis sie die Zeitungen verschlungen hat. Um in Karlsbad für ein paar Tage promiskuitiv-intellektuelle, jedenfalls nicht auf den Kreis der Familie beschränkte Freuden zu genießen, lässt sie dem Mann schnöde »sieben Waisen« zurück.[12]

In der Diffamation der erfolgreichen Schriftstellerin als unliebenswürdiger Ehefrau und grob vernachlässigender Mutter, als eines Geschlechtszwitters und einer Hure artikuliert sich die Konkurrenzangst des männlichen Schriftstellers. Hinter dieser Konkurrenzangst verbirgt sich Angst um die eigene Männlichkeit. Dass diese heutzutage nicht mehr so krude formuliert zutage tritt, heißt nicht, dass sie verschwunden ist. Angst um Geschlechtsidentität, die an beruflicher Identität hängt, hatten aber nicht nur die Männer, sondern auch die Frauen. Die Schriftstellerinnen selbst hatten das Gefühl, Grenzen zu überschreiten, und entwarfen eine Vielzahl von Strategien, sich ihrer Weiblichkeit zu versichern. Ihre wohlmeinenden Leser und Leserinnen unterstützten sie in diesem Bemühen.

Dass das Problem nach wie vor virulent ist, lässt sich besonders eindrücklich an einem Stück Rezeptionsgeschichte von George Sand zeigen. In einem italienischen Comic, geschrieben für kleine Mädchen, ersteht die berühmt-berüchtigte Autorin als Rollenvorbild auf.[13] Sand wird dort zum Inbegriff der liebenden Mutter. Sie wird als entschiedene Vertreterin des Wertes »Familie« dargestellt. Ihr Genie steht ausschließlich im Dienst der Sorge für die Ihren. Auch große Frauen sind keine Ausnahme, als Mütter und Geliebte sind sie Frauen wie du und ich – das ist die »emanzipierte« Botschaft, die hier kleinen Mädchen vermittelt wird.

George Sand ist sicherlich das extremste und ungeeignetste Beispiel, das man sich zur Illustration des Wertes Familie vorstellen kann. Noch der deutschen Frauenbewegung nach dem Ersten Weltkrieg galt eine emanzipierte Frau wie Sand als Zwitterwesen, als der Liebe frei huldigendes Mannweib. Sand sprengte sämtliche Grenzen, die im neunzehnten Jahrhundert Weiblichkeit bestimmten. Sie schrieb unter männlichem Pseudonym. Sie war zu ihren Lebzeiten einer der meistgelesenen Autoren, trug Männerkleider, rauchte Zigarren und hatte Verhältnisse, und das in einer Zeit, in der das Veröffentlichen von Frauen latent mit Prostitution gleichgesetzt und erotische Freizügigkeit von Frauen nicht geduldet wurde; Gustave Flaubert etwa wurde der Prozess gemacht, weil er mit der Ehebrecherin Bovary nicht hart genug ins Gericht ging.

In dem erwähnten Comic tritt Sand nicht als skandalumwitterte Erfolgsschriftstellerin, Transvestitin, Frau mit öffentlichen Affären in Erscheinung, die Schriftstellerin wird, weil sie leidenschaftlich gerne schreibt und etwas zu sagen hat, sondern weil sie Geld braucht, um ihre kleine Tochter aufzuziehen. Ihr wird ein adeliger dekadenter Ehemann zur Seite gestellt, der trunk- und spielsüchtig, zudem noch grausam gleichgültig ihr gesamtes Vermögen verschleudert und sie so zur Berufstätigkeit zwingt. Nur knapp kann sie ihm mit ihrer Tochter entrinnen. Ihre Autorschaft wird durch den Ausfall des Ernährers und ihren Mutter- und Sorgeinstinkt begründet. Das Tragen von Männerkleidern hat in dieser Perspektive rein praktische Gründe: Sie sind wärmer, billiger und bewegungsfreundlicher. Im Männerzirkel, zu dem sie als einzige Frau zugelassen war, bewährt sie sich als hilfsbereiter Kamerad. Und in ihren Liebesaffären wird ihr die Rolle des frommen Samariters und der für ihre Liebe alles opfernden Frau zugewiesen. Ihr öffentliches Leben dient in dieser Darstellung nur den privaten Anforderungen ihres Frau- und Mutterseins. Mit einem Wort, sie repräsentiert vorbildliche Weiblichkeit.

Trotz aller vermeintlichen Fortschrittlichkeit ist die weibliche Karriere, deren Problematik sich seit der Moderne am Beispiel der schreibenden Frau artikuliert, heutzutage noch bei Männern und Frauen angstbesetzt. Deswegen sind alle so beruhigt wie begeistert, wenn eine Autorin trotzdem ganz Frau, nichts als gute Ehefrau und gute Mutter ist und auch nichts anderes sein will, *auctoritas* also ständig dementiert. Die so genannte Frauenliteratur ist die institutionalisierte Sparte, in der die Angst, nicht ganz Frau zu sein, beruhigt und trotzdem das Begehren befriedigt wird, als Frau etwas mehr sein zu können.

Die Autorin Hera Lind füttert diese Sparte vorbildlich. Mit ihren in Deutschland verkauften sechs Millionen Büchern ist sie »Königin des Marktsegments Frauenliteratur«; damit einher geht eine beachtliche Medienpräsenz. Diesen Erfolg beschert ihr eine von ihr glänzend verkörperte Figur, die nämlich der ganz normalen Frau, mit der man Kochrezepte austauschen, stundenlang über Balkonpflanzen und Kindererziehung reden kann, eine Frau, die so emanzipiert ist, dass sie das nicht bei jeder Gelegenheit unter Beweis zu stellen braucht. Hera Lind schreibt nicht im Namen ihres Vaters oder eines Ehemanns, sondern firmiert als Hera, Göttin der Ehe, Gattin und Schwester des Zeus und Göttermutter, deren mythisch beglaubigte Streitbarkeit durch den Nachnamen Lind sanft gemildert ist.

Franziska, die Heldin ihres Romans *Das Superweib*,[14] ist eine Frau mit zwei Kindern, deren Mann durch ewige Abwesenheit glänzt. Durch das Aufschreiben ihrer Ehegeschichte für ihren Scheidungsanwalt wird sie über Nacht zur Erfolgsautorin. Superweib ist sie darum, weil sie Bücherschreiben und Kinderhaben fast mühelos vereinen kann, immer gute Laune hat und nebenher – das wissen zwar nicht ihre Leserinnen im Buch, die ihr den Titel Superweib verleihen, dafür aber die Leser des tatsächlichen Buchs –, völlig befreit, jede Menge problemlosen *Brigitte*-Sex hat, wie die *taz* bösartig schrieb.[15]

Das Superweib kann als Handbuch zum weiblichen Schreiben gelesen werden. Es erzählt von der Karriere eines Buches und dem Aufstieg einer Mutter zur Erfolgsautorin. Linds Autorinnenfigur verdankt ihren Erfolg dem Faktum, dass sie wie Lind selbst Autorschaft nie in Anspruch nimmt, sondern ständig dementiert. Für Franziska sind Mutterschaft und Ehe selbstverständlich zentral, wodurch ihr Buch ganz unanstößig bestsellerverdächtig wird. Sie bleibt gerade als Superweib eine ganz normale Frau, und das, obwohl sie schreibt, oder besser, weil sie so schreibt, wie sie schreibt.

Das Superweib kommt zum Schreiben nicht durch Vorsatz und Ehrgeiz, sondern durch die praktische Notwendigkeit ihrer Scheidung. Was sie schreibt, ist eine Geschichte, wie sie nur das Leben schreiben kann, ihre Geschichte als Ehefrau und Mutter, die ganz ohne Anstrengung und stilistischen Ehrgeiz vom Herzen direkt in die Feder fließt, abends neben zwei schlafenden Kleinkindern am Küchentisch. Schreiben ist für sie keine Arbeit; sie schreibt nur zum Spaß. Sie hat keinen literarischen Text verfasst, der für die Augen der Öffentlichkeit bestimmt ist. Nicht sie, sondern ihre erste Leserin, begeistert von ihren schriftstellerischen Fähigkeiten, bietet das Manuskript heimlich einem Verlag an.

An ihrem Schreiben hat sie nicht gearbeitet; es ist so natürlich wie spontan. Ihre Tinte fließt so abundant wie ihre Muttermilch. Ihren Erfolg hat sie nicht geplant; er fiel ihr über Nacht als Bestseller in den Schoß und mit ihm Liebesgeschichten. Nichts von dem, was Franziska erreicht, hat sie wirklich gewollt; an nichts hat sie zielstrebig gearbeitet. Es hat sich alles einfach so ergeben. Franziska ist im strengen Sinne keine Karrierefrau.

Der Mann wird zum Schriftsteller, indem er sich die vermeintliche Natürlichkeit weiblichen Schreibens aneignet, und in dieser Aneignung Natur in Kultur verwandelt, die umso künstlicher ist, je natürlicher sie erscheint. Das ist ein Gemeinplatz. Lind renaturalisiert diesen Topos. Für Franziska ist Schreiben keine Kulturleistung, keine mühsame Arbeit, sondern sie folgt darin der eigenen Natur. Das Geheimnis ihres Erfolgs als Schriftstellerin liegt darin, Autorität und Autorschaft erst gar nicht in Anspruch zu nehmen; der Erfolg verdankt sich einer ständigen Leugnung.

Frauen, deren Karriere nicht von in Mütterlichkeit gründender Natürlichkeit getragen ist, Frauen also, die eine Karriere haben, die mit Kindern nichts zu tun hat, treten in ihren Romanen als »unnatürliche« Frauen auf. Sie sind gestylt. Die Frauentypen, von denen Franziska sich in perfekter Entsprechung des bürgerlichen Rollenklischees absetzt, sind gestylte Antimütter mit Kind. Sie geben ihr Geld für eine mühsam aufgerichtete, an allen Ecken bröckelnde Fassade aus. Sie lachen nicht. Ihre Äußerlichkeit geht ihnen über den Spaß ihrer Kinder. Und so bröckelig wie ihre Fassade ist auch ihre aufgesetzte Intellektualität. Sie haben Beruf und Berufung der Frau verfehlt und kommen zu weniger Liebe und weniger Anerkennung. Hera Linds Erfolg liegt darin, die Figur der Schriftstellerin in ein modernisiertes Rollenklischee zu pressen und ihr dadurch alles Bedrohliche zu nehmen. Ihre Autorschaft gerät mit ihrer Berufung zur Ehefrau und Mutter nicht ins Gehege, da sie diese als höchste und einzig erfolgversprechende Erfüllung von Weiblichkeit predigt. *Gender anxiety* ist gebannt, sowohl für Männer als vor allem auch für Frauen.

Teil II

Historische Epochen der Mutter

Epoche 1: Die reformierte Mutter (Luther)

Humanismus und Reformation führten zu einer Revolution der Familie, die uns so vertraut vorkommt, weil sie bis in unsere Tage wirksam ist. Das Umwälzende dieser Reform zeigt sich dem distanzierten Betrachter vielleicht noch deutlicher. Jules Michelet, der französische Historiker des neunzehnten Jahrhunderts, sah in der grundlegenden Reform der Familie, des schlechthin Unreformierbaren, Martin Luthers größtes Verdienst.[1] Für Michelet waren die Abschaffung des Zölibats und die Aufhebung des Gelübdes der Keuschheit das Herzstück der Reformation; sie waren die Bedingung für die Erschaffung der »wahren und natürlichen Familie«. Außerhalb der Ehe gab es nach der Reformation kein Heil mehr. Alle Männer sollten hinfort Ehemänner und Väter, alle Frauen Ehefrauen und Mütter werden. Die Mutter, die im patriarchalischen Haushalt zu Dienst und Opfer bereit ist und im Pflegen und Erziehen der Kinder ihre wichtigste Aufgabe erkennt, ist eine Schöpfung des protestantischen Europas, die bald auf das gesamte Europa ausstrahlte. Das Bild der guten Mutter ist uns heute so vertraut, dass wir die Neuheit dieser Schöpfung nicht mehr ermessen können. Die gute Mutter, die ursprünglich ein Produkt religiöser Unterweisung war, überlebte die Säkularisierung und passte sich neuen Zeiten und Umständen an.

Verallgemeinernd gesprochen, stand im Christentum bis zur Reformation die geistliche über der physischen Mutterschaft, Jungfräulichkeit und Unverheiratetsein über Heirat und Fortpflanzung. Geistliche Mütterlichkeit war für Frauen wie für Männer die höchste christliche Tugend; sie war vollkommene Caritas. Ihr Fundament war ein keusches Leben. Die frühchristlichen asketischen Bewegungen, die grundlegend für die Institution der Klöster wurden, ersetzten Blutsbande durch geistige Bande. Sie veränderten und erweiterten die Rolle der Gattin und Mutter radikal. Mit allen rechtlichen und ökonomischen Implikationen wurden asketisch lebende Frauen zu jungfräulichen Bräuten Christi, zu jungfräulichen Müttern. Die Vermählung mit Christus in der Zeremonie der Gelübdeablegung ist also mehr als eine bloße Metapher. Durch diesen Akt wurde ein Raum geschaffen, der der Autorität des *pater familias* entzogen war. Durch die »Familien in Christus« erschuf das frühe Christentum eine alternative Familienstruktur zur patriarchalischen Familie.

Männer und Frauen gründeten Gemeinschaften, in denen sie als Schwestern und Brüder, Mütter und Väter in Christo asketisch zusammen lebten. Zwischenmenschlichen Bindungen und menschlicher Sexualität enthoben, waren sie »weder männlich noch weiblich« und wurden zu geistigen Müttern der Menschen.[2] Geistige Verwandtschaft trat an die Stelle von Blutsverwandtschaft. Familienbande und Besitz galten als der Inbegriff dessen, was an diese Welt fesselt und von der Hingabe an die jenseitige Welt ablenkt; gegen die Weltzugewandtheit der Familie profilierten sich die weltabgewandten klösterlichen Gemeinschaften, die Blutsbande und Reichtum hinter sich ließen. Gottesdienst, gegründet in Liebe als Nächstenliebe, war wichtiger als der Dienst an der natürlichen Familie, der in Unkeuschheit verfangen war. Die, die keusch blieben, löschten den Tod aus, statt ihn fortzupflanzen, und unterbrachen den Kreislauf von Erbsünde und Tod, schrieb der Kirchenvater Gregorius von Nyssa in seinem Traktat *Über die Jungfräulichkeit.*[3]

Die physische Mutterschaft, Manifestation der Erbsünde, galt als verführerisch süße, aber auch als leidvolle und manchmal abstoßende Last. Ein Kind geboren zu haben, das jungfräulich blieb und so den Tod nicht fortzeugte, war Krönung des sorgenvollen Lebens der Mutter, Belohnung für Schwangerschaft, Stillen, das Waschen der Windeln, das tage- und nächtelange Sitzen am Krankenbett der Kinder. Der Triumph ihres Kindes über das Fleisch, über die Erbsünde und den Tod, entschädigte für ihre irdische Mühsal. Geistliche Mütterlichkeit des Kindes war höchste Belohnung für die physische Mutter.

Einige ausersehene leibliche Mütter konnten geistliche Mütter sogar an den eigenen Kindern werden, indem sie die irdische Liebe zu ihnen läuterten und in reine Nächstenliebe verwandelten. Das Kind um des Kindes willen, in ihm das eigene Fleisch und Blut zu lieben, wurde als Schwäche gesehen. Das früheste und berühmteste Beispiel für das Zusammenfallen von physischer und geistlicher Mutterschaft ist Monika, die Mutter des Augustinus. Durch ihre täglich um ihn vergossenen Tränen errettete sie seine Seele. Auch sie hing in irdischer Liebe zu sehr an ihrem Sohn; als Augustinus von Karthago nach Rom reisen und sie verlassen wollte, stellte sie sich ihm in leidenschaftlicher Klage in den Weg. Fassungslos vor Schmerz blieb sie, von ihrem Sohn getäuscht, allein zurück. Ihr Schmerz sei eine gerechte Strafe Gottes, befand der Sohn: »Der Mutter aus Fleisch und Blut geborenes Verlangen nahmst Du in die gerechte Zucht ihres geißelnden Schmerzes.« Monika läuterte ihre Liebe zum eigenen Fleisch und Blut, dem Inbegriff alles Irdischen, und konnte so ihren Sohn auch geistig gebären. Die geistige Geburt erwies sich als schmerzens- und tränenreicher als die natürliche Geburt: »Ich kann es ja mit Worten gar nicht sagen, wie viel an Liebesgedanken sie trug für mich, wie viel mehr sie banget in ihren Wehen, daß ich im Geiste geboren würde, als einst, da sie mich im Fleische gebar.« Augustinus wurde von seiner Mutter als Sohn ihrer Tränen zweifach geboren, denn sie hatte ihn »auch im Fleische getragen ..., damit ich diesem zeitlichen Licht, und im Herzen, damit ich dem ewigen geboren würde«.[4] Diese doppelte Mutterschaft, die zu einer der wohl spektakulärsten und literarisch fruchtbarsten Konversionen des Christentums führte und einen Kirchenvater hervorbrachte, war außerordentlich. Groß ist Monika nicht durch die fleischliche Geburt zum zeitlichen, sondern durch die Herzensgeburt ihres Sohnes zum ewigen Licht. Sie verwandelte fleischliche Familienbande in Seelenbande, die wiederum zur Unterstreichung ihrer Intensität in der Metapher der fleischlichen Bande gefasst sind.

Geistliche Mütterlichkeit wird in den sinnlichen Bildern physischer Mutterschaft geschildert; Gebären und Stillen beschreiben geistliche Beziehungen. Die Mutter und ihre Beziehung zum Kleinkind wurde im Hochmittelalter eine Hintergrundmetapher für die Liebe zwischen Gott und den Menschen; in diesem Sinne war das Christentum eine mütterlich geprägte Religion. Maria ist der Inbegriff des Zusammenfallens von geistlicher und physischer Mütterlichkeit. Zeichen für die Verbundenheit Gottes mit den Menschen ist die Fleischwerdung Christi in Marias Schoß und das Trinken an ihrer Brust. Schoß und Brust der menschlichen Maria garantieren das Menschsein ihres göttlichen Kindes, das Menschsein Christi. Sie sind Zeichen für die Verbundenheit zwischen Gott und den Menschen.

Marias Brüste haben eine übertragene Bedeutung: Ihre Milch wird zur Metapher für göttliche Verheißung. An ihren Brüsten trinkt man das Heil. Die Mutter Kirche ist eine Figur Mariens; die Brüste der Kirche sind die beiden Testamente, aus denen die »Milch mystischer Einsicht« gesogen werden kann. Bernhard von Clairvaux' Auslegung des Hohen Liedes führte die Muttermetaphorik auf einen Höhepunkt. Der Bräutigam hat Brüste, aus denen die Braut einen reichen Strom der Güte empfängt. Die Braut ist die menschliche Seele, und Christus ist der Bräutigam, der sie durch einen Kuss schwängert. Das Geschenk der Gottesliebe wird mit dem Einschießen der Milch verglichen.[5] In geistlicher Mütterlichkeit überbietet Jesus selbst physische Mütterlichkeit. Zum Leid und zum Tode kommt man durch die Mütter in die Welt; durch Christus, wahre Mutter, wird man zur Freude und zum ewigen Leben geboren. Während uns die leibliche Mutter nur durch ihre Milch nähren kann, nährt uns Christus durch sich selbst, schreibt die englische Mystikerin Juliane von Norwich.[6] Gebiert die Mutter uns aus der Gebärmutter, dann Christus aus seiner Herzwunde. In der mystischen Frömmigkeit ist er Mutter, deren »Brüste süßer sind als Wein«.[7]

Im mittelalterlichen Klosterleben konnten weibliches Geschlecht und Mutterwerden spiritualisiert werden. Als Bräute Christi liebten die Jungfrauen Gottes Christus in mystischer Hochzeit und stillten die Menschheit mystisch. Die hocherotische, leidenschaftliche Sprache dieser Frömmigkeit, in der die Nonnen sich als Geliebte des Herrn oder in der Nachfolge marianischer Mutterschaft sahen, belegt, dass es sich in der klösterlichen Askese weniger um einen Ausschluss von Sexualität als um eine Übersteigung handelte. Die sich in Askese von der Welt abwendenden Männer und Frauen überstiegen ihre biologische Geschlechtlichkeit; sie waren jenseits von Geschlechtlichkeit, meistens Mütter oder Kinder. Die asketisch lebenden Frauen konnten gelehrt, redegewandt und sogar mächtig sein. Weil sie nicht ganz von dieser Welt waren, spielten sie in ihr eine besondere, nicht zu unterschätzende Rolle. Im Hochmittelalter schloss sich durch den Marienkult der Franziskaner und durch die Verehrung heiliger Mütter wie Brigitta von Schweden und Elisabeth von Thüringen die Kluft zwischen physischer und geistlicher Mutterschaft; das eine schloss das andere wie schon im Fall der spätantiken Monika nicht mehr aus. Frauen, die physisch Mütter geworden waren, konnten durch keusches Leben auch geistliche Mütter werden.

Humanismus und Reformation machten die patriarchalische Familie zur einzig möglichen Lebensform. Aber sie griffen nicht das vorchristliche antike Modell wieder auf. Die neue patriarchalische Familie entstand durch eine Projektion der geistlichen Familie auf die natürliche Familie. Nicht mehr Kirche und Kloster, sondern die Familie stand fortan als Heiligtum gegen die Welt. Diese Verlagerung ging Hand in Hand mit einem Zurücktreten des Sakralen und Eschatologischen in der Religion zugunsten der Moral. Entscheidender Motor war die Heiligung der Ehe und die Aufwertung physischer Mutterschaft. Erasmus von Rotterdam stellte die physische Mütterlichkeit in seinem Gespräch »Die neue Mutter«[8] über die geistliche. Er tat es durch die Übertragung einer Übertragung, durch die Anwendung der Metaphern geistlicher Mütterlichkeit nun wiederum auf physische Mütterlichkeit. Wie alle Humanisten und Reformatoren, deren Hauptangriffspunkt die klösterlichen Gelübde waren, favorisierte Erasmus das Leben in der Welt gegenüber der Entsagung des Klosters. Die Ablehnung der geistlichen Familien war die Kehrseite der Aufwertung physischer Mutterschaft. Die reformierte Mutter ist im Wesentlichen einer Reliteralisierung der Metaphern spiritueller Mutterschaft zu verdanken.

Erasmus' »Neue Mutter«, ein Zwiegespräch zwischen Fabulla, einer siebzehnjährigen Frau, die gerade einen Sohn geboren hat, und Eutrapelus, einem Freund des Hauses, ist eines der ausführlichsten zeitgenössischen Traktate zur Propagierung des Stillens durch die leibliche Mutter in Anlehnung an Plutarchs Erziehungsbücher. Wichtig ist hier, wie die antiken Quellen zitiert werden. Die alten Argumente werden neu aufgeladen; dem leiblichen Stillen wächst die Bedeutung des geistlichen Stillens zu. Als ein nüchterner Versuch, die junge Mutter tatsächlich zum Stillen zu überreden, ist der Traktat des Erasmus sicherlich nicht zu lesen. Da die Milch bereits nach einigen Tagen versiegt, wenn das Kind nicht gestillt wird, dürfte es dazu zum Zeitpunkt des Gesprächs, das vier Wochen nach der Geburt stattfindet, zu spät gewesen sein.

Das Gespräch kreist zunächst um die Gleichwertigkeit von Frauen und Männern. Hier ist Fabulla an Witz deutlich überlegen. Sie verliert schlagartig an Terrain, als sich herausstellt, dass sie ihr Kind nicht stillt, sondern eine Amme im Haus hat. Wegen ihrer großen Jugend und wohl auch, um ihre Schönheit nicht vor den Jahren altern zu lassen, soll sie nach dem Willen ihres Ehemannes von dieser aufreibenden und mühsamen Aufgabe entlastet werden. Eutrapelus gewinnt Überlegenheit, indem er sie über ihre Mutterpflichten aufklärt, zu der er sie und ihre Umgebung bekehren will. Dem Mann kommt Autorität zu, indem er die Pflichten einer Mutter verkündet.

Mutter wird man nicht durch die bloße Geburt des Kindes. Erst durch das Stillen wird die Mutter ganz Mutter, meint Eutrapelus. Erst dadurch wird physische Mutterschaft zu geistlicher. Die Figur der »neuen Mutter« hatte die spirituelle Mutter zum Vorbild, die ihre Kinder stillte, ihnen die rettende, geistliche Nahrung einflößte und sie so zum ewigen Licht gebar. Das Heil des Kindes, argumentiert Eutrapelus in Umkehrung dieser Metapher, hängt an der Sorge der Mutter für sein leibliches Wohl. Deshalb ist es unabdingbar, dass die Mutter die gesamte Frühkindversorgung übernimmt und nicht in fremde, käufliche Hände gibt. Nur eine Mutter kann durch ihr natürliches Muttergefühl die Sorgen und Mühen der frühen Kindheit in Geduld ertragen. Der ehemalige Mönch Erasmus zitierte den in klösterlicher Tradition entwickelten Topos der Mühe und oft abstoßenden Sorge für das Kleinkind, um eine andere Botschaft zu verkünden; für Hieronymus etwa, tausend Jahre vorher, waren die Mühen der Mutterschaft eine Pflege des Leibes, die im glücklichsten Falle darin gipfelte, dass das Kind später in klösterlicher Askese keine weiteren Leiber für das irdische Leben fortzeugte. Bei Erasmus wurde die Pflege des Körpers zur Pflege der Seele; sie bekam eine spirituelle Bedeutung. Dem Seelenheil ihres Kindes war die leibliche Mutter verpflichtet; diese Aufgabe konnte nicht an Ammen und Kinderfrauen delegiert werden. Physische Mutterschaft wurde für die seelische Entwicklung des Kindes unabdingbar. Mutterschaft wurde damit zur »natürlichen« Bestimmung und Berufung jeder Frau, auch oder gerade der gebildeten und tugendhaften Frauen. Indem eine Frau die Aufgaben physischer Mutterschaft auf sich nahm, wurde sie auch geistliche Mutter; indem sie für den Körper des Kindes sorgte, arbeitete sie an seinem Seelenheil. Indem sie ganz Mutter wurde, war sie weniger Frau.

Die Reformation machte die Verwandlung von Blutsbanden in seelische Bande, wie sie die klösterlichen Gemeinschaften auszeichneten, rückgängig. Sie löste die Verbindung von Keuschheit und Heiligkeit auf. Die Keuschheit sollte keine besondere Beziehung mehr zu Gott garantieren; Priester, Nonnen und Heilige sollten nicht mehr zwischen Gott und den Menschen vermitteln. Jeder konnte Gott gleich dienen – so scheint es auf den ersten Blick. Die Auflösung dieser Verbindung hatte jedoch geschlechtsspezifische Folgen.

An *einem* kirchlichen Amt hielt die Reformation fest: dem Amt dessen, der berufen ist, das Wort Gottes zu verkünden. Diese Mittlerrolle durch Interpretation der göttlichen Wahrheit hing nicht mehr an der Frömmigkeit des Einzelnen, sondern wurde an das biologische Geschlecht gekoppelt. Nicht mehr Männer und Frauen, sondern nur noch Männer konnten einen privilegierten Zugang zur göttlichen Wahrheit erlangen. Die Frauen wurden in diesem Prozess geistlos auf ihr biologisches Geschlecht reduziert und im günstigsten Falle ganz Leib. Die Reformatoren gestanden ihnen keinerlei Geistlichkeit zu. Frauen waren so schwach im Fleisch, dass sie nicht keusch sein konnten, sondern sexuell unbefriedigt ständig in fleischlicher Lust brannten. Das Geschlecht stieg ihnen zu Kopf. Das Kloster verwandelte sich in der protestantischen Propaganda von einem Ort, an dem keusche Bräute Christi in Gottesliebe zusammen lebten, zu einem Ort überhitzter, weil unbefriedigter Sexualität, die ständig an den Frauen zehrte. Das klösterliche Leben wurde zum Inbegriff der Perversionen und gefährdete die gesellschaftliche Ordnung. Alle weibliche Frömmigkeit geriet in den Verdacht, von geschlechtlicher Lust verunreinigt zu sein. Den Schlingen des Teufels konnte die Frau nur widerstehen, wenn ihre natürliche Geilheit in der Ehe gedämpft und in gute Leiblichkeit transformiert wurde. So hatte Luther auch nichts Eiligeres zu tun, als für die Nonnen, die die Klöster in den ersten Jahren der Reformation verließen, Ehemänner zu finden. Offensichtlich werden aber die Männer von ihrer fleischlichen Lust nicht so bedrängt wie die Frauen, denn Luther sah die Verheiratung der aus dem Kloster ausgetretenen Mönche nicht als unmittelbare Notwendigkeit.

Die Sexualität der Frau konnte nicht vergeistigt werden. Dem Phantasma der unersättlichen, von ihrer fleischlichen Lust ausgezehrten Frau wurde das der sorgenden, nährenden Mutter gegenübergestellt. Nur indem man die Frau zur Ehefrau und Mutter machte, konnte man ihrer Lust Herr werden; dann wusch sie nämlich täglich die Windeln ihrer Kinder, fütterte sie mit Brei und bereitete ihrem Mann das Essen. Nicht als Braut Christi und geistliche Mutter, sondern als Ehefrau und physische Mutter konnte die Frau ihre Fleischlichkeit im Zaum halten und das Himmelreich erlangen. Ein Mann war zu ihrem Heil notwendig. Eine direkte Beziehung zwischen Frau und Gott, wie sie sich in der Heiligen repräsentiert, gab es im frühen Protestantismus nicht mehr; der Mittler jeder Frau zu Gott war jetzt ihr Ehemann.

Das heterosexuell aktive Paar wurde als einzige natürliche Lebensform zur Norm; alles andere war mehr oder weniger implizit pervers. In der Ehe mischte sich die gefallene Natur des Menschen mit der durch Christus erlösten. Folgen des Sündenfalls waren die Unterordnung der Ehefrau unter den Ehemann und ihr Gebären in Schmerzen. Geschlechtsrolle und Geschlecht hatten unerbittlich zusammenzufallen. Es gibt keine protestantische Spiritualität, in der Jesus etwa stillende Mutter oder die männliche Seele Braut Christi wäre. Geschlecht sollte von nun an zu einer bitterernsten, durch und durch biologischen Angelegenheit werden. Der mit dem Tod und dem Makel der Erbsünde belegte Sex sollte in der Ehe durch Fruchtbarkeit geheiligt werden; der über die Geschlechtlichkeit hinausweisende Eros hatte ausgedient. Damit wurde gleichzeitig die Geschlechterhierarchie auf allen gesellschaftlichen Ebenen durchgesetzt. Die Gleichheit, die Mönche und Nonnen jenseits von biologischer Geschlechtlichkeit auszeichnete, verlor ihre Gültigkeit. Unermüdlich insistierte Luther darauf, dass von jetzt ab Frauen Frauen, Männer Männer und als solche heterosexuell aktiv und hierarchisch organisiert zu sein haben. Den Makel der Erbsünde haben alle Menschen zu tragen; bloß sind die Konsequenzen für die Frauen wegen Evas prominenter Rolle andere als für die Männer.

Der neue Klerus lebte folglich in Verkehrung der mittelalterlichen Werte und der seit dem vierten Jahrhundert gewachsenen, asketisch mönchischen Tradition nicht mehr zölibatär, sondern war ein Klerus von Ehemännern und leidenschaftlichen Familienvätern. Ihre Häuslichkeit verstand dieser Klerus als Erfüllung des göttlichen Willens. Ehe und das Erziehen von Kindern und damit nicht mehr übernatürliche, sondern höchst natürliche Familienbande wurden zum neuen Vorbild gottgewollten Zusammenlebens. Luther, ein entlaufener Mönch, gründete mit Katharina von Bora, einer ehemaligen Nonne, den Prototyp des protestantischen Pfarrhauses. Katharina von Bora, zuerst Braut Christi und dann Ehefrau und Mutter, verkörpert den radikalen Wandel des weiblichen Ideals gottgefälligen Lebens. Denn nicht Keuschheit, sondern Kinderzeugung erfüllte dieser Reformation zufolge den göttlichen Plan. Fortpflanzung galt Luther als schöne Musik der Natur, Kindererziehung als gottgefälligstes Handeln überhaupt.

Mit der Polarisierung der Geschlechter wurden auch alle gleichgeschlechtlichen Beziehungen und alle Gemeinschaftsformen, die nicht der Fortpflanzung innerhalb der patriarchalischen Familie dienten, suspekt; sie entsprachen auf einmal nicht mehr der natürlichen göttlichen Ordnung. Keusches Leben führte zu »stummen Sünden und Hurerei«.[9] Die Familien in Christus wurden dem Verdacht der Perversion ausgesetzt. Davon waren vor allem Gemeinschaften von Frauen betroffen. Die fruchtbare Ehe avancierte in Absetzung von mittelalterlicher Frömmigkeit zur gottgewollten Lebensform. Es wurde für Frauen nahezu unmöglich, unverheiratet zu sein und als tugendhaft zu gelten.[10]

Der Protestantismus wird im Allgemeinen als Schritt in Richtung Emanzipation der Frau verstanden: Frauen wurden zum Lesenlernen ermutigt und sollten sich von der Vormundschaft der Priester lösen;

Jungfräulichkeit galt nicht mehr als Ideal. Bei genauerem Hinsehen ist diese Annahme kaum zu halten. Andere Lebensformen als die der Ehe wurden verdammt; so wurde zwar der Lebensentwurf der Mehrheit geadelt, aber Ausnahmefrauen abgeschafft. Höchste Erwähltheit und eigentliche Berufung der Frau lagen nicht mehr darin, Jungfrau und Märtyrerin, sondern Ehefrau und Mutter zu werden. Würde und Wert der Frau wurden ausschließlich im Hinblick auf die Familie benannt, die zur bestimmenden Grundeinheit der Gesellschaft wurde. Akzeptiert wurde die Frau einzig als Ehefrau und Mutter, die sich dem Ehemann unterordnete. Der Mann war das Haupt des Ehekörpers, die Frau der Leib. Die Unterordnung der Frau unter das Haupt des Haushalts war gleichzeitig Garantie für Recht und Ordnung des politischen Körpers. Das bedeutete eine an das Eheleben gebundene Verabsolutierung der biologischen Geschlechtscharaktere, die von einer nun ausnahmslos für alle geltenden Geschlechterhierarchie nicht zu trennen war.[11] Funktionen, die zuvor auf Priester, Herrscher und Ehemänner verteilt waren, fanden sich in der Person des Ehemanns und Vaters vereinigt, der als Hauspriester für Frau, Kinder und Gesinde auftrat. In ihm verschwamm allmählich die Dreifaltigkeit von Gott, Priester und Herrscher.[12] Kein Beichtvater konnte vor ihm schützen. Der Gottesdienst in der Familie war zwischen den Geschlechtern so aufgeteilt, dass der Frau die Rolle der leiblichen Ernährung und Fürsorge zufiel und dem Mann die geistliche Erziehung durch die Auslegung der Heiligen Schrift.

Luthers intellektueller Horizont, so hat man abfällig befunden, sei kaum über die Familie hinausgegangen. Diese Beschränkung ist weniger eine Schwäche als die entscheidende Stärke des Luthertums, wie schon Michelet erkannte. Sie führte dazu, dass eine fast tausend Jahre lang gewachsene Tradition des klösterlichen Zusammenlebens in »Familien in Christus«, die in äußerster Sinnlichkeit geschlechtliche Beziehungen spiritualisiert hatten, als Perversion gebrandmarkt wurden. Es kam zu einem eindrucksvollen Umbruch in der Gesellschafts- und Geschlechterordnung. Die Beschränkung auf biologische Familienbande und die Belegung aller mit dem Makel der Sexualität hatte aber nicht für beide Geschlechter dieselben Folgen. Mit der Keuschheit als religiösem Ideal und der Möglichkeit zu geistlicher Liebe verschwanden auch die Frauen aus dem öffentlichen Leben. In diesem Sinne war das Luthertum tatsächlich eine »ganz und gar männliche Angelegenheit«.[13] Das konnte man von der vorreformatorischen Kirche trotz des ausschließlich männlichen Klerus nicht sagen.

Mit der Reformation verschwanden große Frauenfiguren aus dem gesellschaftlichen Bilderreservoir. Frauen wie Katharina von Siena, die zu einer der beherrschenden politischen Figuren ihrer Zeit wurde, Theresa von Avila, die Europa intellektuell prägte, oder Äbtissinnen, die innerhalb ihres Klosters eine selbstverständliche Autorität waren, Nonnen, die im geistigen Austausch zu einflussreichen Personen wurden wie Angélique Arnaud in Port-Royal, sucht man in der protestantischen Welt vergeblich; sie waren undenkbar. Unvorstellbar war diesem Denken, dass es für Frauen etwas geben könnte, das ein höheres Gut wäre als die Sorge um die Familie. Bräute Christi wurden verächtlich gemacht; mit ihrem Verschwinden war auch ein weiblicher geistlicher Raum verloren, der der Autorität des Ehemannes entzogen war.

Für Frauen vor der Reformation gab es, waren sie Auserwählte des Herrn, ein höheres Gut als das Familienleben. Familiendienst war nicht die einzige Möglichkeit des weiblichen Gottesdienstes. Konflikte zwischen Heiligkeit und Familie waren an der Tagesordnung. Sie kristallisierten sich häufig an der Figur des Beichtvaters. Die Reformation hat diese Konflikte endgültig zugunsten von Ehemann und Familie entschieden. Die Frau wurde ohne Zuflucht des Beichtvaters ausweglos der Autorität ihres Ehemannes unterstellt. Der Konflikt zwischen einem gottgefälligen Leben und einem Leben für die Familie, der Konflikt zwischen Gott und Ehemann, zwischen Beichtvater und Ehemann kommt in vielen Heiligenviten des Hochmittelalters zum Ausdruck und war in nicht reformierten Ländern wie Frankreich trotz aller Säkularisation bis ins neunzehnte Jahrhundert spürbar. In vielen Fällen entschärfte sich die Lage dadurch, dass der Ehemann früh starb und die Witwe in eine klösterliche Gemeinschaft eintrat. Jeanne Françoise de Chantal etwa gründete nach dem Tod ihres Ehemannes mit ihrem Beichtvater Franz von Sales den Orden der Visitation.

Ein anderes Beispiel ist Elisabeth von Thüringen (1207–1231), Tochter des Königs von Ungarn, die mit Ludwig von Thüringen verheiratet war. Zwar nannten sich Ludwig und Elisabeth Bruder und Schwester, sie gebar ihm aber vier Kinder. Ihrem Beichtvater schwor Elisabeth mit Zustimmung ihres Gemahls »unbedingten geistlichen Gehorsam«.[14] Die Familie ihres Ehemannes warf ihr vor, den Familienreichtum in ihrer maßlosen Wohltätigkeit zu verschleudern. Es bedurfte einiger Wunder, um der Entdeckung ihrer übermenschlichen Barmherzigkeit durch ihren Mann zu entgehen; Fleisch, Eier und Butter, die sie den Hungrigen unter ihrem Mantel vom Burgberg herunterbrachte, verwandelten sich bei einer Kontrolle ihres Mannes in rote und weiße Rosen. Ein Aussätziger, den sie in ihr Ehebett legte, weil sie ihren Mann für die Nacht nicht zurückerwartete, verwandelte sich bei dessen überraschender Heimkehr in ein Kreuz. Bevor es zu weiteren Konflikten kam, starb Ludwig von Thüringen auf einem Kreuzzug und ließ die zwanzigjährige Elisabeth zurück. Sie trat, von seiner Familie mit ihren Kindern verstoßen, in einen Franziskanerorden ein. Ins Gebet vertieft, verbrachte Elisabeth schon während ihrer Ehe die Nächte mit ihrem himmlischen Bräutigam. Gottesliebe ging nicht nur vor der Liebe zum Ehemann, sondern auch vor der Liebe zu den eigenen Kindern. Die Liebe zu ihren Kindern war eines der letzten Hindernisse auf Elisabeths Weg zu Gott: »Damit sich aber ihr Herz ganz nach Gott ausrichte und ihre tiefe Frömmigkeit kein Hindernis mehr finde, bat Elisabeth den Herrn, ihr Verachtung gegenüber allem Zeitlichen einzuflößen, die Liebe zu ihren Kindern aus ihrem Herzen zu reißen und ihr Verachtung und Ausdauer gegen alle Schmach zu schenken. Und nachdem sie ihre Bitte dem Herrn dargebracht hatte, hörte sie, wie er zu ihr sprach. ›Dein Gebet ist erhört worden.‹ Da sprach sie zu ihren Mägden: ›Der Herr hat meine Stimme gehört, denn nun betrachte ich alles Zeitliche wie Mist, und ich kümmere mich um meine Kinder nicht mehr als um die andern Nächsten; Verachtung und Schmach halte ich für nichts, und schon glaube ich nichts anderes mehr zu lieben als Gott.‹« Elisabeth wurde zur Mutter der Armen, die sie mit so viel Liebe und Hingabe und ohne allen Ekel pflegte, wie man noch nicht einmal die eigenen Kinder pflegt.[15]

Besonders eindrücklich stellt sich der Konflikt zwischen natürlicher Familie und Familie in Christi, zwischen Bund der Ehe und dem Bund mit Christus am Beispiel der Dorothea von Montau (1347–1394) dar. Dorothea wurde die Schutzheilige Preußens, wo sich die Zustände aber bald darauf so drastisch ändern sollten, dass kaum jemand mehr ihren Namen kennt. Ich stelle ihr Leben hauptsächlich in Anlehnung an den *Immerwährenden Heiligenkalender* von Albert Christian Sellner dar, der das Leben der Heiligen nicht aus einem religiösen, sondern aus einem ethnologischen Blickwinkel schildern möchte. Ihre dort abgedruckte Vita rückt in den Vordergrund, was für das geistige Leben der Dorothea nur nebensächlich war. Statt die einzelnen Stadien der sich steigernden Gottesliebe und -erkenntnis Dorotheas zu beschreiben, werden der im Stil einer Eifersuchtskomödie geschilderte Konflikt mit dem Ehemann und die Vernachlässigung ihrer ehelichen, hausfraulichen und mütterlichen Pflichten in den Vordergrund gestellt. So eröffnet der Autor weniger einen Blick auf die geschilderte Epoche als einen auf die unsere. Dorothea, suggeriert uns die Vita, sei eine schräge masochistische Schlampe, die exhibitionistisch immer wieder öffentlich für Aufruhr sorgt, anderes im Kopf hat als ihre Kinder und sich in Liebe zu jemand anderem als ihrem Mann verzehrt, für die sie alles vergisst. Zwischen atemloser Ungläubigkeit und leichtem Amüsement schwankend, konstatiert der Autor, dass so jemand als Selige verehrt wurde. Das Licht, in dem hier Dorothea gezeigt wird, führt uns indirekt den grundlegenden Wandel, den die Normen vollkommener Weiblichkeit durchgemacht haben, vor Augen.

Dorothea wurde mit siebzehn Jahren gegen ihren Willen verheiratet, »und ihre Ehe war für sie ein einziges Martyrium. Sie hielt sich in solcher Keuschheit, daß sie dem Geiste nach Jungfrau blieb. Mit Unterstützung des Beichtvaters entzog sie sich den ehelichen Umarmungen, sooft sie nur konnte.«[16] Sie gebar neun Kinder, die alle bis auf die letztgeborene Tochter Gertrude in früher Kindheit an einer Seuche starben. Die Schwangerschaften und das Stillen konnten sie nicht davon abhalten, streng zu fasten und ihren Leib zu kasteien. Gertrude wurde Benediktinerin zu Kulm. Die Mutter widmete ihr eine Abhandlung zum geistlichen Leben. Nach der Geburt ihres neunten Kindes bewegte Dorothea ihren Gemahl zum Verzicht auf seine ehelichen Rechte. Der Ehemann war zwar fromm, misshandelte aber seine Frau. Dazu, suggeriert unser moderner Autor, hatte er allerdings auch allen Grund. Er schickte sich nur schwer darein, dass seine Frau eine Auserwählte des himmlischen Bräutigams war: »Besonders erbitterte es den Ehemann, wenn sie während der Hausarbeit von Verzückungen überrascht wurde. Wenn er sie anrief und sie nicht antwortete, als ob sie in einem Traum sich befände, so schüttete er ihr kaltes Wasser über.«[17] Aber damit sind seiner Prüfungen nicht genug:

> Zuweilen setzte sie sich mit einem zerrissenen Mantel und mit verhülltem Haupt unter die Bettler vor die Kirchentüre. Wenn sie dort ein Stück Brot empfing, dann empfand sie solche Lust daran, daß ihr keine Leckerei so süß und so wohl geschmeckt hätte. Ihr Mann geriet darüber so in Zorn, daß er sie tagelang ins Haus einsperrte und mit Ketten fesselte. Einmal sollte sie auf dem Markte Zwirn kaufen, war jedoch in der Kirche gewesen und hatte bei der Rückkehr ganz vergessen, weswegen sie losgegangen war. Ein andermal stillte sie ihr weinendes Töchterlein nicht, weil sie plötzlich von einer großen Verzückung heimgesucht wurde. Da schlug sie ihr Mann heftig mit dem Stuhl auf den Kopf, was sie noch Jahre später spürte. Das aber trug sie frohen Sinnes. Ihr Mann kaufte ein Haus, wo sie ein eigenes Zimmer hatte. Da saß sie Nächte hindurch am offenen Fenster und war entzückt in großer hitziger Liebe zum himmlischen Bräutigam. Manchmal verschwand sie einfach hinter einer Türe oder in einem Winkel und wurde sofort entrückt. Wenn der Mann sie dann fand, schlug er sie bisweilen oder beschuldigte sie vor andern, sie sei träge und schläfrig. Öfter kochte sie Fische ungeschuppt oder nicht ausgenommen und bemerkte es gar nicht.

1378 empfängt Dorothea Stigmata; die »Liebeswunde« an ihrer Seite bricht jedes Jahr zu Ostern auf. Dann stirbt ihr Mann, während sie auf einer Wallfahrt nach Rom ist. Als Witwe kann sie in ein Kloster eintreten. »Während der Profeß hatte sie eine Erscheinung, in welcher Christus sie ihrem Beichtvater in geistlicher Ehe antraute. ›Ihr sollt einander Sorge tragen, daß ihr zum ewigen Leben kommen könnt, und du sollst wissen, daß kein Mensch deinem Beichtvater so hoch anbefohlen wurde wie du.‹ 1392 ließ sich Dorothea als Recluse einmauern, und der Erlöser bestätigte ihr in ihrer letzten Lebenszeit, daß sie nun wirklich seine Braut geworden sei.«

Ihr Beichtvater Johannes von Marienwerder schrieb drei lateinische und ein deutsches »Leben« über diese außerordentliche Heilige, die den Gottesdienst über alles stellte. Im Konfliktfall entschied sie sich immer, auch unter Gefährdung des eigenen Lebens und dem ihrer ungeborenen und geborenen Kinder, für das ewige Leben. Die offizielle Vita der *Bibliotheca Sanctorum* beschreibt, anders als der »moderne Heiligenkalender«, einen Menschen, der von Gott besonders geliebt wird. Hierin scheint das Weiblichkeitsideal der Braut Christi auf. Dorothea wird als Frau gezeigt, die durch ihre direkte Beziehung zu Gott Mann und Kinder zu ihm zu führen sucht. Der Ehemann erscheint in der *Bibliotheca Sanctorum* als für die über seine Frau ausgegossene Gnade vollkommen blinder Geselle; er erfreut sich nicht an ihrer offensichtlichen Gotterwähltheit, sondern klagt Hausfrauenpflichten ein. Das macht die Ehe für Dorothea zu einer weiteren Prüfung; so wie sie den Tod ihrer Kinder erträgt, ohne darüber an Gott zu zweifeln, so nimmt sie die ehelichen Misshandlungen als Geißel Gottes, deren fröhliches Erdulden sie dem Herrn näherbrachte. Dass sie nach damaligen Kriterien eine vorbildliche Mutter war, ist dadurch beglaubigt, dass ihr einziges überlebendes Kind den Schleier nahm.[18]

In der modernen Version des *Heiligenkalenders* hingegen liest sich das Leben der Dorothea von Montau weniger als ihr Martyrium, sondern als das ihres Ehemannes, der mit einer solchen Frau geschlagen war. Er erscheint als vielleicht etwas grober, in seinem verständlichen Zorn aber durchaus normal reagierender Mann. Er verkörpert die modernen Erwartungen an Ehefrauen und Mütter, die die Reformation ausbildete. Nach diesen Maßstäben wäre Dorothea nicht als Selige verehrt, sondern zum Exempel der schlechten Ehefrau und Mutter gestempelt worden. Nach protestantischen Kriterien wird so aus einer außerordentlichen Heiligen eine Frau, die ihre eigentlichen Pflichten um irgendwelcher Spinnereien wegen vernachlässigt, die Schimpf und

Schande über ihren Haushalt bringt, Mann und Kinder in unverantwortlicher Weise wegen überirdischer Liebesgeschichten verkommen lässt. Sie wäre beschimpft und verachtet worden.

Es liegt in der Logik dieser Entwicklung, dass sich auch die Funktion der Gottesmutter grundlegend änderte. Marias jungfräuliche Mutterschaft wurde aus dogmatischen Gründen nicht in Zweifel gezogen, aber ihre spirituelle Mutterschaft auf ihre physische reduziert. Maria wurde im Zuge dieser Entwicklung von der jungfräulichen Gottesmutter und Miterlöserin, von der allmächtigen Himmelskönigin, die gekrönt an der Seite ihres Sohnes herrschte, von der so huldvollen wie effektiven Mittlerin zwischen Gott und den Menschen umstandslos zu einer Bürgersfrau, die als Gattin eines Handwerkers Haushalts- und Erziehungspflichten erfüllte. In der Mutterschaft inkarnierte sich für Luther die Niedrigkeit alles Menschlichen: die Mühsal, die Schmerzen, das Leiden. Eine Figur menschlicher Niedrigkeit war somit auch die Mutter Maria. Gegen die Nichtigkeit der reformierten Maria, die wie in Luthers *Weihnachtsgeschichte* als bescheidene, arme Magd Windeln wäscht und als sorgende Hausfrau Essen zubereitet, ließ die Gegenreformation eine farbenprächtige gekrönte Himmelskönigin in wehenden, sich bauschenden Gewändern gen Himmel fahren. Für Luther wurde Maria zum Muster aller Mütter in ihren Sorgen, Nöten und Freuden. Ausersehen war sie, nicht die einmalige Befreiung von der Erbsünde im Menschen zu zeigen, sondern die Nichtigkeit alles Menschlichen, vor der die übergroße Gnade Gottes umso klarer hervortritt. Im protestantischen Denken wurde noch die Gottesgebärerin eine Frau wie jede andere, die ihr Kind ganz einfach unter der Autorität ihres sehr weltlichen Ehemannes stillt, auf die häusliche Sphäre beschränkt.

Alles Sinnliche, vor allem aber alles Weiblich-Sinnliche, wurde nicht mehr symbolisch verstanden, sondern verwies jetzt umstandslos auf Sex. Luther fand das Zeigen der Brüste Mariens schamlos. Auch mochte er die Liebfrauenmilch nicht, die sie als *maria lactans* großzügig verspritzte. Er wollte nicht an Marias Brüsten trinken und bedauerte die Küsse, die er ihr gegeben hatte. Schließlich habe nicht sie, sondern ganz allein Christus ihn erlöst.[19] Luthers Religion war eine erotikfreie männliche Angelegenheit, die am Buchstaben klebte. In stumpfer Buchstäblichkeit konnten Jungfrauen nicht mehr geistliche Mütter sein. Durch die Betonung der Kinderaufzucht und der Festlegung der Frau auf ihre Mutterrolle verschwand die Metaphorik geistlicher Mütterlichkeit. Brüste waren als Brüste schamlos. Der Christus der Reformation war weder Mutter noch Kind, sondern ein erwachsener Mann.

Kehrseite der neuen eindimensionalen Natürlichkeit ist das Aufkommen einer bisher unbekannten Misogynie, die sich zuerst an Maria austobte. Das Weglassen des Ave Marias galt als Erkennungszeichen unter den Heterodoxen. Das Abschlagen der Nase von Marienstatuen wurde zu einer beliebten Form des Ikonoklasmus. Für die protestantischen Frauen gab es kein Ave, das ihnen Evas Schuld hätte erleichtern können. Ihr Vorbild sollte nicht Maria sein, die ohne einen Herrn von dieser Welt Magd des Herrn war.

Im Katholizismus war der weibliche Körper gewissermaßen ein doppelter: Er verkörperte den Makel der Erbsünde im sterblichen Lieben und Gebären, und in ihm konnte die Erbsünde auf dieser Welt durch ein auf die nächste Welt gerichtetes Begehren in ständiger Askese exemplarisch überstiegen werden. Frauen mussten die Erbsünde nicht verkörpern. Dem doppelten Fluch des Sündenfalls konnten sie entkommen, schrieb Hieronymus. Denn Jungfräulichkeit war der ursprüngliche Zustand der Menschheit, und auch Eva im Paradies war eine Jungfrau. Erst mit dem Anlegen von Kleidern aus Fell, das bekanntlich nach dem Sündenfall geschah, begann ihr verheiratetes Leben. Als zweiter Adam, der aus der zweiten Eva, nämlich Maria, geboren wurde, schenkte Christus diesen ursprünglichen Zustand der Jungfräulichkeit wieder. Die Gnade der Jungfräulichkeit nahm ihren Ursprung in einer Frau, Maria. In diesem Zusammenhang spielte die physische Geschlechtlichkeit keine Rolle mehr und war die Geschlechterhierarchie außer Kraft gesetzt. Über seine Schwester, die heilige Macrina, die für die spätantiken asketischen Lebensgemeinschaften vorbildlich war, schrieb Gregorius von Nyssa, dass er nicht sicher sei, ob die Bezeichnung »Frau« überhaupt auf jemanden zutreffen könne, der jenseits der weiblichen Natur war. Das Wiederfinden der ursprünglichen Natur, die keine geschlechtlich gefallene war, hatte im Diesseits konkrete Folgen: Solche Frauen und Männer waren als »Gottesjungfrauen« bereits in dieser Welt gleich, und sie konnten im öffentlichen Leben Einfluss und Autorität haben.

Für Luther wurden die Folgen der Erbsünde für fast alle zum unentrinnbaren Schicksal, und für Frauen waren sie noch gravierender als für Männer. Während Männer von rasender Lust des Fleisches geplagt wurden, ihre Sühne also quasi bereits die Ehe war, konnten Frauen sich nicht so einfach entlasten. Offenbar weil sie der Fleischeslust schutzloser ausgeliefert sind, wie ihre Verführbarkeit durch den Teufel zeigt, mussten sie sich dem Haupt der Familie unterordnen. Die Ehe und nicht mehr die Beziehung zwischen Mutter und Kind, zwischen Jesus und Maria, rückte jetzt als Sinnbild für die Verbundenheit Gottes mit den Menschen in den Vordergrund. Als »äußerlichs Sakrament« ist die Ehe »heiligs Zeichen« der »Vereinung göttlicher und menschlicher Natur in Christo«.[20] Damit war nicht mehr der Bund der Ehe gemeint, der für Augustinus die Unauflöslichkeit und Verbundenheit mit seiner Kirche darstellte, sondern die fleischliche Vereinigung. Die Liebe der Ehefrau hatte nicht mehr dem himmlischen Bräutigam, sondern ihrem Mann zu gelten. Im Gegensatz zu Augustinus, der das gegenseitige Gelübde der Enthaltsamkeit als höchste Form der Ehe ansah, war für Luther das Kinderkriegen das Wichtigste in der Ehe. Die »heilige Menschheit Gottes [deckt] die Schande der fleischlichen bösen Lust«. Gott gibt sich dem Menschen und will ihm angehören, so wie sich der Mann der Frau gibt und ihr angehören will. Dass der Mann hier für Gott, die Frau für den Menschen steht, ist nicht zufällig; in der Ehe ist nicht der Mann der Frau, sondern die Frau dem Mann in allem eine Hilfe, »besonders aber dabei, Kinder zu bekommen«.

Es ging nicht mehr um eine Übersteigung, sondern um ein Auf-sich-Nehmen der Erbsünde. Der Auftrag der Frau, der Grund ihres Seins, war nicht mehr Keuschheit, sondern biologische Fruchtbarkeit. Starb sie bei der Geburt, so litt und starb sie in Erfüllung des göttlichen Willens und Vollbringung eines edlen Werkes. Ein »Weib … in Kindesnöten« sollte nach Luthers Willen entsprechend getröstet werden:

> Gedenk, liebe Greta, daß du ein Weib bist, und dies Werk Gott an dir gefället, tröste dich seines Willens fröhlich und laß ihm sein Recht an dir. Gib das Kind her und tu dazu mit aller Macht. Stirbst du darüber, so fahr hin, wohl dir, denn du stirbest eigentlich im edlen Werk und Gehorsam Gottes. Ja, wenn du nicht ein Weib wärest, so solltest du jetzt allein um dieses Werks willen wünschen, daß du ein Weib wärest, und so köstlich in Gottes Werk und Willen Not leiden und sterben. Denn hier ist Gottes Wort, das dich also geschaffen, solche Not in dir gepflanzet hat.[21]

Diese Interpretation weiblichen Leidens und Sterbens im Kindbett war dem mittelalterlichen gottgefälligen Sterben einer Frau diametral entgegengesetzt. Luther stellte die beiden Todesarten, das Sterben im Kindbett und das Sterben zur Bewahrung der Jungfräulichkeit, einander gegenüber, indem er die Heiligen Margarete und Katharina ins Spiel brachte; die beiden Nothelferinnen werden bei schweren Geburten angerufen. Sie könnten, meinte Luther, in einer solchen Situation nicht als Hilfe dienen. Sie starben nämlich aus Gründen, aus denen eine reformierte Frau nicht mehr sterben sollte: Sie erlitten standhaft ihr Martyrium, weil sie ihre Jungfräulichkeit für Christus bewahrten.

Die Reduktion auf natürliche Mutterschaft brachte die Frauen um das Potenzial geistlicher Mutterschaft. Wenn es um die Erziehung der Kinder zu Christenmenschen ging, war bei Luther nie von der Mutter, sondern grundsätzlich von den Eltern die Rede. Sie spendeten nicht mütterlich zärtlich Tränen und Milch, sondern züchtigten das Fleisch, um die Seele väterlich durch das Wort zu Gott zu führen.

Luthers entschiedenste Apologie von Ehe und Fortpflanzung findet sich in seinem *Sermon von dem ehelichen Stand* und in seiner Schrift *Vom ehelichen Leben.* Ziel dieser Schriften war es, das Sakrament der Ehe über das Keuschheitsgelübde zu stellen. Die fruchtbare Ehe und nicht mehr das keusche Leben in klösterlicher Gemeinschaft entsprach Gottes Schöpfungsordnung. Die Kontamination durch den Körper und das Geschlecht war unumgänglich geworden. Mann und Frau sein hieß geschlechtlich zusammen leben. Seelenfreundschaft zwischen den Geschlechtern war ausgeschlossen. Seit dem Sündenfall war die Liebe zwischen Mann und Frau, »die allergrößte und lauterste Lieb von allen Lieben«, verunreinigt, »mit böser Lust … vermischt«. Der andere wird nicht mehr ausschließlich um seiner selbst willen geliebt, sondern der eine sucht am andern auch die eigene Lust: »Derhalben ist der ehlich Stand nun nicht mehr rein und ohn Sünd und die fleischliche Anfechtung so groß und wütend worden, daß der ehlich Stand nun hinfort gleich einem Spital der Siechen ist, auf daß sie nicht in schwerere Sünd fallen.«[22] Die Ehe, obwohl von Lust affiziert, bot Sühne. Die Folgen der Erbsünde wurden in ihr getragen und überwunden. Durch die Ehe wurde Sexualität, die durch die Lust den Makel der Erbsünde trägt, für ein gottgefälliges Ziel, ja für das gottgefälligste Ziel überhaupt in Dienst genommen.

Fruchtbar zu sein und sich zu mehren, Mann und Frau zu sein, sind nicht Folge der Erbsünde, sondern göttliches Werk.

> Denn dies Wort, da Gott spricht: ›Wachset und mehret euch‹, ist nicht ein Gebot, sondern mehr denn ein Gebot, nämlich ein göttlich Werk, das nicht bei uns stehet zu verhindern oder nachzulassen, sondern es ist eben also not, als daß ich ein Mannsbild sei … Es ist eine eingepflanzte Natur und Art eben so wohl als die Gliedmaßen, die dazu gehören. Drum, gleich wie Gott niemandem gebietet, daß er Mann sei oder Weib, sondern schaffet, daß sie so müssen sein, also gebietet er auch nicht, sich zu mehren, sondern schafft, daß sie sich müssen mehren. Und wo man das will wehren, da ist's dennoch unverwehret und gehet doch durch Hurerei, Ehebruch und stumme Sünd seinen Weg, denn es ist Natur und nicht Willkür hierinnen.[23]

Gottes Schöpfung ließ Keuschheitsgelöbnisse nicht zu; solche Gelöbnisse waren ebenso unsinnig, als ob man gelobte, »kein Manns- oder Weibsbild« zu sein. Alle Versuche der Heiligen, als »Jungfrauen Gottes« ihre ursprüngliche Menschennatur wiederherzustellen, müssen Luther monströs vorgekommen sein. Natürliche Ordnung und göttliche Ordnung verschmolzen. Von der Ehe ausgenommen waren die im Mutterleib zeugungsunfähig Gewordenen, von Menschen zeugungsunfähig Gemachten und »die hohen, reichen Geister …: Diese sprechen also: ›ich möcht und könnt wohl ehlich werden, aber es gelüstet mich nicht. Ich will lieber am Himmelreich, das ist am Evangelium, schaffen und geistliche Kinder mehren‹«. Sie stehen als »Wunderwerk« außerhalb jeder Ordnung; ihr einstiger Gnadenstand verkehrte sich in eine befremdliche Ausnahmeerscheinung. Keuschheit und Jungfräulichkeit wurden nicht mehr als ein begnadeter Zustand, der dem paradiesischen vor der Erbsünde entsprach, angesehen, sondern unter pragmatischen Gesichtspunkten betrachtet: Der Sorgen der Kinderaufzucht und Familienernährung enthoben, erleichterte der ehelose Stand das Predigen. Luther verkehrte die Topik der Keuschheit vollkommen; er sah den jungfräulichen Stand nicht mehr als einen äußerst entbehrungsreichen, in dem durch völlige Aufopferung im Dienst am Nächsten alles Irdische abgestreift wurde, um den himmlischen Freuden näherzukommen, sondern als einen bequemeren innerweltlichen Zustand. »Man soll keinen Stand vor Gott besser sein lassen denn den ehlichen. Der Keuschheit Stand ist wohl besser auf Erden, weil der weniger Sorge und Mühe hat, und nicht um seiner selbst willen, sondern darum, daß er besser predigen und Gottes Worts warten kann ... Gottes Wort und Predigen macht den keuschen Stand besser denn der ehliche ist.« Damit war die Wahl eines keuschen Lebenswandels nur noch für Männer sinnvoll, denn sie verkündeten Luther zufolge das heilbringende Wort; als Beispiele nannte er Christus und Paulus.

In pointierter Verdrehung knüpfte Luther an die Argumente des Kirchenvaters Hieronymus an. Für diesen war das mit Übelkeit, Schmerzen und Todesangst verbundene Zur-Welt-Bringen von Kindern und das sorgenvolle, mühselige Aufziehen Signum der Erbsünde. Einzig das Aufziehen eines Kindes, das Braut Christi wurde, durchbrach den Circulus vitiosus. Für Luther wurde hingegen die als nicht weniger ermüdend, aufopfernd und abstoßend beschriebene Kinderpflege zum Inbegriff gottgefälligen Handelns, das Kinder und Kindeskinder auf sich nehmen sollen, weil es Gott das Liebste ist. Nicht jungfräuliche Gottesliebe hielt die Menschen zu ihrem Besseren davon ab, sich fortzupflanzen, sondern die weltliche Hure Vernunft:

> Nun siehe zu, wenn die kluge Hure, die natürliche Vernunft …, das ehliche Leben ansiehet, so rümpft sie die Nase und spricht: ›Ach, sollt ich das Kind wiegen, die Windeln waschen, Betten machen, Gestank riechen, die Nacht wachen, seines Schreiens warten, seinen Grind und Blattern heilen, darnach des Weibs pflegen, sie ernähren, arbeiten, hier sorgen, da sorgen, hier tun, da tun, das leiden und dies leiden, und was denn mehr an Unlust und Mühe der Ehestand lehret. Ei, sollt ich so gefangen sein? … Es ist besser, frei bleiben und ohn Sorge ein ruhiges Leben geführt. Ich will ein Pfaff oder eine Nonne werden, meine Kinder auch dazu halten.‹ Was sagt aber der christlich Glaube hierzu? Er tut seine Augen auf und siehet alle diese geringen, unlustigen, verachteten Werk im Geist an und wird gewahr, daß sie alle mit göttlichem Wohlgefallen als mit dem köstlichsten Gold und Edelsteine geziert sind, und spricht: ›Ach Gott, weil ich gewiß bin, daß du mich als einen Mann geschaffen und von meinem Leib das Kind gezeuget hast, so weiß ich auch gewiß, daß dir's aufs allerbeste gefället, und bekenne dir, daß ich nicht würdig bin, daß ich das Kindlein wiegen solle, noch seine Windel waschen, noch sein oder seiner Mutter warten. Wie bin ich in die Würdigkeit ohn Verdienst gekommen, daß ich deiner Kreatur und deinem liebsten Willen zu dienen gewiß worden bin?[24]

Das Erziehen der Kinderseelen tritt an die Stelle aller anderen christlichen Werke; es ist die eigentliche Berufung eines Christenmenschen:

> Aber das solln die Eheleut wissen, daß sie Gott, der Christenheit, aller Welt, sich selbst und ihren Kindern kein besser Werk und Nutz schaffen mögen, denn daß sie ihre Kinder wohl aufziehen. Es ist nichts mit Wallfahrten gen Rom, gen Jerusalem, zu Sankt Jakob. Es ist nichts Kirchen bauen, Messe stiften oder was für Werk genannt werden mögen, gegen dieses einzige Werk, daß die Ehelichen ihre Kinder ziehen, denn dasselbe ist ihre gerichtste Straß gen Himmel, können auch den Himmel nicht näher und besser erlangen denn mit diesem Werk. Es ist auch ihr eigen Werk, und wo sie sich desselben

> nicht befleißigen, so ist es gleich ein verkehret Ding als wenn Feuer nicht brennet, Wasser nicht netzet.

Die Familie tritt an die Stelle der Kirche.

> ... denn das [die Kinder] sind die Kirchen, Altär, Testament, Vigilien und Seelmessen, die du hinter dir lässest, die dir auch leuchten werden im Sterben, und wo du hinkommest.[25]

Die Spannung zwischen Diesseits und Jenseits sollte in der natürlichen Familie ausgetragen werden. Schauplatz dieses Kampfes waren die Kinder, deren Rettung auf dem Spiel stand. Die Rettung der Kinderseelen konnte am besten und eigentlich nur von den leiblichen Eltern unternommen werden, die damit ihre höchste christliche Pflicht erfüllten. Wie die Frau in der Gewalt des Mannes war, so waren die Kinder in der Gewalt der Eltern: »Es gibt keine größere und edlere Gewalt auf Erden als die der Eltern über ihre Kinder, sintemal sie geistliche und weltliche Gewalt über sie haben.«[26] Vor dieser allumfassenden Macht schützte sie keine Kirche und kein Kloster, kein Priester und kein Bischof.

Luther verlegte damit in die natürliche Familie zurück, was durch die Absage an ebendiese Familie entstanden war: Dienst an der Familie wurde zum Gottesdienst. Alle Eltern sollten tun, was in den Familien in Christo ein Privileg geistlicher Mutterschaft war: Kinder in einer zweiten Geburt zum Leben zu gebären. Protestantische Eltern gebaren ihre Kinder nicht nur dem Fleische, sondern auch dem Geiste nach. Das wurde als religiöse Überhöhung der Familie bezeichnet. Bei der Rückprojektion auf den familiären Raum verlor die Geistlichkeit der jungfräulichen Familien ihre überirdische Schönheit, Leichtigkeit und Sinnlichkeit. Die natürliche Familie, in der Kinderdienst Gottesdienst war, wurde zur evangelischen Institution per se. Als Gottesdienst geadelt, konnte der Dienst am Kind auch vom Mann vollbracht werden, der dadurch nicht, wie Luther sicherheitshalber anmerkte, zum »Frauenmann« wurde.

Für Luther wie später für Rousseau und Pestalozzi fing die Reformation mit einer Reformation der Familie an, die sich auf frühere, bessere Zustände berief: »Denn soll man der Christenheit wieder helfen, so muß man führwahr an den Kindern anheben, wie vorzeiten geschah.«[27] Wie Rousseau und Pestalozzi kennzeichnete er die Gegenwart als verkehrte und pervertierte Welt. Wo nicht das erste Augenmerk der Kindererziehung galt, stand die Welt Kopf, geriet die Zeit aus den Fugen, waren Männer keine Männer und Frauen keine Frauen mehr. Wie später Rousseau und Pestalozzi sah Luther die höchste Aufgabe darin, die Kinder vor der Welt zu schützen. Für alle drei war der familiäre Raum wie früher das Kloster idealerweise ein Raum außerhalb der Welt, eine Festung gegen die Korruption der Gesellschaft. Das hieß zunächst einmal, die Kinder nicht nach ihrem Willen leben zu lassen, sondern zur Gottesfurcht zu erziehen. Ihrer naturhaften Weltverfallenheit konnten sie nur entrissen werden, wenn die Eltern die eigene »falsche Naturliebe« überwanden, die sie »das Fleisch ihrer Kinder mehr achten [lässt] denn die Seele«. Denn im Fleisch ihrer Kinder, das von ihnen kam, liebten sie nur sich selbst auf Kosten des von Gott geschenkten »köstlichen, ewigen Schatzes«, der Seele. Diese galt es jedoch vor dem Fleisch, der Welt, dem Teufel zu retten. Die Kinder mussten wieder zu Gott gebracht werden, von dem man sie erhalten hatte. Sie sollten nicht für die Welt leben: »Dazu etliche [Eltern] sie selber reizen mit übrigem Schmuck und Forderung zu der Welt, daß sie nur der Welt wohlgefallen, hoch steigen und reich werden, allezeit mehr sorgen, wie sie dem Leib statt der Seele genugsam vorsehen.«[28] Indem Luther Gottesdienst vor allem zu Familiendienst machte, verschob er das Zentrum christlichen Lebens grundlegend.

Im protestantischen Europa gab es von nun an für Frauen keine institutionelle Alternative zur Ehe und keinen eigenen geistlichen Raum mehr. Mutterschaft war zum Zeichen, ja zur Voraussetzung für die psychische und physische Gesundheit einer Frau geworden. In ihr lebte sie ihrer Natur am angemessensten und gottgefälligsten. Außerhalb der Ehe gab es für sie kein Heil. Die Frömmigkeit der Frau hatte sich in ihrer Sorge um die Familie auszudrücken; Dienst, Opfer und Hingabe hatten nicht mehr unmittelbar Gott, sondern den Ihren zu gelten. Das Wegfallen eines außerfamiliären geistlichen Raumes machte das selbständige öffentliche Wirken von Frauen unmöglich. Die Frau sollte zu Hause bleiben »wie der Nagel in der Wand« – ein Lieblingsbild Luthers – und sich um Haushaltsangelegenheiten kümmern. Die Reformatoren machten keinen Unterschied zwischen Frauen und Ehefrauen; von nun an waren alle Frauen ausnahmslos dazu bestimmt, zu heiraten, und das heißt, untertan zu sein. Die Reformation schaffte den Status der ohne einen Mann keusch lebenden Frau, deren Begehren sich nicht in Mann und Kindern erschöpfte, ab.

Die Reformation führte zu einem grundlegenden Umbruch in der gesellschaftlichen Ordnung. An die Stelle weitläufiger Verwandtschaftsverhältnisse und Gemeinschaften, wie sie durch die Klöster dargestellt wurden, trat ein von verheirateten Männern repräsentiertes Gefüge von Haushalten. Für Frauen wurde es so gut wie unmöglich, außerhalb des patriarchalischen Haushaltes selbständig zu leben. Die Einschränkung auf den Haushalt wurde durch ökonomische, juristische und moralische Sanktionen durchgesetzt. Die Frauen wurden als Mütter in die Haushalte verbannt, wo sie sich dem Kinderkriegen und der Kinderaufzucht zu widmen hatten. Was einstmals ein Heilsversprechen gewesen war, verwandelte sich im protestantischen Europa in einen Makel: Die »herrenlose«, keusch lebende Frau, die keine Mutter war, wurde im Rückgriff auf alttestamentarische Vorstellungen zu einer unfruchtbaren Frau, die zudem vom eigenen Begehren verzehrt wurde. Braut Christi zu werden, war keine Möglichkeit mehr. Nichts durfte die Frau von ihrer eigentlichen Berufung zur Mutter ablenken. Als Folge dieser Domestizierung des Christentums spaltete sich das Frauenbild in gute Mutter und alte Jungfer oder Hure. Das waren Frauen, deren Reproduktivkraft nicht dem Haushalt und dem Hausherren diente, die Gottes Willen nicht erfüllten.

Das Schließen der Klöster beraubte die protestantischen Frauen jeder institutionellen Alternative zur Heirat. Im Laufe des Jahrhunderts wurde die Teilhabe von Frauen an religiösen, gesellschaftlichen und wirtschaftlichen Aktivitäten im protestantischen Europa zunehmend auf den Haushalt beschränkt und stand unter der Herrschaft des Hausherrn. Die reproduktive Arbeit der Frauen diente Gott und den Männern. Die entstehenden Ideologien zur Mutterschaft idealisierten und verpflichteten die Frau in stärkerem Maße als je zuvor zu häuslichen

Leistungen. Außerhalb der Familie wurden Frauen zunehmend als gefährlich wahrgenommen. In der privaten Sphäre standen sie für Dienst und moralische Stärke, in der öffentlichen Sphäre waren sie eine Bedrohung für die Ordnung und Perversion der Natur. Die Organisation des wirtschaftlichen, moralischen und religiösen Lebens im ehelichen Haushalt machte eine autonome weibliche Tätigkeit oder gar Existenzsicherung immer schwieriger. Die Verherrlichung der Hausarbeit von Ehefrauen und Müttern ging auf Kosten der Teilnahme von Frauen an kirchlichem und gesellschaftlichem Leben. Das Konzept der spirituellen Mütterlichkeit war in dem der körperlichen Mutterschaft naturalisiert worden. Die Geistlichkeit hatte sich in Richtung Väterlichkeit verlagert.

Epoche 2: Revolution der Mutter (Rousseau)

Das nachrevolutionäre, bürgerliche Geschlechterverhältnis wurde entscheidend durch die Rezeption Jean-Jacques Rousseaus geprägt. Rousseau verknüpfte alles miteinander: die Entdeckung des Kindes, die Reform der Familie und die Republik. Die Regierungsform hängt, das wird er zu unterstreichen nicht müde, von der Familie und der Beziehung zwischen Eltern und Kindern ab. Dass die Säuglinge die Milch ihrer leiblichen Mütter zu trinken bekommen, stellt sich als grundlegende Bedingung für Republik und ganze Männlichkeit heraus.

Mir geht es im Blick auf Rousseau um die Ecksteine, die er mit seinen Schriften für die Geschichte der Familie gesetzt hat und was die Rezeption der Schriften wiederum für die Geschichtlichkeit der Familie und die Geschichtlichkeit von Mann-, Frau-, Vater- und Muttersein bedeutet. Interessanter noch finde ich die Frage, warum diese Geschichtlichkeit trotz aller historischen Evidenz so unbeirrbar geleugnet und die Familie so unerschütterlich als das natürliche Wesen der Dinge angesehen wird.

Das mag daran liegen, dass die Reformer selbst diese wesentliche Natürlichkeit behaupteten und von ursprünglichen, nichtdekadenten Gesellschaften sprachen, die der Natur wie selbstverständlich gehorchten. Die Figur der idealen Mutter, die sich im achtzehnten Jahrhundert herausbildete, verpflanzte Rousseau in die antike Vergangenheit, in unberührte Berglandschaft oder zu den unverdorbenen Wilden und lud sie mit dem Pathos von Ursprünglichkeit, Vernünftigkeit und ewiger Natur auf. Die neue Mutter und die mit ihr verknüpfte Geschlechterordnung trat im Gewand der Natur und der unverfälschten Sitten als ewig ursprüngliche auf, zu der es zurückzukommen galt.

Tatsächlich war es so, dass die »verkehrte Welt«, als die Rousseau Paris beschrieb, eine dem Untergang geweihte war. Die entstehende

Lebensform in der Familie restaurierte nicht etwa ehemals natürliche Zustände, sondern war etwas Neues, das nur vor dem Hintergrund dieser vergehenden Welt vorstellbar ist. Die Rede über den Verfall der Familie in einer von Zersetzung gekennzeichneten Gesellschaft begleitete sie, schon fast bevor sie sich konstituierte.

Für dieses Paradoxon, dass der beklagte Verfall so ursprünglich, wenn nicht ursprünglicher ist als das Phänomen selbst, bietet »die Mutter« eine Lösung. Und das ist vielleicht der eigentliche Grund ihrer großen Beliebtheit. Denn sie ist die Figur, die die Naturalisierung oder Biologisierung von Kultur ermöglicht. Diese Figur ist spezifisch geschichtlich, das heißt modern. Ihre spezifische Geschichtlichkeit liegt genau darin, Geschichte zu leugnen. Diese Figur, die bei Rousseau lesbar wird, lässt sich wunderbar am Beispiel der Muttermilch illustrieren. Vom Stillen der leiblichen Mutter, so Rousseau, hängt das Wohl und Wehe des Staates ab. Das ausbleibende Stillen trat bei Rousseau an die Stelle der Erbsünde; es war die Urentartung, Wurzel allen Übels, Ursprung allen Unheils: »Alles entspringt aus dieser ersten Entartung … Wenn sich jedoch die Mütter dazu verstünden, ihre Kinder selber zu nähren, so werden sich die Sitten von selbst erneuern und die natürlichen Regungen erwachen. Der Staat wird sich wieder bevölkern.«[1]

Die Stärke, Gesundheit und moralische Integrität des Volkskörpers hing am Stillen. Unersetzlich war das Stillen der Mutter in Rousseaus Augen nicht, weil die Milch der eigenen Mutter gesünder für das Kind sei, wie die moderne Medizin behauptet. So natürlich es sein mag, dass eine Mutter ihr Kind stillt, so ist dies doch von der Natur her keineswegs nötig. Die Milch der eigenen Mutter kann ohne Verlust durch die Milch anderer Frauen, ja durch die Milch von Tieren ersetzt werden. Das war die Meinung der damaligen Ärzte, die Rousseau unterschrieb.

Es ging um etwas anderes: »die mütterliche Fürsorge aber ist unersetzlich« – und diese hängt am Stillen. Ihre Fürsorglichkeit gibt ihr die Stimme der Natur ein: »Seitdem die Mütter, pflichtvergessen, ihre eigenen Kinder nicht mehr stillen wollen, müssen sie sie gewinnsüchtigen Frauen anvertrauen. Diese geben sich natürlich keine Mühe, da sie als Mütter fremder Kinder keinen Naturtrieb in sich fühlen.«[2] Den Ammen, denen die Stimme der Natur nicht souffliert, geht es nicht um das Wohl des Kindes, sondern um möglichst wenig Ärger. Also wickeln sie die Kinder in Steckwindeln, die ihre Körper verkümmern und ein Volk von Buckligen, Hinkenden, Rachitischen heranwachsen lassen. Genauso schlimm aber sind die moralischen Verkümmerungen. Wenn seine Mutter ihre erste Pflicht vernachlässigt, lernt das Kind, dass alle Bande zwischen den Menschen willkürlich und nicht natürlich sind, dass Liebe keine Pflicht, sondern eine Gnade ist. Die Milch der Amme flößt ihnen kein Pflichtgefühl und keine süße Familiarität ein, sondern Vergnügungslust: »So saugt man mit der Muttermilch schon den Geschmack der Vergnügungen unseres Jahrhunderts und der Maximen ein, die man jetzt herrschen sieht.«[3] Die Kleinen werden damit zu rechten Kindern ihrer Mütter, deren eigentlicher Fehler darin liegt, eben nicht Mutter zu sein. Auf die Frage hin, warum die Frauen ihre erste Pflicht vernachlässigen und keine Mütter werden, buchstabierte Rousseau den Topos aus, den Erasmus nur andeutete: Liebemachen und Stillen schließen sich aus. Von der Lust der Frauen profitieren, meinte Rousseau, jedoch nicht die Ehemänner, sondern deren Liebhaber. Die Ehemänner dienen nur als Alibi für das Vergnügen der Frauen. Diese machen eine bezahlte Amme nötig und das Kinderkriegen zu einer teuren Angelegenheit. Die Frauen bringen dadurch nicht nur die Ökonomie der Natur, sondern auch die des Staates in Unordnung. Die Erfüllung der mütterlichen Pflicht verhilft der Demographie – eine frühe Andeutung der späteren französischen Obsession – nebenbei zur richtigen Statistik und verhindert, dass Europa entvölkert wird. Das Stillen ist also nicht nur als Motiv für rührende Familientableaus geeignet, sondern Conditio sine qua non für pflichtbewusste Staatsbürger und gesunde Krieger. In einem gesunden Staat gibt es keine Männer und Frauen mehr, sondern Mütter und Väter. Nur die Verwandlung eines erotischen in ein sorgendes Wesen gewährleistet den Abschluss der Familie gegen die Welt.

Rousseaus rasanter europaweiter Erfolg verdankte sich seiner Position als Außenseiter. Er kam aus dem calvinistischen, bürgerlich-patrizisch geprägten Genf nach Paris in eine aristokratische, katholisch orientierte Gesellschaft. Die scharfen Konturen seines Konzepts der neuen Mutter und der damit verbundenen Geschlechtertrennung verdanken sich dem Aufeinanderprallen dieser beiden Welten, die von verschiedenen Familienvorstellungen, verschiedenen Geschlechterverhältnissen und verschiedenen politischen Ordnungen bestimmt wurden. Rousseau stellte sich in eine Tradition, die die Sittlichkeit der bürgerlichen Familie gegen die korrupte Eitelkeit des Hofes beziehungsweise der Welt hochhielt. Dieser Gegenüberstellung gliederten sich weitere an: die von Stadt und Land, Adel und Bürgertum, Dame und Mutter, Dekadenz und Natürlichkeit, Perversion und Reinheit oder Gesundheit, schließlich die von Monarchie und Republik.

Für Rousseau war die Mutter keine reformatorische Kraft; die kam bei ihm allein dem Männlichen und Väterlichen zu. Dennoch war die Natürlichkeit der Frauen Bedingung gesellschaftlicher Revolution. Die Mutter war die Figur, die das Gespenst, das seit der Aufklärung in Europa umging, vertreiben sollte: das Gespenst der Geschlechterverwirrung. Hinter der Abwehr einer Geschlechterverwirrung steckt die Angst vor dem Verlust der Männlichkeit, die Angst vor der Entmännlichung durch eine pervertierte Weiblichkeit, die nicht mütterlich gebändigt ist. Bei Rousseau war Weiblichkeit ein ansteckender Virus, der die Männer infizierte. Kein Mittel aber immunisierte diesen Virus Weiblichkeit so vollkommen und beförderte dadurch Männlichkeit wie die Mutter. Nur indem Frauen zu Müttern wurden, konnten Männer von Weiblichkeit unbedroht wieder ganz Männer sein. Frausein und Muttersein waren bei Rousseau zwei nicht kompatible Zustände.

Mit der Figur der Mutter wurde ein grundlegendes Dilemma der im Namen von Freiheit, Gleichheit und Brüderlichkeit angetretenen bürgerlichen Gesellschaft gelöst. Sie wurde zum beliebtesten Demonstrationsobjekt dafür, dass Frauen und Männer nicht gleich, sondern eben doch verschieden sind. Nur weil und insofern es naturgegebene Unterschiede gibt, konnte prinzipielle Gleichheit in gesellschaftliche Ungleichheit übersetzt werden. Männer und Frauen sind im Hinblick auf ihr Menschsein gleich, gestand Rousseau zu, in Hinsicht auf ihr Geschlecht jedoch verschieden. Nicht nur das Geschlecht, auch die Beziehung zum Geschlecht ist je nach Geschlecht eine andere. Denn während der Mann davon in seinem Menschsein nur punktuell berührt wird, bestimmt ihr Geschlecht die Frau ganz: »Der Mann ist nur in gewissen Augenblicken Mann, die Frau aber ihr ganzes Leben lang Frau, oder wenigstens ihre ganze Jugend hindurch.«[4] Mutter zu sein ist die Bestimmung jeder Frau, und aus dieser Bestimmung, dem süßesten Band der Natur, leitete Rousseau ihre Natur ab. Die Frau ist also aufgrund ihrer Natur nicht gleich, sondern anders.

Die Aufklärung, einst unter dem Banner der Gleichheit aller Menschen angetreten, setzte in Berufung auf die weibliche Natur eine radikale Ungleichheit der Geschlechter durch. Der Traum von der Gleichheit politischer Rechte, der Traum eines gemeinsamen öffentlichen Raumes endete jäh, als das Fallbeil der Guillotine den Kopf der Frauenrechtlerin Olympe de Gouges von ihrem Rumpf trennte. Diese Enthauptung markierte eine Grenze, die für die modernen Gesellschaften grundlegend ist: die Grenze zwischen den Geschlechtern. Und diese Trennung implizierte eine Hierarchie. Die dem Geschlechterunterschied zugeschriebene Bedeutung ist für die bürgerlich-demokratischen Gesellschaften, in denen alle Menschen nur Brüder werden können, wenn alle Frauen Mütter werden, offensichtlich grundlegender, als sie es etwa für die feudal-aristokratischen Gesellschaften war.[5] Die Grenze, die die Geschlechter von nun an teilte, ist eine als natürlich gesetzte, innerhalb des ideologischen Rahmens der prinzipiellen Gleichheit nur durch Natur zu begründende. Der angeblich bloßen Willkür bisheriger Verhältnisse setzte sie scheinbar naturgegebene Verhältnisse entgegen. Natürlich wird die Frau Mutter, und aus dieser Funktion ergab sich auch ihre Bestimmung zur Hausfrau.

Soziologisch ausgedrückt, bedeutet Muttersein im Rousseauschen Sinne das Ineinsfallen von biologischer und sozialer Elternrolle. Die Idee, dass die leibliche Mutter ihr Kind zu stillen, für es zu sorgen, es zu erziehen und zu lieben hatte, setzte sich in Frankreich, folgt man Elisabeth Badinter und Philippe Ariès,[6] zunächst in bürgerlichen Familien und selbst dort nur zögerlich durch. Wohlhabendere Haushalte nahmen bei der Geburt eines Kindes eine Amme ins Haus. Weniger wohlhabende Leute gaben die Kinder weg zu einer Amme. Den meisten Müttern kam es nicht im Traum in den Sinn, ihr Kind selbst zu stillen; das erwartete man auch nicht von ihnen. Leute, die Kinder in ärmlichen Verhältnissen oder außerhalb der Ehe bekamen, gaben diese oft in Klöster, die auch Waisenhäuser waren. Rousseau selbst hat sich bekanntlich für diese Lösung entschieden, ohne deswegen von seinen Zeitgenossen als grausam oder verantwortungslos angesehen zu werden. Vom Stillen und der Kleinkinderpflege waren die meisten Mütter also weitgehend entlastet; beides lag in professionellen Händen. Später wurden die Kinder wohlhabender Familien von Hauslehrern, Gouvernanten, im Kloster oder im Kolleg erzogen; die anderen wurden schon sehr jung in das Erwachsenenleben integriert. Die Paradoxie einer vermeintlich kindgemäßen oder kindergerechten Erziehung fernab von der Erwachsenenwelt, die die Crux des Bürgerkindes ist, blieb diesen Kindern erspart:

> Als das 18. Jahrhundert mit Rousseau und Pestalozzi sich bemühte, dem Kind durch pädagogische Regeln, die seiner Entwicklung angepaßt sind, eine Welt nach seinen Maßen zu errichten, hat es damit zugelassen, daß ein irreales, abstraktes, archaisches Milieu ohne Beziehung zur Welt der Erwachsenen um die Kinder aufgebaut wurde … Das heißt, sie [die Pädagogik] setzt das Kind, um ihm Konflikte zu ersparen, einem besonders schweren Konflikt aus, dem Widerspruch nämlich zwischen seiner Kindheit und seinem wirklichen Leben.[7]

Die Entdeckung des Kindes im siebzehnten, achtzehnten Jahrhundert war von psychologischer Anteilnahme und moralischen Bestrebungen geleitet. Die Familie entwickelte sich von der privatrechtlichen Institution zur Weitergabe von Eigentum und Namen zu einem Ort, an dem Kinder an Körper und Seele zu ehrbaren, rechtschaffenen und vernünftigen Menschen erzogen werden sollten, und das vom ersten Tag an. Sie organisierte sich um die Erziehung der Kinder herum und wurde wichtiger Faktor des Gefühlslebens. In diesem Prozess kapselte sie sich vom geselligen Leben zunehmend ins Privatleben ab. Die Mutter bildete den Mittelpunkt dieser neuen Familie; an die »liebe und weise Mutter«, die es versteht, sich »von der Heerstraße fernzuhalten«,[8] richtete Rousseau seinen Traktat. Die sittliche Vorherrschaft der Familie ist ein bürgerliches Phänomen; Frankreich hinkte in dieser Entwicklung Genf hinterher, wie Rousseaus Entsetzen belegt.

Die Familie als Ort der »Menschenproduktion« führte zu einer radikal anderen Einschätzung dem Säugling gegenüber. Säuglings- und Kleinkinderziehung wurden zur Grundlegung aller Kulturarbeit: »Am meisten kommt es auf die erste Erziehung an, die unbestreitbar Sache der Frauen ist.«[9] Die Reformer beugten sich besorgt über die Kinderbettchen, den Müttern die Natur des Kindes und die ihrer Mütterlichkeit vorzubuchstabieren. Verschriftlicht und zur Wissenschaft der Pädagogik wurde, was bis jetzt auf der mündlichen Tradierung von Tricks beruht hatte. Da es nicht mehr um Pflege, sondern um Erziehung ging, hatte alles Mechanische aus der Kleinkinderpflege zu weichen. Steckwickeln und Wiegen wurden für Rousseau zum Anathema. Das Ende des Siegeszugs der auf das »Natürliche« setzenden Pädagogik sind so manche scheinbar natürliche Theoreme des zwanzigsten Jahrhunderts, die durch die Verhaltensforschung an Affen untermauert wurden – etwa, dass der erste Blickkontakt nach der Geburt entscheidend ist, dass der sofortige Hautkontakt wichtig ist und das Neugeborene, wenn möglich ungewaschen und so käsig und blutig, wie es ihrem Schoß entwunden wurde, auf der Mutter liegen soll, dass eine symbiotische Beziehung zwischen Mutter und Kind durch Stillen und häufigen Körperkontakt zu fördern ist, dass eine längere Trennung von der Mutter auf jeden Fall zu vermeiden ist, dass die Bezugspersonen nicht wechseln sollen, dass ein Kind vierundzwanzig Stunden Anspruch auf seine Mutter hat. Die Anforderungen an die Mutter ließen sich erheblich steigern. Sie beruhen alle auf dem Fetisch der Präsenz des mütterlichen Körpers. Dass Mütter quasi automatisch aus dem normalen Erwachsenenleben ausgeschlossen werden, um sich eingesperrt im Mutter-Kind-Ghetto der Kindererziehung widmen zu können, fanden die Frauen zu Rousseaus Zeiten nicht so natürlich wie wir heute. Mühsam mussten sie dazu erzogen werden, wesentlich Mutter zu sein. Muttersein war zu Rousseaus Zeiten noch keine Leidenschaft, und von einer religiösen Überhöhung, wie sie das Mutterbild im neunzehnten Jahrhundert prägen sollte, war noch wenig zu spüren. Muttersein verlangte in Rousseaus Augen eine Disziplinierung, die gar nicht früh genug einsetzen konnte: »Mädchen … müssen beizeiten an den Zwang gewöhnt werden.«[10]

Erst die volle Konzentration auf den Säugling, die jede andere Aktivität ausschließt, macht die Mutter im Rousseauschen Sinne aus. Kinderhaben hieß nicht Muttersein. Die Pariser Damen dachten, abgesehen von einigen berühmten Ausnahmen und Rousseau-Anhängerinnen, gar nicht daran, der Welt den Rücken zu kehren und sich mit ihren Kindern in die Intimität der Familie zurückzuziehen. Der Fehler der Pariserinnen lag darin, dass sie nicht aufhörten, Frau zu sein, wenn sie Mutter wurden – und auch bei noch so großem Kindersegen das Opfer ihrer selbst nicht brachten. »Die Frauen haben aufgehört, Mütter zu sein.« Der eigenartigen Logik Rousseaus zufolge war eine Frau keine Mutter und eine Mutter keine Frau. Tiefdekolletiert und geschminkt verkehrten sie in den Salons, im Theater und auf Bällen mit Männern, die weder ihre Ehemänner noch ihre Väter waren. Sie rückten für ihn umstandslos in die Nähe von Huren und dienten als Negativfolie für seine neue Mutter.

Die Mutter war bei Rousseau zunächst durch einen Ort bestimmt. Sie war an das Haus gebunden, und zwar an ein Haus, das kein offenes Haus, sondern abgeschlossener, intimer Raum der Familie war. Die vollkommene Abgeschlossenheit dieses Ortes, das zum Antipoden der Welt wurde, illustrierte Rousseau durch einen Vergleich von Mutter und Nonne: »Eine richtige Familienmutter«, dekretierte er, »ist bestimmt keine Dame von Welt, denn sie ist in ihrem Heim kaum weniger eingeschlossen als eine Nonne in ihrem Kloster.«[11] Wie die Nonne im Kloster sollte sie im Haus durch Disziplin gebunden sein. Die geforderte Freiheit des Kindes bedingte die absolute Unfreiheit der Mutter: Keinen Schritt konnte sie mehr unabhängig tun; ohne Unterlass musste sie auf das sich frei bewegende Kind aufpassen. Sie war dem von ihm vorgegebenen Rhythmus unterworfen und keinen Moment mehr Herrin ihrer Zeit. War das zarteste Kindesalter überwunden, oblag die Erziehung vor allem der Söhne, nach Rousseau die erste Bürgerpflicht, dem Vater. Rousseau fand die Ausreden seiner Zeitgenossen, die sich wegen ihrer Geschäfte dieser wichtigsten aller

Aufgaben entzogen, lächerlich; schließlich hatte Augustus, Herrscher über ein Weltreich, nichts für wichtiger gehalten als die Erziehung seines Sohnes. Obwohl Rousseau betonte, um wie viel verheerender der Ehebruch der Frau als der des Mannes ist, weil der Mann sich dann nie mehr sicher sein kann, dass er die eigenen Kinder liebkost, ist Rousseaus Bild der Vaterschaft das einer symbolischen Vaterschaft, das Sohn und Vater idealerweise aus der Familie löst. Die Mutter kann nicht durch Wort und Beispiel zu Staatsbürgern erziehen; sie erzieht ihre Töchter zu Müttern. An ihr hängen die Lasten der Kinderaufzucht und der Hausarbeit, weil Mutterschaft eine biologische Funktion ist. Vaterschaft hingegen ist nicht naturalisierbar und behält ein symbolisches Moment. Wären alle Frauen das, was sie eigentlich und von Natur aus sein sollten, nämlich Mütter, wären sie an ihr Haus gefesselt und von der Bildfläche verschwunden; im öffentlichen Raum gäbe es sie nicht mehr. Das war die Bedingung der Möglichkeit einer neuen Staatsform.

Der antimonarchische Diskurs stellte eine von Weiblichkeit infizierte, promiskuitive Welt gegen eine Welt der sauberen Trennung der Geschlechter, in der Männer Männer sein konnten. Adel und Weiblichkeit standen gegen bürgerlich befreite, aufrechte Männlichkeit. Die Monarchie verdarb wie die Frauen die Sitten, indem sie den Geschmack herausbildete, verweibischt, effeminiert, und Tugend, nämlich Männlichkeit, Virtus, unmöglich machte. Rousseau hatte ein Paris vor Augen, in dem er sich seine Leser weiblicher als seine Leserinnen vorstellte. Gegen die hochkultivierte, überzivilisierte, höfliche, weibische, verweichlichte, intrigante, eitle Monarchie entwarf er in einer erneuten Renaissance der Römischen Republik eine reine, unbefleckte, tugendhafte, kriegerische Männergesellschaft. Die höchste republikanische Tugend war eine saubere Trennung der Geschlechter, in der die Frauen als »Gefangene der Sitten« (Montesquieu) aus der politischen, öffentlichen Sphäre verbannt und auf die Reproduktion im Haus beschränkt wurden, damit der Mann sich ganz den Interessen der Gesellschaft, dem Staat und dem Allgemeinwohl, verpflichten konnte. Höflichkeit, Galanterie und Leidenschaften, die einen erotischen Raum außerhalb der Ehe schaffen, waren diesem Staat schädlich. Was er brauchte waren Mütter, die keusch zurückgezogen zu Hause Kinder bekamen. Die bürgerliche Familie, so wie Rousseau sie in vermeintlicher Anlehnung an die Antike entwarf, grenzte sich von der repräsentativen Öffentlichkeit der Aristokratie mit der Durchmischung der Geschlechter ab.

Die Frauen aus dem öffentlichen Raum zu verbannen und diesen zu einer rein männlichen Zone zu machen war erklärtes Ziel Rousseaus. Die Bedingung der *res publica* war die Reinigung des Öffentlichen vom Weiblichen. Die *res publica* stellt sich in seinen Texten als *res masculina* dar. Reine Männlichkeit war der Garant für die Unkorrumpierbarkeit und Beständigkeit, für die Wehrhaftigkeit und Wohlgeordnetheit des modernen Staatswesens. Nichts aber bannte die Frauen effektiver aus der Öffentlichkeit als ihre Belegung mit der neuen Mutterrolle, und nichts war diesem Ziel förderlicher als die Entdeckung des Kindes. Die bürgerliche Mutter war also auch eine strategische Figur, die gegen die adelige Dame eingesetzt wurde; sie sollte sie aus dem Feld schlagen, damit ihr Platz männlich besetzt werden konnte. Die Mutter garantierte zunächst vor allem eine segregationistische Gesellschaft, in der sich nur innerhalb der Familie die Geschlechter als Vater und Mutter treffen. Die Mutter war die Rolle, die Frauen an diesen unsichtbaren Ort band. Damit erwies sie dem Staat einen unschätzbaren Dienst, denn die Unsichtbarkeit und die Unhörbarkeit von Frauen war das einzige, untrügliche Anzeichen für die Gesundheit eines Staatswesens. Schon die Griechinnen lebten als Gattinnen und Mütter für die Augen der Öffentlichkeit unsichtbar zurückgezogen im Hause: »Sobald die Mädchen verheiratet waren, sah man sie nicht mehr in der Öffentlichkeit. Auf ihr Haus beschränkt, kümmerten sie sich nur mehr um ihre Wirtschaft und ihre Familie.« Sie folgten darin der immer gleichen Stimme: »Das ist die Lebensweise, die Natur und Vernunft ihrem Geschlecht vorschreibt.«[12] Natur und Vernunft Gehör zu verschaffen, fühlten sich die Aufklärer berufen. Gegen die Welt und ihre dekadente, perverse Vergnügungssucht, in der alle süßen Familienbande zerrüttet, alle Geschlechtsidentitäten aufgelöst sind, stellten sie den neuen Wert Familie. Der neue Staat sollte ein Staat nicht der Männer und Frauen, nicht der Weiblichkeit, sondern der Mütter und Väter sein, die zum Wohle aller im vor der Welt abgeschirmten, trauten Heim rührende Familienbilder stellen. Zusammen triumphieren sie über die Welt beziehungsweise über die Frauen und die Leidenschaft und die Verheerungen, die sie mit sich bringen, und machen es möglich: ganze Männer, die endlich ungestört zu Brüdern werden können.

Der Ersetzung von erotischer Attraktion durch Familienbande, die für eine Befestigung der Geschlechtsidentitäten unabdingbar war, entsprach die Errichtung einer schärfer gezogenen Grenze zwischen Privatraum und Öffentlichkeit. Die Familie wurde zum Ort der Sittlichkeit, die Welt zum Ort der Versuchung und der Korruption; in der einen herrschen die Leidenschaften, in der anderen Natur und Vernunft. Die Familie nennt sich einen Ort der Sammlung und der Stille, der einer anderen Lebensform, der repräsentativen Öffentlichkeit von Welt und Hof entgegengesetzt ist; gegen die Äußerlichkeit, die Falschheit der Welt und die in ihr praktizierte Verwirrung der Geschlechter steht die Authentizität, Wahrhaftigkeit, wirkliche Liebe, wahre Natürlichkeit eines Innenraums und unverwechselbare Geschlechtsidentität. Ihr Preis war die Verwandlung der Frau in die Mutter, die ihre Lust aufzugeben hatte.

Epoche 3: Erlösung durch die Mutter (Pestalozzi)

Johann Heinrich Pestalozzi kam wie Rousseau aus der Schweiz; der eine stammte aus dem calvinistischen Genf, der andere aus dem zwinglianischen Zürich. Seine Schriften atmen, wie sein Nachfahre Karl Pestalozzi schrieb, den Geist Ulrich Zwinglis.[1] Pestalozzi war unstrittig der einflussreichste Pädagoge des deutschen Sprachraums. Bis heute werden sein Name und der seines Schülers Friedrich Wilhelm August Fröbel durch Waisenhäuser und Kindergärten tradiert. Kinder, an denen ihre leiblichen Mütter gefehlt hatten, sollten in diesen Institutionen im Geiste der Mütterlichkeit erzogen werden. Es war Pestalozzi – nicht Sigmund Freud –, der die Erziehung des Kleinkindes durch die Mutter für allesentscheidend und unersetzlich hielt; nicht umsonst sprach er von Elementarerziehung. Und es war Pestalozzi, der weniger als Pädagoge denn als »Gynagoge« Mütter dazu erziehen wollte, ihre Kinder mütterlich erziehen zu können. Pädagogik und Psychologie – nicht die Psychoanalyse – sind Kinder protestantischer Theologie. Pestalozzis geplantes Hauptwerk mit dem Titel »Buch der Mütter« ist über ein Vorwort nicht hinausgekommen. Trotzdem gab es vielleicht nie ein so zukunftsträchtiges Buchprojekt. Das Buch der Mutter ist das moderne Volksbuch schlechthin geworden. Es gibt keine europäische oder amerikanische Mutter ohne irgendein *Buch der Mutter*, ohne irgendeinen Ratgeber, von Ärzten, Pädagogen, Psychologen geschrieben; in den Buchhandlungen füllen sie die Regale. Jeder dieser Mütterratgeber bemüht sich um ein angeblich natürliches Verhalten, das es ganz auszubilden gilt, möchte der Mutter zur Verwirklichung ihrer eigentlichen Natur Hilfestellung leisten. Sie versichern, durch die propagierte Mutter-Kind-Symbiose sei nicht nur ein kleines Stück Paradies auf Erden zu gewinnen, sondern durch die richtige Kleinkindererziehung könne der Grundstein für eine glücklichere Welt und eine bessere Gesellschaft gelegt werden. Diese Mütterratgeber sind Bibeln, die den Glauben unserer Zeit verkünden.

Wie Rousseau hatte Pestalozzi politischen, gesellschaftsreformerischen Ehrgeiz. Wie Rousseau schrieb er propagandistische Volksbücher. Stärker noch als Rousseaus Reform gründete sich seine nicht mehr auf Theologie, Politik oder Philosophie, sondern auf Pädagogik. Für beide gehörten Klassen- und Geschlechterpolitik zusammen. Beider gemeinsamer Feind war adelige Weiblichkeit, der Inbegriff von Unmütterlichkeit. Bei Pestalozzi hießen solche Frauen »Weltweiber«, bei Rousseau *femmes du monde*. Das Unmütterliche war städtisch-französisch konnotiert, der Geist wahrer Mütterlichkeit hingegen an ländliche Bodenständigkeit, die eigene Religion und die eigene Nation gebunden. Für Rousseau war die Monarchie unheilbar mit Weiblichkeit infiziert; durch und durch weibisch war sie dem Untergang geweiht. An ihre Stelle musste eine reine, männliche, tugendhafte Republik treten, für die die römische Republik oder Sparta Pate standen.

Die wichtige Funktion des Erziehens übernehmen bei Rousseau nicht die Mütter; auch als solche bleiben sie noch Frauen und ist ihnen also nicht zu trauen. Jungen werden von Männern zu Männern erzogen. Rousseaus Émile bildet nach dem Modell des Fürstenspiegels Männer zur Knabenerziehung aus. Nur die Erziehung der Mädchen wird der Mutter übertragen; das mit »Sophie« überschriebene Kapitel ist als letzter Teil des Buches Anhängsel im doppelten Sinne; Sophie kommt nur als spätere Frau Émiles in den Blick. Rousseaus *Julie* ist ein Versuch, Weiblichkeit und Mütterlichkeit in gesellschaftsreformierender Funktion ins Spiel zu bringen. Ohne weiter auf den Roman einzugehen, sei angemerkt, dass dieser Versuch ästhetisch so gelungen, wie als ethisches Modell gescheitert ist. Das Gegenteil kann von Pestalozzis *Lienhard und Gertrud* gesagt werden, das die Gesellschaftsreform im Zeichen der Mutter illustriert.

Pestalozzi sah den Adel zwar als von Weiblichkeit verseucht an, aber durch Mütterlichkeit zu erretten. Er setzte sich für eine patriarchalisch-feudale Reform ein. Der von aristokratischer Weiblichkeit gereinigte männliche Adel herrscht im Geist der Mütterlichkeit. Er weiß, was für seine Untertanen, die in die Position von Kindern rücken, das Beste ist. Mütterlichkeit, Modell reformierter Obrigkeit, war für Pestalozzi zentral. Er folgte damit der kirchlichen Tradition. Für ihn wie etwa für Bernhard von Clairvaux, der die zisterziensischen Äbte als Mütter ihrer Mönche sah, war Mütterlichkeit die höchste Tugend. Und wie für Bernhard sollten Männer und Frauen im Geiste der Mütterlichkeit handeln. Anders aber als für Bernhard inkarnierte sich für Pestalozzi die Mütterlichkeit in der Figur der biologischen Mutter und hatte ihren eigentlichen Wirkungsraum nicht in der geistlichen Familie, wie sie das Kloster darstellte, sondern in der biologischen Kleinfamilie. Mütterlichkeit war keine Tugend, die durch das asketische Zurücklassen aller weltlichen Bande erworben werden konnte, sondern so natürlich wie tugendhaft. Wie schon Erasmus literalisierte Pestalozzi Figuren geistlicher Mütterlichkeit. Auch für Pestalozzi hing das Heil der Welt am Stillen. Biologische und geistige Mütterlichkeit sollten idealerweise zusammenfallen. Mütterlichkeit bekam neben der politisch-praktischen, gesellschaftsreformatorischen eine religiöse, heilsgeschichtliche Dimension. Das antike politische Modell, wie es Rousseau für Frankreich vorschwebte, übernahm Pestalozzi nicht. Dadurch konnte Mütterlichkeit für den deutschen Sprachraum so zentral werden. Man kann sagen, dass sie zur entscheidenden politisch-ethischen Kraft wurde, eben weil sie einen Raum jenseits von Politik versprach. Am Müttergeist sollte die Welt genesen. Die Reform der Vermütterlichung des Adels, die diesen den moralischen Werten des Bildungsbürgertums unterwarf, machte eine Revolution überflüssig, und die von der Mutter geführte Familie trat als neues Heiligtum an die Stelle der Kirche. Verkörpern sollten sich diese Werte in Luise von Preußen. Aber trotz aller proklamierten göttlichen und biologischen Unmittelbarkeit wurde vorgeschrieben, was die Mutter sein sollte; ohne die Schrift eines Mannes, ohne die Schrift des Pädagogen wäre sie nichts.

Pestalozzi trug die Mütterlichkeit in die lutherische Reform ein. Sie hat deutsche Politik bis hin zum grünen Müttermanifest bestimmt und ist bis heute für die Positionen des ethischen Feminismus zentral. In der Tradition dieser Reform ist der Kampf zwischen Männern und Frauen von zweitrangiger Bedeutung; entscheidend ist der Kampf zwischen Mütterlichkeit und Weiblichkeit, zwischen Mutter und Dame. An den Sieg der Mutter wurde das Heil der Welt geknüpft.

Eine fragmentarisch gebliebene Schrift Pestalozzis hat posthum einen Titel erhalten, der die neue Opposition formuliert: »Weltweib und Mutter.« Der kleine, unvollendete Essay gründet sich auf die Opposition von Welt und Gott, die er in allen Varianten durchspielt. Er führt die augustinischen Vorstellungen von Gnade versus Weltverfallenheit aus, verkehrt allerdings die Zuordnungen: Familie und Mütterlichkeit ersetzen die Kirche und das Kloster auf der Seite der Gnade. Die Mutter wird wie schon bei Rousseau durch einen Ort und seine Begrenztheit definiert; sie tritt nicht in die Öffentlichkeit, ihr Platz ist nicht in der Welt, sondern sie bleibt »im Heiligtum ihrer Wohnstube«.[2] In einer gottgefälligen Gesellschaft verwandeln sich Männer und Frauen im geheiligten Heim in Väter und Mütter. Familiendienst als Gottesdienst ist nicht mehr wie bei Luther Postulat, sondern durchdringt heiligend das alltägliche Zusammenleben. Familiengeschichte kann jetzt parallel zur Heilsgeschichte erzählt werden. Religiöse Kategorien werden zu politischen Zwecken mobilisiert; ihr Angriffsziel ist adelige Weiblichkeit, die zugunsten der bürgerlichen Mutter von der Bildfläche zu verschwinden hat.

Die Welt erscheint in dieser Schrift als Götze. Wer ihr dient, opfert dem Goldenen Kalb, tanzt um ein Idol, vergisst über dessen Raunen das Schreien der Kinder. Das Weltweib ist zerstreut, der Welt und ihren Nichtigkeiten hingegeben. Geblendet verstrickt sie sich in den tausend Lüsten der Welt: »Es nimmt ihr dieser Dienst nicht bloß ihre Zeit, er nimmt ihr auch ihre Ruhe und die Freiheit, alle Dinge der Welt anzusehen, wie sie würklich sind.« Sie lebt, schon im Leben »in den Tod des äußeren Sinnengenusses vergraben«, in einer verkehrten, einer pervertierten Welt, in der die »reine Ansicht aller Dinge« auf den Kopf gestellt ist. Die Welt wird mit dem Branntwein verglichen. Eine der Welt verfallene Frau ist für das Muttersein verloren; süchtig macht sie eigennützig ihr Kind süchtig, dem sie die Droge Welt statt die Milch der frommen Denkart einflößt.

Eitelkeit, Putzsucht, Neugier, Oberflächlichkeit, leeres Wortgeklingel, Schein, Theater und trügerische Gaukelei stehen gegen Tiefe,

Selbsterkenntnis, Unschuld, Freiheit, Offenheit und Würde, geblendete Verstricktheit gegen begnadetes Erkennen der Wahrheit. Die Sucht nach Neuem, nach Abwechslung um der Abwechslung willen verbildet und verhindert das geduldige Wachsenlassen der Natur. Repräsentiert das »Weltweib« die Verkehrung der göttlichen Ordnung, dann die Mutter deren Erfüllung. Wie die Nonne muss die Mutter der Welt entsagen; diese Form der Weltentsagung heißt immer noch geistliche Mütterlichkeit. Für sie, die sich im Aufziehen kleiner Kinder realisiert, ist biologische Mutterschaft notwendige, aber keine hinreichende Bedingung. Pestalozzi behauptete: Das Kind eines Weltweibs habe keine Mutter. Denn wirkliche Mütter gebären ihre Kinder mit dem Herzen, behalten sie im Herzen. »Zur Sicherung der Lust ihres Lebens«, aus Selbstsucht und Eigenliebe, werfen Weltweiber die Kinder aus ihrem Herzen, »weil es nicht möglich ist, eine Weltfrau zu sein und dabei täglich zu tun und zu leben, wie wahre Muttertreu und Muttersorgen ein frommes und gutes Weib täglich zu leben heißt und zu leben zwingt«. Sie haben kein Mutterherz für Kinder, denen sie trotzdem Mutter sein wollen. Sie verderben ihre Kinder, die vor ihnen aus Mütterlichkeit geschützt werden müssen.

So gibt es Weltkinder und Mutterkinder, die einen verdorben und verloren, die anderen schon auf Erden im Himmel oder im Paradies. Damit nicht immer mehr mutterlose Kinder geboren werden und immer mehr Frauen nicht nur Kinder bekommen, sondern Mütter werden, lag Pestalozzi daran, immer mehr Mütter zu wirklichen Müttern zu machen. Durch seine Erziehung sollten die Frauen werden, was sie natürlich sind, durch seine Pädagogik ihre Natur entfalten, durch seine Schrift Instinkt und Gnade wirksam werden lassen. Beim Weltweib, das Diener und Mägde zur Verfügung hat, trifft diese neue heilbringende Pädagogik auf Herzen aus Stein, fürchtete Pestalozzi.

Wären Weltweib und Weltmann zur Selbsteinsicht fähig und nicht blind und taub verstrickt in Tand und Trubel der Welt, wäre das Kind ihnen »alles in allem, es wäre ihnen die Welt, in der sie lebten und für die sie lebten; ihr ganzes Sein, ihr Empfinden, ihr Denken und ihr Tun würde sich um ihr Kind als um den Mittelpunkt dessen, was in ihrem Geiste, was in ihrem Herzen und was in ihrer Hand ist, herumdrehen.

Und dann würden sie natürlich und notwendig auch ihrem Kinde alles in allem sein, sie wären ihm die Welt, in der es lebte und für die es lebte.« Durch das Kind würden sie »selig« und »vollendet«. Diese heilbringende Funktion des Kindes, das hier in die Rolle des Erlösers schlüpft und die Zentralität Gottes einnimmt – Mittelpunkt des Seins, des Empfindens, des Denkens und des Tuns –, kann nur erkennen, wer das Göttliche in sich rein erhalten hat. Nur wer unbeirrt in der Ordnung Gottes steht, ist für diese Offenbarung zugänglich. Die Elternfunktion oder, wie sich im Laufe des Textes präzisiert, die Mutterfunktion bezeugt, dass eine Frau mit »reinem, vollem Mutterherzen« nicht gottverlassen und das heißt weltbesessen ist; deswegen kann sie vollendet und selig werden. Durch ihren Weltsinn ist das Weltweib aus »dem Himmel der Anhänglichkeit und der Liebe, des Dankes und des Vertrauens« verstoßen, so wie »unsre ersten Eltern nach dem Sündenfall durch ihren Weltsinn aus dem Paradies verstoßen« wurden.

Vor einer solchen Mutter, die »ihr Herz ganz nur für sich hat und ihrem Kinde nichts, gar nichts mehr davon zu geben vermag«, ist das Kind zu schützen. »Es ist freilich unmöglich, daß ein reines, volles Mutterherz durch irgendeines fremdes Menschenherz ersetzt werden könnte«, aber ein Weltweib, das ihr Kind von sich geworfen hat, sollte es »für wahren Gotteslohn achten, wenn ihr Kind irgend ein Menschenherz fände, an das es sich mit Liebe anschließen könnte. Das arme Verwaiste bedarf es so sehr.« Hier stellt sich das Weltweib zerstörerisch in den Weg: »Indem sie die *Kraft* und den *Willen*, Mutter zu sein, verloren hat, ist der Erniedrigten die Anmaßung übrig geblieben, Mutter zu scheinen und alle Rechte auszuüben, die sie hätte, wenn sie würklich Mutter wäre, und dadurch kommt sie dann dahin, diesen Sinn und dieses Heilige noch zu ersticken.« Und so tut das Weltweib das Übelste, das sie ihrem Kind antun kann: Sie will ihrem Kind in ihrer Welt dennoch Mutter sein und nimmt ihm und sich nicht nur den Himmel auf Erden, sondern stürzt es unrettbar ins Verderben, veräußert es an die Äußerlichkeit der Welt, in der in völliger Seinsvergessenheit nur der Schein etwas gilt und Gottes Ordnung verschüttet ist:

> Behaltet sie es in ihrer Welt, so entreißt sie es durch dieselbe Gott, der Natur und sich selbst, so wie sie durch ihre Welt Gott, der Natur und sich selbst entrissen. Es wird und muß unter ihren Händen eines solchen Weltweibs ein Kind werden, das durch die Reize des Sinnenlebens, durch den Kitzel des Gaumens, der Hoffart, des Sichselbstspiegelns, der faden Fertigkeit im Maulbrauchen, im Spielen, im Aufwarten, im Befehlen, im Schmeicheln etcetc, in dem seine Mutter vergraben ist, die letzte Spur der Unschuld und des reinen Sinnes, der offenen, ungebangenen Geradheit, Freiheit und Würde im Reden und Handeln verlieren.

Von Pestalozzi bis Ina Seidel wurde der Kampf zwischen Weltweib und Mutter heilsgeschichtlich als Kampf zwischen Eva und Maria modelliert. An seinen Ausgang wurde nicht nur die Reform der Gesellschaft, sondern das Heil der Welt geknüpft. Weil das Luthertum der Marienverehrung so gänzlich abhold scheint, ist man überrascht, dass die neue evangelische Mutter Züge der katholischen Maria trägt. Aber diese neue Maria ist gründlich reformiert. Die neue Mutter ist, pointiert gesprochen, eine ständige Reformation Mariens.

Pestalozzis Propagandabuch der Mütterlichkeit *Lienhard und Gertrud*, geschrieben in den Jahren 1781 bis 1787, inszeniert die Heldin Gertrud als Ursprung eines Reformwerks beziehungsweise Erlösungswerks mit heilsgeschichtlichem Muster. Diese neue Maria tritt als »beste Frau im Dorf«,[3] als *mater dolorosa et lacrimosa*, auf den Plan. Sie stillt als Maria lactans ihr Kind. Die nackte mütterliche Brust – darauf wird besonderer Wert gelegt – ist frei von erotischen Konnotationen Quelle frommer Denkart. Während Luther sich gegen das schamlose Zeigen der Brüste Mariens und ihr Milchspritzen verwahrte, darf diese neue Maria in neuer Natürlichkeit ihre Brust im Familienkreis entblößen. Diese reformierte Maria ist keine gekrönte Himmelskönigin, die zur Rechten ihres Sohnes herrscht, sondern empfiehlt sich durch ihre Demut: Sie hat den niedrigen Stand einer Handwerksfrau. Mariens Säkularisierung ist fortgeschritten; Maria ist nicht jungfräuliche Gottesmutter, sondern Ehefrau und Menschenmutter. Fürbitte legt sie mit dem Säugling auf dem Arm, der »wie eine Rose blühte«, nicht beim Vater im Himmel, sondern beim Landesvater für die vom Wege Abgeirrten, Verführten ein. Die *imitatio mariae* beschränkt sich auf deren menschliche, allzu menschliche Aspekte: niedriger Stand, Ehefrau und Mutter. Alles Himmlisch-Übernatürliche ist aus dieser Figur gewichen. Das Heil bringt die Frau als Ehefrau und Familienmutter in die Welt, indem sie ihre »Wohnstube zum Heiligtum Gottes erhebt, und ob Mann und Kindern den Himmel verdient«. Aber so bescheiden, still und selbstverständlich unbemerkt dieses Wirken ist, so hängt daran alles Leben; nicht das bloße Leben, sondern das geistliche Leben, Erlösung und Heil. Die Mutter wird in ihrer lebensspendenden Wärme mit der Sonne verglichen, dem Emblem des Souveräns, wie es Ludwig XIV. eindrücklich in Anspruch nahm. Das ist die frohe Botschaft dieser Reformation und bei aller Anknüpfung an mariologische Traditionen deren vollkommene Verkehrung. Auch die asketische Tradition der Keuschheit wird radikal umgeschrieben. Festgehalten wird jedoch an der spirituellen Mütterlichkeit. Denn die Mutter ist Heilsbringerin nicht als jemand, der Kinder gebiert, sondern als jemand, der Familiendienst in der praktischen, alltäglichen Arbeit zum Gottesdienst macht. Nährmutter ist Gertrud im doppelten Sinne; indem sie ihre Familie ernährt und ihr Kleinstes stillt, flößt sie ihr und ihm die »Milch der frommen Denkart« ein. Ihr Mann hingegen, der der Droge Alkohol verfällt und sich aus dem Heiligtum der Familie in das Wirtshaus, den Ort der Gefallenheit, begibt, hat sich von dieser »frommen Denkart« abgewandt.

Das Modell der von liebender Mütterlichkeit beherrschten Wohnstube wird im Verlauf der Erzählung zum Gesellschaftsmodell. Daran wirken Junker, Pfarrer und Lehrer im Geiste neuer Mütterlichkeit mit. Als Gegenspielerin Gertruds, der Mutter aus dem Volke, die ihre Kinder dem Bildungsbürgerideal getreu »Goethe-Lieder« lehrt, tritt Sylvia, adeliges Fräulein, mutterlos, vom Vater erzogen, unverheiratet, kinderlos, schwangere Frauen verachtend, auf den Plan. Als verführerische todbringende Eva ist sie die Antimutter schlechthin und verkörpert gleichzeitig die intrigante, französisch konnotierte Höfischkeit, die es zu überwinden gilt. Sylvia unterliegt; der Herzog entscheidet sich für Gertrud. Maria hat über Eva, bildungsbürgerliche Mütterlichkeit über aristokratische Weiblichkeit gesiegt. Alle Männer sind zu Müttern oder zu Kindern geworden.

Pestalozzi ergänzte Luthers väterlastige Reform um das Modell der geistlichen Mütterlichkeit. Für ihn und seine Nachfolger wurde Mütterlichkeit zum Inbegriff wahrer Liebe und damit zur höchsten aller Tugenden. Das Herz hatte seinen Platz zurückerobert. So erstaunt es denn nicht, dass Pestalozzis sämtliche Reformschriften durch den hermeneutischen Topos der Schriftauslegung par excellence, den von Herz und Buchstaben, strukturiert werden. Pädagogik und Psychologie sind ohne den theologischen Vorlauf nicht denkbar. Deutsche Mutter zu sein ist eine moderne Form von Religiosität, die in der Neuzeit nur mehr praktische Ethik geworden ist.

In drei entscheidenden Punkten definierte Pestalozzi mit seiner reformierten Mutterfigur also die vorreformatorische Weiblichkeit und deren Keuschheitsideal um. Erstens war Pestalozzis Welt wie die Welt des Kirchenvaters Gregor von Nyssa im vierten Jahrhundert streng dualistisch. Die »Welt« steht gegen das Himmlische. Aber die Besetzung dieser beiden Gebiete hat sich verändert, und die Erbsünde bekommt ein anderes Gewicht. Zweitens bedarf die Mutter wie die Nonne und die Heilige einer geistlichen Führung. An die Stelle des Paares Beichtvater und Frau tritt das neue Paar Pädagoge und Mutter. Und drittens spielen Pestalozzis sämtliche Schriften zur Pädagogik auf dem Topos von Buchstabe und Herz; er schrieb sich damit in eine lange hermeneutische Tradition der Bibelauslegung paulinischer Prägung ein.

Zum ersten Punkt bedeutet das im Einzelnen: Für Gregor von Nyssa war Sexualität mit ihren Folgen, Familie, Besitz und Kinder, der Raum, der für die Welt stand. Ihm gegenüber befand sich der Raum der geistlichen Familien, die sich in strenger Askese von allen weltlichen Bindungen zu lösen suchten und in klösterlichen Gemeinschaften keusch ihrer geistlichen Liebe hingegeben lebten. Für Pestalozzi war die in geistlicher Mütterlichkeit erzogene Familie, das Heim und nicht mehr das Kloster der unverdorbene Bereich. Repräsentierte das Kloster den Versuch der Überwindung der menschlich gefallenen Natur und das Wiederfinden der ursprünglichen Bedeutung von Männlichkeit und Weiblichkeit, so stand bei Pestalozzi die Mutter für die ursprüngliche, nicht gefallene Natur. Diese Natur, die als Instinkt der Mütterlichkeit auftritt, ist so gnadenhaft wie natürlich. Instinkt und Gnade, Stimme der Natur und Schrift Gottes, fließen ineinander. Deswegen kommt es auch zu einem Changieren der Identität der Mutter. Zwar ist die biologische Mutter mit ihrem Mutterinstinkt unersetzlich für die Elementarerziehung, dennoch hat nicht jede biologische Mutter diesen natürlichen Instinkt. Es geht um eine Relokalisierung der Erbsünde; mit der Reformation wird sie anders verortet und in ihren Folgen anders eingeschätzt.

Neu ist die Vorstellung, dass das Kind vom Zustand der Gefallenheit, der Verderbtheit durch die Welt ausgenommen und also unschuldig ist. Die Mutter hat das Kind vor der Welt zu schützen. »Das Elend der lebenden Geschlechter« rührt, Pestalozzi zufolge, nur daher, dass man die Mutter nicht gelehrt hat, den ersten Unterricht ihrer Kinder zu übernehmen. Pestalozzis Pädagogik ist nur vor dem Hintergrund der Reformation und ihrer starken Betonung der erbsündlichen Weltverfallenheit zu verstehen; Welt und Gnade, Verworfenheit und Erwähltheit stehen sich unversöhnlich gegenüber. Wahre Mütterlichkeit sorgt für die »Reinerhaltung des Göttlichen«[4] im Menschen, ist Schutz vor der Verunreinigung durch die Welt. Damit nichts Weltliches diese Unschuld zersetzt und das Kind später der Welt gewappnet gegenübersteht, ist die Elementarerziehung durch die Mutter von entscheidender Bedeutung. Der »Mutterinstinkt« verhindert den Einbruch der Welt in das Kind. Denn die Mutter legt in der Herzensbildung des Kindes den Grundstein für das richtige Welt- und Gottesverständnis und sichert »die Unterordnung seiner intellektuellen Bildung unter seine sittliche«.[5] Alle spätere intellektuelle, veredelnde und von den Männern zu übernehmende Bildung hängt vom richtig gelegten Fundament, von der mütterlich vollbrachten Herzensbildung ab.

Zum Zweiten geht es um die Bildung der Mutter. Müttererziehung zur Kleinkindererziehung war Pestalozzis pädagogische Mission. Die Konstituierung der Funktion »Mutter« ging Hand in Hand mit derjenigen der »Elementarbildung«. Beide sind notwendig, um die Welt vor der Erbsünde zu bewahren. Kleinkinder wurden bis zu diesem

Zeitpunkt gestreichelt, geküsst, gepflegt und höchstens aus Versehen erzogen. Als nicht von Spezialdiskursen erfasster Lebensabschnitt hatte die Kindheit bis dato im Dunkel der Praxis und mündlich tradierter Methoden gelegen. Jetzt durfte nichts mehr dem Zufall oder der unkontrollierbaren Praxis überlassen werden. Als Mütterlichkeit zur notwendigen Bedingung einer besseren Welt, zum Heilmittel gegen Weltverfallenheit wurde, musste die Mutter von Männern durch Bücher gebildet werden. Die Kleinkinderziehung wurde aus den Händen von Ammen, von Hauslehrern und Gouvernanten, aus der Hand der bezahlten Kräfte genommen und ganz in den Schoß der Mütter gelegt, die dazu durch die Natur befähigt sind:

> Mutter, Mutter! … Es ist gewüß, die Mutter allein ist imstand, das Fundament der sittlichen Bildung meines Geschlechts beim Kind sinnlich richtig zu legen. Ich sage noch mehr: Die bloßen sinnlichen Handlungen ihres Instinkts sind, insofern sie reine Handlungen des Instinkts sind, wesentlich alle richtige Sinnlichkeits- und Naturmittel zur Sittlichkeitsbildung. Noch mehr; jede Handlung der Mutter, insofern sie bloß Handlung ihres gesunden Instinkts gegen das Kind ist, ist an sich selbst ein richtiges Fundament für die allgemeine Elementarerziehung meines Geschlechts.

Jede Pädagogik musste folglich mit »der Anerkennung der Spezialkraft, die hierfür in der weiblichen Natur liegt«, anfangen.[6]

Diese Spezialkraft, einzige Bestimmung aller Weiblichkeit, ist jedoch merkwürdig ohnmächtig und bedarf tatkräftiger Unterstützung: »Mütter, ich kann euch den Weg zu euerer Bestimmung erleichtern«,[7] versprach der Pädagoge. Der Mutterinstinkt stellt sich als Sonderinstinkt heraus, der als Einziger unter den Instinkten eine höhere Weihe hat. Um seine »Natürlichkeit« ist es dann auch tatsächlich schlecht bestellt. Es ist ein merkwürdig verschütteter Instinkt, der in den höheren Klassen und in Städten so gut wie verschwunden ist, obwohl er so natürlichen wie göttlichen Ursprungs ist. Um wirksam zu werden, bedarf er trotz dieser doppelten Grundlegung der Erziehung. Um richtig erziehen zu können, muss die Mutter erzogen werden;

Mädchenerziehung heißt von jetzt ab Erziehung zur Mutterschaft. Deswegen ist eine Pädagogik nötig, die mit dem ganzen Pathos des Predigers vorgetragen ist. Muttersein ist Beruf und Berufung durch Gott und die Natur jeder Frau geworden. Um ihrer Berufung nachkommen zu können, bedarf die Mutter der Unterstützung des Pädagogen. Von nun an wurde man Mutter nicht mehr durch die Geburt eines Kindes, sondern man wurde dazu gemacht.

Sein Sendungsbewusstsein erfüllte Pestalozzi bis zum letzten Atemzug: Bis an sein Grab wollte er »nichts auf der Erde höher achten als das Ziel, in den Müttern des Zeitalters das so sehr erloschene und so sehr zerrüttete Gefühl, was sie ihren Kindern von Gottes wegen sein könnten und sein sollten, in ihnen von neuem wieder zu wecken und zu beleben«.[8] Wie bei Rousseau war das, was sich als im Namen Gottes unternommene Renaissance oder Restauration verlorener, beschädigter, zerrütteter Mütterlichkeit ausgab, die Etablierung einer neuen Mütterlichkeit, die der Ausbildung bedurfte. Die Mutter war nur im Tandem mit dem Pädagogen wirkliche, wahre, unersetzliche Mutter. So waren die meisten Frauen, die Kinder hatten, wie sie selber bedauernd feststellten, keine Mütter:

> Wer ist Mensch, wer hat den Einfluß der hohen Mutterkraft und des heiligen Muttersinns je beobachtet oder selbst empfunden, und ist nicht überzeugt, daß das, was die Mutter ihrem Kinde sein soll, kein Mensch auf Erden an ihrer Statt so sein kann, wie sie es ihm sein kann, und wie sie es ihm so gern ist, wenn ihr Geist für ihre Bestimmung gebildet, und ihr Herz zu derselben erhoben worden? Und doch, wie wenig Mütter sind ihren Kindern ganz, was sie ihnen sein sollten! Wieviele können es bei der Erziehung, die sie genossen, und in der Lage und in den Umständen, in denen sie sich befinden, ihren Kindern nicht mehr sein, wenn sie es auch schon wollten!!

Diese Mütter »haben nicht gelernt, was sie für ihre Kinder hätten lernen sollen« und sind »durchaus nicht in den Gewohnheiten und in den Geist hineingezogen worden, der ihnen notwendig wäre, um ihren Kindern zu sein, was sie ihnen sein sollten«.[9]

Zum Dritten geht es um den Topos von Buchstabe und Herz. Gertruds Worte und Taten, vor allem aber ihre Tränen, kommen aus dem Herzen, während ihre Gegenspielerin Sylvia, deren Tränen sogar herzlos sind, das tote Buchstabenwissen verkörpert. Pestalozzi polemisierte gegen eine Pädagogik, die vom Intellekt, von Formen und Buchstaben her argumentiert und nicht in Herzensbildung gründet. Wahre Mütterlichkeit, wie sie sein soll, kommt von Herzen, hat ein Herz nicht nur für Kinder, sondern für die ganze Welt. Heute ist zur Katachrese geworden, was hermeneutisch präzisen Sinn hatte: Das Herz stand für die Innerlichkeit und das wahre Verständnis, der Buchstabe für auswendiges Hersagen und Unverständnis. Das Verhältnis von Buchstabe und Herz prägte auch das Verhältnis von Altem und Neuem Testament; erst das Neue Testament gab den Buchstaben des Alten Testamentes ihren wahren Sinn; erst das Neue Testament machte eine Lektüre, die dem Geist und nicht dem Buchstaben des Alten Testamentes folgte, möglich. Das Wort Gottes fiel bei den Juden, nach Paulus, in blinde Herzen aus Stein, während es sich in die christlichen Herzen aus Fleisch einschrieb.

Das Interessante und Neue an Pestalozzis Verwendung dieser Hermeneutik war das *gendering*. Im Zuge einer Biologisierung kam den Geschlechtern jeweils eine eigene hermeneutische Aufgabe zu: Pestalozzi, der Pädagoge, schreibt die Buchstaben und die Formen auf, die die Frau im Herzen aufnehmen, mit ihrem Muttergeist erfüllen und lebendig werden lassen sollte. Das Zusammenwirken von Pädagoge und Mutter ist in dieser Dynamisierung ein ständig und immer wieder neu sich ereignendes Neues Testament, in dem der Muttergeist die Schrift erfüllt.

Die göttliche Schrift im weiblichen Herzen ist nicht unmittelbar verständlich. Sie bedarf der Auslegung, die Pestalozzis »Buch der Mütter« besorgen will: »Was ihr (der Mutter) mangelt, ist äußere Leitung ihres Willens und ihrer Kraft. … Sie bedarf in dieser Hinsicht eines Buchs, das, wie noch keines, aus Gottes und des Weibes Natur abstrahiert, Gottes und des Weibes Natur selbst ist.«[10] Die Gottesschrift wird von einer Pädagogenschrift gedoppelt; die Schrift des Pädagogen tritt an die Stelle des Alten Testamentes. Die Mutter löscht die Buchstäblichkeit dieser Schrift, indem sie sie buchstäblich befolgt und durch ihre »Herzenslektüre« im doppelten Sinne des Wortes erfüllt. Deshalb ist es nötig, dass die Mutter eine buchstäbliche Leserin ist. Die Formen der Pädagogik, die gedruckten Buchstaben, sind notwendiges Vehikel für Muttergeist und Mutterleben: »Ich weiß, es sind nur *Formen*, aber als Formen sind sie die *Hülle* einer *Kraft*, die Geist und Leben in dich selbst und in die Kinder hineinbringen wird.«[11] Sie entwickeln dieses Leben und diese Kraft jedoch nur durch die Aneignung der Mutter: »Mutter! Der Geist und die Kraft der Vollendung liegt in ihnen, und den sollen sie für dein Kind zu deinem Geiste und zu deiner Kraft machen.« »Wörtlich bei den Formen« zu bleiben, die wie das Alte Testament buchstäblich wahr sind, aber erst durch den Geist der Mütterlichkeit erfüllt werden, trug Pestalozzi der Mutter auf. »Sie braucht ein solches Buch – und sie braucht es nicht. Ihre Natur selber ist dieses Buch. ... Sie wird den Geist desselben schneller und umfassender fühlen; sie wird den Geist ihrer Weiblichkeit, sie wird den Geist ihrer Mütterlichkeit zu ihm hinzusetzen. Das Buch selber wird, als das Buch eines Manns, in ihrer Hand und in ihrem Mund verschwinden; es wird ihr Buch, es wird das Buch ihres Herzens sein.«[12] Damit, meinte Pestalozzi, sei »alles gesagt. Es ist damit gesagt: die Elementarerziehung in ihrem ganzen Umfang wird das Werk ihres Herzens, wird ihr Werk sein.« Sie kann ihr Werk allein jedoch nicht vollbringen. Das nie geschriebene »Buch der Mütter« hatte sich vorgenommen, als Wegweiser auf einem von Gott bereits vorgezeichneten Weg »die hohe Kraft der Vollendung in dir selbst und in deinem Kinde zu entwickeln und zu sichern«.[13] Mutter und Pädagoge sind nach diesem hermeneutischen Modell die frohe Botschaft selbst, permanente Offenbarung; kontinuierlich realisieren und aktualisieren sie in der Welt die Wahrheit des Wortes Gottes. Der Pädagoge liefert Buchstaben und Formen, die im Herzen der Mutter sofort wahr werden. Die männlich vor-geschriebene Mütterlichkeit wird sofort erfüllt und ist somit als bloße Schrift, als Buchstabe aufgehoben. In dieser erfüllenden Aufhebung männlicher Schrift, die gleichzeitig ihr Herz erhebt, liegt die »Spezialkraft« der Weiblichkeit. Pädagoge und Mutter sind heilsstiftend; wie in Maria wird in ihr die Schrift wahr, lebendiges Wort. Die Frau wird Mutter, indem sie tote Worte im Kind Fleisch werden lässt. Es handelt sich also um ein durch und durch hermeneutisches Verfahren.

Pestalozzis Erziehungsreform zielte darauf, aus allen Frauen Mütter zu machen, Mütter der eigenen oder Mütter anderer Kinder. Mütterlichkeit wurde zu einer hermeneutischen Funktion. Sie stand im Zeichen des Herzens für die unmittelbare Innerlichkeit des richtigen Liebens und des richtigen Verstehens. Dieser Topos wird bis in unsere Tage unermüdlich variiert – einer »echten Frau« gelten »lebensvolle Beziehungen« mehr als alle »graue Theorie«. Die hermeneutische Kategorie Mutter wurde zur Norm für alle Frauen. Die körperliche, topologische Metapher der Innerlichkeit wurde auf reale Gesellschaftsräume übertragen, die sich damit herausbildeten: den der innig abgeschlossenen Familie und den der Öffentlichkeit. In den öffentlichen Raum verirrten sich von jetzt ab nur herzlose Frauen, Frauen ohne Herzensbildung, Frauen, die, verloren an die Äußerlichkeit des toten Buchstabens und den leeren Glanz dieser Welt, eben keine Mütter sind. Ein Mädchen war von jetzt ab nicht mehr Tochter des Vaters, der die Gelehrtenwelt nicht per se verschlossen blieb und die immerhin vor einer akademischen Öffentlichkeit zum Magister und Doktor einer philosophischen Fakultät promoviert werden konnte wie die siebzehnjährige Dorothea von Schölze 1770 in Göttingen. Ein Mädchen genoss als Tochter der Mutter jetzt wahre Herzensbildung. Mädchenerziehung und Knabenerziehung hatten so gut wie nichts mehr gemein: Zielte das eine auf das öffentliche Ablegen von Prüfungen, dann das andere auf die abgeschlossene Familiarität; das eine war Erziehung für die Öffentlichkeit, das andere für die Familie, die sich vor allem dadurch auszeichnete, ein öffentlichkeitsfreier Raum zu sein. »Oeffentlichkeit«, so Betty Gleim, sei »nun einmal dem Weibe weder heilsam noch erwünscht«. Auch eine berufstätige Frau wie eine Pensionatserzieherin sollte deswegen wesentlich Mutter, das heißt herzensgebildet sein und Herzen bilden.

> Mutter muß sie werden, so weit sie es werden kann und darf, Mutter im höheren geistigeren Sinn des Wortes. Es sind nicht ihre eigenen

> Kinder, an denen sie die Mutterstelle vertritt, aber durch Leistung, Bildung, Liebe können sie ihrem Herzen so nah wie eigene Kinder verwandt werden. Ihre Brust kann nicht die erste Nahrung reichen; aber ihr Herz kann den Kinderherzen Liebe nähren. Sie sind nicht wie die Kinder des Fleisches; aber die Kinder ihres Geistes und ihres Herzens. … Alle Gefühle des Weibes vereinigen sich in dem einen: Mutter zu seyn.[14]

Erzieherinnen sollten Mütter sein, um Mütter ausbilden zu können. Die Luisenstiftung machte ihrer Namenspatronin alle Ehre und veranstaltete, »um auch beim Unterrichte mehr die Form des Familienlebens als der Schule zu berücksichtigen«, niemals öffentliche Prüfungen.[15] Selbst die höhere Schulbildung, die man den jungen Mädchen später einräumen wollte, sollte nicht dazu dienen, sie mit den Jungen konkurrenzfähig zu machen, sondern war, wie sich der nationalliberale Historiker Heinrich von Sybel 1870 ausdrückte, anspruchsvolle »Vorbildung zur Hausfrau«. Wer einmal im Glanz der Öffentlichkeit gestanden hat, so wussten die Pädagogen, droht dem Schein der Welt zu verfallen und ist schwer an die weibliche Natur der Zurückgezogenheit und häuslichen Stille zu gewöhnen:

> Wie soll unsern Töchtern noch die Stille des häuslichen Kreises erträglich bleiben, wenn wir selbst sie von der frühsten Jugend an in allen öffentlichen Zerstreuungen herumtreiben? Aber nicht bloß dadurch allein verbilden wir sie für die Häuslichkeit, wir schaden dieser Tugend nicht viel weniger dadurch, daß wir sogar den Unterricht unsrer Töchter so öffentlich machen, daß sie nichts lernen und nichts hervorbringen sollen, was nicht zur Schau gestellt werde! Wie soll dem so verwöhnten Mädchen doch noch die stille häusliche Thätigkeit gefallen, die dem Publicum unbekannt bleibt?

Wie hatte Rousseau so schön gesagt: Je weniger man von den Frauen hört, je unsichtbarer sie bleiben, desto besser ist es um den Staat bestellt, und, so könnte man mit Pestalozzi und Rousseau hinzufügen, desto besser steht es um das Heiligtum Familie, Ort des wahren, herzlichen, lebendigen Verständnisses. Dieses Ziel war mit der Ausbildung der Frau zur neuen Mutter erreicht.

Wie tiefsitzend diese hermeneutische Tradition ist, in der die Innerlichkeit des Herzens gegen die Äußerlichkeit des Buchstabenwissens steht, erfährt man in der neuesten medizinisch-pädagogischen Literatur, die zum standardisierten Lehrbuchwissen angehender Ärzte gehört. Frauen handeln auch hier aus dem Herzen heraus oder, vermeintlich moderner ausgedrückt, natürlich und instinktiv. Dieser Instinkt scheint den Vätern abzugehen, die in dem ansonsten um die Standards von *political correctness* bemühten Buch in Fragen instinktiver Kindererziehung urplötzlich von der Bühne verschwinden: »Die Fähigkeit zum Erziehen kommt aus dem Instinktbereich!« heißt es dort schwarzumrandet und grau unterlegt, und diese Maxime wird ausgeführt: »Weniger reflektierte Mütter haben häufig eine größere erzieherische Sicherheit als intellektuelle Mütter, die einen durchdachten Erziehungsplan verfolgen.«[16] Das Raffinement hermeneutischer Bibelexegese à la Pestalozzi ist verschwunden. Geblieben ist das tiefsitzende Misstrauen gegenüber dem toten Buchstaben. Intellektuelle sind schlechtere Mütter; sie folgen nicht ihrem Instinkt, sondern ihrem Verstand oder, um es mit Pestalozzi zu sagen, nicht ihrem Herzen, sondern dem Buchstaben. Sie haben den entscheidenden Nachteil, den toten Buchstaben nicht spurlos zu verwandeln, sondern Reste von ihm erkennen zu lassen. So verlieren sie, im Transport von nicht vollständig belebtem Toten, die instinktive Natürlichkeit der Funktion Mutter, die wie keine andere der Buchstaben bedarf und doch nichts mehr als deren Erfüllung mit wahrem Leben sein soll.

Pestalozzi fand für seine Reform Unterstützung von höchster Stelle. Seine glühendste Befürworterin war eine der Frauen, die, »ohngeachtet sie recht viel Teil an der Welt haben, sich über das Nichtige des Welttons und seines Verderbens erheben«:[17] Luise von Preußen, eine Königin mit Herz.

Epoche 4: Adel der Mütter (Königin Luise)

Luise in ihrem hermelingeschmückten blauen Gewand, vorgeneigt und mit weinenden Augen aus ihrem goldenen Wagen das Volk grüßend, war so sehr Fürstin wie Frau, eine Frau, die gleich der ärmsten Mutter im Lande mit ihrem Leibe die Lasten von zehn Kindern erduldet, die dem vollen Anprall des das Land zermalmenden Schicksals die Brust geboten und sich keinem Leiden und keiner Demütigung entzogen hatte.

Ina Seidel

Das Bild der Königin Luise von Preußen (1776–1810) sollte »jede gebildete Frau und jede sorgfältige Mutter ... in ihrem oder ihrer Töchter Wohnzimmer haben«, empfahl der damals sechzehn Jahre alte Novalis, »ein Neveu des Ministers Hardenberg«, in einer Schrift mit dem schönen Titel »Glauben und Liebe oder Der König und die Königin«. So könne »Ähnlichkeit mit der Königin ... der Karakterzug der Neupreußischen Frauen, ihr Nationalzug« werden.[1] Die Fragmentensammlung, die 1798 kurz nach der Thronbesteigung Friedrich Wilhelms III. entstand und in den Jahrbüchern der preußischen Monarchie veröffentlicht wurde, gehört zu den vielleicht wichtigsten deutschen staatspolitischen Schriften. Sie stellt die Reform des Adels durch die bürgerliche Liebesehe gegen die Französische Revolution. Sie basiert wiederum auf der Gegenüberstellung von liebendem Herzen und totem Buchstaben. Glaube und Liebe, so der Brief des Paulus an die Korinther, charakterisieren den neuen Bund und unterscheiden ihn von dem vom Buchstaben des Gesetzes bestimmten alten Bund.[2] Wenn Novalis den Ehebund zwischen König und Königin und die Teilhabe der Untertanen daran mit diesem neuen Bund parallelisiert, so ersetzt er in dieser neuen Glaubens- und Liebesgemeinschaft Opfertod durch Ehebund. Im Mittelpunkt des hier vorgestellten neuen Gesellschaftsvertrags steht die reformierte Königin, die in ihrer neuen bürgerlichen Paraderolle als Mutter, Gattin und Hausfrau eine Frau wie jede andere geworden war. Ihr Haushalt und ihre Ehe wurden zum Staatsmodell. Novalis' Liebesbotschaft, die einen Bund der Herzen proklamierte, blieb am männerbündisch und militärisch geprägten preußischen Hof zunächst unerhört.

»Glauben und Liebe« steht am Anfang der Luisenbegeisterung; fast alle Dichter sollten folgen. August Wilhelm Iffland, Heinrich von

Kleist, Max von Schenkendorf, August Wilhelm von Schlegel, Friedrich Schleiermacher, Friedrich Baron de La Motte-Fouqué und Theodor Fontane haben Luise besungen. Die Luisenbegeisterung erreichte ihren Höhepunkt nach dem Sieg Preußens über Frankreich 1871 mit der Gründung des Deutschen Reiches. Aus dieser Zeit stammt nicht nur eine einflussreiche Biographie, die später zum Lesepensum der Mädchengymnasien gehörte, sondern auch ein Buch, das in achtundzwanzig Stichen die wichtigsten Stationen Luisens Lebens festhält und in keinem deutschen Kinderzimmer, wo man etwas auf sich hielt, fehlte.[3] In dem deutsch-nationalen Szenario, das die deutsch-preußische, romantisch-protestantische Königin Luise, Ehefrau, Mutter und Patriotin, dem französischen Tyrannen Napoleon entgegenhielt, der sein babylonisches Reich auf Blut, Ehrsucht und Habsucht gebaut hatte, rächte dieser Sieg die ihr durch Napoleon zugefügte Schmach. Luise wurde zur Märtyrerin für die deutsche Sache, zur Schutzheiligen, zur Schlüsselfigur der deutschen Reichsgründung. Es war ihre Liebe, die Deutschland befreite und einigte. Es war ihr gebrochenes Herz, ihr Liebestod für Deutschland, der dem Heer zuerst in den Befreiungskriegen und später im Krieg gegen Napoleon III. den Weg wies. Zu einer entscheidenden national-politischen Figur wurde Luise paradoxerweise, weil sie sich als liebende Ehefrau und Mutter aus allem Politischen heraushielt. Wie schon bei Pestalozzi sollte das Haus Modell für den Staat, das Private Modell für das Öffentliche, die Familie Modell für das Politische werden. Anders als Rousseau, aber ebenso wie Pestalozzi schlug Novalis eine Reform vor, die von der Familie auf die Welt übergreift. Sie hängt entscheidend an der Mutter, Ehefrau und Hausfrau.

Schon während ihres kurzen Lebens wurde Luise zur unwiderstehlichen »Königin der Herzen« (August Wilhelm von Schlegel), zur »schönen Königsrose« Preußens (Max von Schenkendorf), hinweggerafft in der Blüte ihres Lebens. Der Schmerz über ihren frühen Tod überzog ganz Preußen mit Trauerflor, Glockengeläut, Trauergeleit, Tränen und Denkmälern. Diese spontane Volkstrauer zeigte, dass Luise mehr gewesen war als eine Königin. Ihre Herrschaft war nicht auf Macht, sondern auf Liebe gebaut: »Sie wär in Hütten Königin der Herzen«, brachte August Wilhelm von Schlegel diese neue Herrschaft auf den Punkt.[4] Der Luisenmythos installierte die Königin in mitfühlender, natürlicher Herzlichkeit und Warmherzigkeit als Gegenfigur zu steifer französischer Förmlichkeit; Luise folgte ihrem Herzen und nicht der Etikette. Dieser Rolle kam entgegen, dass sie nicht selbst herrschte. Mit Luise wurde die bürgerliche Liebesehe auf dem Thron in Szene gesetzt. Und ebendieses Konstrukt machte die Königin zum Rollenvorbild für alle Frauen. Hundertfünfzig Jahre sollte sie der »Leitstern jeder deutschen Frau« bleiben.

Luise und Friedrich Wilhelm machten die Französische Revolution in Deutschland gewissermaßen überflüssig. Mit ihnen bestiegen die bildungsbürgerlich-protestantischen Familienwerte, in deren Namen der Adel kritisiert worden war, selbst den Thron. Die antimonarchische Propaganda stellte den Hof als Sphäre perverser Familienbeziehungen dar, in der kein Geschlecht seine natürliche Rolle mehr erfüllte. Promiskuitive, lesbische, ja inzestuöse Mütter traten neben impotente, tyrannische Väter. Die Legitimität der Kinder war höchst zweifelhaft. An diesen Übeln war die zersetzende adlige Weiblichkeit schuld, die die Männer angesteckt hatte. Solche Leute konnten keine gerechten Landesväter oder im Geiste der Liebe vermittelnde Landesmütter sein. Luise und Friedrich Wilhelm führten nicht nur eine mustergültige Ehe, ihre Ehe war ein Liebesbund, und ein Liebesbund sollte nach dem Willen der romantischen Reformer auch das Verhältnis von Staat und Staatsbürgern sein. Ihre Verbindung entsprach nicht den monarchischen Mustern, die bisher Europa bestimmt hatten. Nicht Machtpolitik prägte sie, in der die Ehe als Verbindung zwischen zwei dynastischen Häusern eine diplomatische Form war, sondern Liebe. Novalis formulierte die Liebesrevolution von Ehe und Staat in zwei Zeilen: »Mehr als ein Königreich gab der Himmel dir in Luisen; Aber du brachtest ihr auch mehr, als die Krone – dein Herz.«[5] Hierbei handelte es sich um nichts Alltägliches, sondern um ein Bündnis, das alles bisher Dagewesene radikal verkehrte und in der Tat ein neues Staatsverhältnis begründen sollte. Novalis fasste das in der Figur der Transsubstantiation: »In unseren Zeiten haben sich wahre Wunder der Transsubstantiation ereignet. Verwandelt sich nicht ein Hof in eine Familie, ein Thron in ein Heiligthum, eine königliche Vermählung in einen ewigen Herzensbund?« Transsubstantiation des Hofes durch Liebe statt Revolution und Königsmord – das war im Großen und Ganzen romantische Politik. Die Familie, reformiert durch die rechte Liebe, wurde zum Legitimationsort für deutsche Politik. Im Heiligtum der Familie wurzelte legitime Herrschaft. Die innige Liebe zwischen König und Königin verkörperte das wahre Staatsverhältnis: »Und was ist die Staatsverbindung anders als eine Ehe?«

Die Ehe als Modell der Verbindung zwischen Land und Herrscher war nicht neu. Es ist eine Analogiebildung zur Verbindung zwischen Christus und seiner Kirche, die den Hoheliedkommentaren und den Paulusbriefen zufolge wie der Bund zwischen Braut und Bräutigam ist. Elisabeth I. hatte sich auf dieses Verhältnis zur Begründung ihrer Herrschaft berufen. Jungfräulich werde sie bleiben und keinen Mann heiraten, weil sie bereits einen Bräutigam habe, erklärte sie dem Parlament zu ihrem Herrschaftsantritt. Ihr Bräutigam sei England. Elisabeth wurde als *sponsa anglia* durch die Übertragung des Modells der Braut Christi eine der mächtigsten Herrscherinnen der Welt. Eine solche keusch liebende Beziehung zwischen der Herrscherin und ihrem Land hatte Novalis nicht im Sinn. Vielmehr sollte die Liebe zwischen den Eheleuten das Modell der Bindung der Untertanen an das Herrscherhaus sein.

Bürgerliche Ehe, die auf von Leidenschaft gereinigter Herzensliebe beruht, und Monarchie sollten in der neuen Staatsverfassung, die Novalis die republikanische Monarchie nannte, ein unzertrennliches Bündnis eingehen. Die Möglichkeit, die jedem offenstand, an diesem Staat teilzuhaben, war die eheliche Liebe. So sollte zum Inbegriff bürgerlicher Tugend, zum Ort reiner Herzlichkeit werden, was in der antimonarchischen Propaganda von Samuel Richardson bis Jean-Jacques Rousseau, von Gotthold Ephraim Lessing bis Friedrich Schiller ihr absolutes Gegenstück gewesen war: Der Hof und vor der Revolution insbesondere der französische Hof galten als Inbegriff der Hohlheit, Lasterhaftigkeit und perversen Geschlechtervermischung dieser Welt. Schuld daran war die laszive, unaufrichtige, kaltherzige, herrschsüchtige adelige Weiblichkeit. Pestalozzis Programm einer Restauration des Patriarchalismus durch die Reinigung des Adels von Weiblichkeit und deren Ersetzung durch bürgerliche Mütterlichkeit schien sich im neuen Königshaus zu verwirklichen. Der preußische Hof wurde mit Luise an der Spitze zum Idyll einer bürgerlichen Familie, zum Hort von Tugend und reiner Gattenliebe, wo man Mensch unter Menschen sein konnte. Luise verkörperte den neuen Typus einer Weiblichkeit, die mit den erotischen Idealen höfischer Kultur nichts mehr gemein hatte. In der Literatur, die ihren Ruhm zur allgemeinen Volksverbesserung singt und ihren beispielhaften Charakter für alle Bürgermädchen illustriert, schmilzt das Raffinement der Liebeskunst auf das groteske Spektakel von König, Ehefrau und schwangerer Geliebten zusammen.[6]

Ein für alle Mal vorbei seien die Zeiten, stellte der Biograph erleichtert fest, als der französische König samt Königin und hochschwangerer Geliebten seine Provinzen bereiste, was die Königin, so der einfühlsame Autor, verletzt und die Provinzbewohner schockiert haben muss. Das preußische Königshaus bot seinen Untertanen keine skandalösen Szenen. In Deutschland war keine Revolution im Namen von Freiheit, Gleichheit, Brüderlichkeit nötig. Der Hof hatte sich dort gewissermaßen selbst reformiert und sittsam offenherzig zu den Werten von Wahrheit, Tugend und Liebe gefunden. Novalis erklärte, dass die deutsche sittsam bürgerliche Weiblichkeit französischer verderbter adeliger Frivolität überlegen ist und ebenso die deutsche republikanische Monarchie der französischen Konstitution; Letztere hat in ihrer Konstitution nur den kalten, abstrakten Buchstaben, der allein den Verstand anspricht, während die im Königspaar Fleisch gewordene Liebe Grundlage und Bild des deutschen Staates ist.

In Frankreich wurden Politik und öffentlicher Raum, wie nach Rousseau auch Napoleon nicht müde wurde zu behaupten, reine Männersache. In Deutschland dagegen wurde der öffentliche Raum ideal ein privater. In diesem hatte die Frau als Gattin und Mutter, die sittlich klärend auf unreine Triebe wirken sollte, eine hervorragende Rolle zu spielen. Er wurde nicht von steifer Etikette, sondern vom Takt des Herzens bestimmt. Wie in Pestalozzis *Lienhard und Gertrud* vorgeschrieben, ordnete sich der öffentliche Raum nach dem Modell der Wohnstube, des »Heiligthums des Heims«.

In dieser Konstellation hing die deutsche Überlegenheit – so wollte es der zeitgenössische Gemeinplatz – an der Überlegenheit der deutschen Frauen, und die war schon bei Tacitus verbürgt: »Zu den vielen Vorzügen der alten Germanen gehörte, daß sie der Frau eine so hohe Stellung in der Familie und im gesellschaftlichen Leben anwiesen, wie derselben eine ähnliche bei keinem Volke bis dahin je zu Theil geworden war.«[7] Nach dieser Vorstellung definierte sich die neue deutsche Politik: Da die Franzosen keine entsprechende Tradition vorweisen können, will Napoleon die Frauen in eine »sehr eng gezogene Sphäre« einschließen, und weil die deutschen Frauen höher stehen als die Frauen aller anderen Länder, wird Deutschland die Vormachtstellung in Europa zufallen: »Wenn die deutschen Frauen so ehrerbietige Töchter, so gehorsame Gattinnen, so liebevolle Mütter, so aufopfernde Patriotinnen werden, wie die Königin Louise es war, so ist den Deutschen für immerdar der Vorrang gesichert in Europa.«[8] Paradoxerweise lag die höhere Stellung der deutschen Frau in ihrer Einfügung als Tochter, Gattin, Mutter wie Patriotin und in ihrer Unterordnung unter patriarchalische Strukturen – ehrerbietig, gehorsam, aufopfernd sollte sie sein.

Mit dem Luisenmythos erobert die deutsche bürgerlich-protestantische Reformation den Adel: »Der Hof ist eigentlich das große Muster einer Haushaltung. Nach ihm bilden sich die großen Haushaltungen des Staats, nach diesen die kleineren und so herunter. ... Der Hof soll das klassische Privatleben im Großen sein. Die Hausfrau ist die Feder des Hauswesens. So ist die Königin, die Feder des Hofes.«[9] Die preußische Königsfamilie stellte sich in ihren »Herrschaftsbildern« fast wie eine protestantische Pfarrersfamilie dar. Auf Gemälden sitzt das Paar gewöhnlich in einem wohnlichen, aber keineswegs prächtigen Zimmer »auf dem Sopha und blickt mit vergnügtem Gesichte auf ihre Kinder, die sich an sie anlehnen oder zu ihren Füßen auf der Erde herumspielen«.[10] Das preußische Königspaar erscheint in diesen Darstellungen als nicht auf Repräsentation bedacht, sondern als Vater und Mutter im Kreise ihrer Kinder; sie verkörpern vorbildlich die innige Traulichkeit der bürgerlichen Familie. Das »Herrscherbild« wurde damit in die protestantische Ikonographie eingereiht, für die Darstellungen des Familienlebens und der Kindererziehung zentral waren: »Laßt nur die Kindlein zu mir kommen!« ist das ikonographische Programm, unter dem diese Familienbilder stehen. Luise und Friedrich Wilhelm stellen einen verklärten Typus der frommen evangelischen Familie dar, die vom gerechten Vater als Oberhaupt regiert wird.[11] Heiligtum ist sie, weil rechte eheliche Liebe und Kindererziehung zum Gottesdienst geworden war, auf dessen Alltäglichkeit nun auch noch etwas königlicher Glanz fällt. Tugendhafte und sittsame Häuslichkeit wurde nicht mehr gegen den Adel ausgespielt. Sie verkörperte sich im Gegenteil im Adel selbst, der mit gutem Beispiel voranging und seinen Untertanen in einem von edler Einfachheit durchdrungenen Privatleben das Bild eines glücklichen, in inniger Liebe verbundenen Paares vorstellte. Das Ausstellen der intimen Privatheit solcher Liebe wurde zur wichtigsten öffentlichen Funktion der Monarchie. »Ihr Beispiel wird übrigens unendlich viel wirken. Die glücklichen Ehen werden immer häufiger, und die Häuslichkeit mehr als Mode werden.«[12]

Sogar die Kleidermode der Königin wurde Vorbild für die Bürgersfrau, was für Frankreich undenkbar gewesen wäre. Im Luisenmythos verbürgerlicht die Aristokratie; die Königin wird Mutter und Gattin – Luise im Kreise ihrer Kinder, Luise mit den Kindern auf den Armen, Luise bei der Hausmusik, die Kinder spielend an ihren Knien. Diese Propaganda hat das viel getadelte egoistische Verhalten der Adeligen, die über der Welt ihre Kinder vergessen, sie in die Obhut von Ammen und Kindermädchen, Gouvernanten und Erziehern geben, ausgemerzt. Dienstboten hatte Luise selbstverständlich; aber weil sie nicht zum Bild der guten Mutter und Gattin passen, werden sie in den Darstellungen ausgespart.

Als »glücklichstes Ehepaar, das je auf einem Throne gesessen«, bekämpfte ihr »herrliches Beispiel … den Wahn, als ob auf höchster Stelle einfaches, bürgerliches Glück nicht gedeihen könnte«. Luise war Frau und nicht Königin auch ihrem Gatten gegenüber. Noch in Fontanes *Schach von Wuthenow* gilt die Ehe des Königspaares als reines Liebesglück. Hier betont die Königin, dass sie eine Frau wie jede andere sei: »Ich bin eben Frau, und es wäre hart, wenn ich mich meiner Frauenart entschlagen müßte, weil ich eine *Königin* bin.« Der Roman zeigt allerdings die Grenzen der Verallgemeinerbarkeit dieses Glücks: Als Stifterin des ehelichen »Bundes zweier Herzen« bleibt die Königin erfolglos. Das Vorbild des ehelichen Glückes auf dem Thron ist unbrauchbar geworden; das lutherische Ideal der sittlichen Ehe wird im *Schach* schwer erschüttert. Der »Hauptpunkt in unsrer gereinigten Kürche«, wird an einer Stelle unter allgemeiner Zustimmung festgestellt, sei der »von der chrüstlichen Ehe«.[13]

Die Ehe war kein machtfreier Raum. Dort herrschte die Macht der Liebe, die die Frau zu liebevoller Fügsamkeit, Gehorsam und anschmiegsamer Unterordnung bewegt. Obwohl Königin, nahm Luise die Privilegien ihres Standes nicht in Anspruch und war als Ehefrau ihrem Ehemann untertan. In dieser Mission der Untertänigkeit der Ehefrau reiste die Königin durch Preußen. Sie verkündete, dass sie sich in allem nach dem Geschmack ihres Mannes richte, dass sie mit dem Essen auf ihn warte, dass sie sich nicht für klüger halte als der, zu dem sie aufschaue. Sie ließ ihm taktvoll den Vortritt, wenn es etwa um die ehrenhafte Einrichtung einer neuen Wohltätigkeitsanstalt ging. Sie stellte ihn nie in den Schatten. Als vollkommene Gattin lehrte sie die bürgerlichen Hausfrauen, was diese angeblich so wohltuend von den Adligen unterschied: Gehorsam und Unterordnung unter den Ehemann. Das so genannte einfache bürgerliche Glück einer tugendhaften Ehe, in dem die Frau ihren von der Natur gesetzten Grenzen gemäß zu ihrem Ehemann aufschaut, war eines der schlagkräftigsten Argumente gegen die Sittenverderbnis von Hof und Monarchie. Es wurde zum einen gegen die Raffinements einer galanten Liebeskunst, die zu einer promiskuitiven Selbstherrlichkeit der adeligen Frauen geführt habe, eingesetzt und zum anderen gegen adelige Männer, die sich an bürgerlich reiner Unschuld vergreifen wollten. Und ebendieses einfache bürgerliche Glück hatte den preußischen Thron bestiegen.

Die Versittlichung unter weiblich-königlicher Ägide stellte alles bisher Dagewesene auf den Kopf. Es war eine Verkehrung der polemischen Kampfschriften, mit denen rousseauistische und deutsche Aufklärung gegen Adel und Hof vorgingen. Dementsprechend schrieb Novalis:

> Sonst mußte man sich vor den Höfen, wie vor einem ansteckenden Orte, mit Weib und Kindern flüchten. An einen Hof wird man sich jetzt vor der allgemeinen Sittenverderbniß, wie auf eine glückliche Insel zurückziehen können. Um eine treffliche Frau zu finden, mußte ein behutsamer junger Mann sonst in die entlegeneren Provinzen, wenigstens in die gänzlich von Stadt und Hof entfernten Familien gehn; künftig wird man, wie es nach dem ursprünglichen Begriff sein sollte, an Hof, als zum Sammelplatz des besten und schönsten gehn, und sich glücklich preisen können, eine Frau aus der Hand der Königin zu empfangen.[14]

Luise wurde zu einer Art Schutzheiligen des Ehebundes. Novalis ging so weit, »eine bedeutungsvolle Huldigungszeremonie der Königin« als ein Eheersatzsakrament vorzuschlagen. Iffland stellte sie in einem seiner Stücke als leuchtendes Beispiel noch für die bescheidensten Verhältnisse vor. Der Dorfschulze verheiratet dort ein junges Paar – die Namenspatronin der Braut ist die Königin – unter der Dorflinde. Er stellt in seinem Segen ein Beispiel der guten Ehe vor: »Auf unsers Königs Throne lebt es. Louise, meine gute Tochter, sei eine so freundliche, gute Gattin, werde eine so treue, gute Mutter, als unsere Königin es ist! Wahrlich, sie ist oft mit dem großen Hausschmuck angethan, denn sie hat oft ihre Kinder auf den Armen. So habe ich und viele Menschen sie gesehen. Das bringt Freude und Muth für den Hausstand unter guten Menschen.«[15] Die Königin strahlt nicht öffentlich repräsentativ im Glanz ihrer Juwelen; ihr Schmuck sind die Kinder, die sie wie jede gute Mutter auf dem Arm trägt. Ihr Reich ist die Häuslichkeit; der ganze Staat soll ein Reich der Häuslichkeit sein.

Der Raum außerhalb dieser Häuslichkeit, der Raum des Politischen, der öffentlichen Angelegenheiten war genau der Raum der Königin in vorbürgerlichen Zeiten. Die Apologeten Luisens hatten alle Hände voll zu tun, zu zeigen, dass Luise bürgerliche, postrevolutionäre Geschlechtergrenzen berücksichtigte und sich aus Männersachen raushielt. Es ging um die Schöpfung eines wirkungsmächtigen Mythos und nicht um geschichtliche Fakten.[16] Faktisch griff Luise sehr wohl in öffentliche Angelegenheiten ein: Sie unterstützte die patriotische

Kriegs- und Reformpartei von Prinz Louis Ferdinand, Karl Freiherr von und zum Stein und Karl August Freiherr von Hardenberg und wandte sich damit gegen die profranzösischen Minister und Kabinettsräte. Novalis umriss den noch heute gültigen Bereich weiblicher Zuständigkeit:

> Die Königin hat zwar keinen politischen, aber einen häuslichen Wirkungskreis im Großen. Vorzüglich kommt ihr die Erziehung ihres Geschlechts, die Aufsicht über die Kinder des ersten Alters, über die Sitten im Haus, die Verpflegung der Hausarmen und Kranken, besonders der von ihrem Geschlechte, die geschmackvolle Verzierung des Hauses, die Anordnung der Familienfeste und die Einrichtung des Hoflebens von rechtswegen zu.[17]

Das Abstecken fester Grenzen für die Frau, auf deren Einhalten durch die Königin sämtliche Apologeten insistierten, wurde diplomatisch wichtig, weil Napoleon Luise in dieser Hinsicht lächerlich zu machen suchte. Der Krieg zwischen Napoleon und Luise, zwischen Frankreich und Preußen entpuppte sich als ein Krieg, in dem die Definition von Geschlechterrollen eine zentrale Rolle spielte. Napoleon hatte in Luise richtig seine eigentliche Feindin ausgemacht, nur verkannte er, so scheint es, ihre Strategie. Er glaubte es mit einer Frau zu tun zu haben, die die von der Natur gesetzten Grenzen ihres Geschlechtes überschreitet und sich in Sachen mischt, die sie nichts angehen – Krieg und Politik –, und die sonst ganz untugendhaft mit den Waffen einer Frau kämpft und weibliche Schwächen hat. Napoleon sah in der Königin die eigentliche Anzettlerin des Krieges, und damit lag er nicht ganz falsch. Sie hatte diesen Krieg aber nicht in der Weise angezettelt, wie er vermutete. Napoleon hatte ein Bild von Luise in Uniform gesehen und schloss daraus, dass sie als Heroine die Befehlsgewalt über ein Regiment hätte.

Napoleons wohl während ihres Treffens von Tilsit gestellte Frage, wie Luise es habe wagen können, gegen ihn Krieg zu führen, gab dem Treffen einen interessanten erotischen Unterton. Gemälde wie das von Bosse, die die Begegnung der beiden Herrscher in der Tradition des

Hochzeitsbildes darstellen, heben diese erotische Komponente hervor. In der Luisen-Rezeption wird sie eher verschleiert. Dieser ging es um die Darstellung einer Situation, in der Frauen weder als Männer noch mit den Waffen einer Frau, sondern als deutsche Frau, als Gattin und Mutter kämpfen. Für dieses ideologische Konstrukt, das der preußischen Königin auf den Leib geschneidert wurde, war Napoleon blind.

Schleiermacher brachte es in seiner Entlastung der Königin auf den Punkt. Luise überschreite in ihrem patriotischen Engagement nicht etwa die ihrem Geschlecht gesetzten Grenzen. Sie sei im Gegenteil als Gattin und Mutter Patriotin und liebe das Vaterland über Mann und Kinder: »Wir wissen, wie innig sie, ohne jemals die Grenzen zu überschreiten, die auch für jene königlichen Höhen der Unterschied des Geschlechtes feststellt, Antheil genommen hat an allen großen Begebenheiten; wie sie sich eben durch die Liebe zu ihrem königlichen Gemahl, durch die mütterliche Sorge für die theuren Kinder alles angeeignet hat, was das Vaterland betraf.«[18] Iffland ging noch weiter und erklärte den Imperialismus Preußens zum direkten Spross des königlichen, bürgerlich-protestantischen Familienglücks, der mit dem Sieg Sinn in die Welt bringt. Einmal mehr wurde Preußens militärisch-imperialistische Mission durch seinen Ursprung geheiligt: »So wirken Friedrich Wilhelm und Louise zur Sitteneinfachheit, zum Hausglück, zur Mäßigung, Ausdauer, zur Entsagung. Nur aus diesem Heiligthume gedeihet die Heereskraft, die Gewalt des Sieges und der Sinn, der einst mit unsern Fahnen wallen und unsre Grenzen schaffen wird, wo sie nicht waren.«[19]

Nun war das Bild, das Napoleon von Luise in Regimentsuniform zu Pferde gesehen hatte, kein Phantasma: »Ihre Majestät [die Königin] erschien zu Pferde, in die Farben des Regiments gekleidet, ließ sich das Offizierskorps vorstellen ... Jeder einzelne wurde durch gnädige Worte beglückt.« Das Regiment trug als »Regiment Königin« ihren Namen.[20] Napoleon schloss daraus, dass sie dann, wie üblich, der Führer dieses Regimentes sei. Doch das Regiment Königin, die ehemaligen Ansbach-Bayreuth-Dragoner, kämpften nicht unter Luises Oberbefehl. Nach der Niederlage von Jena und Auerstedt 1806 war die Benennung der Regimenter durch die Heeresreform generell verändert worden. Die neue preußische Armee kämpfte nicht mehr im Namen ihres Heerführers, sondern im Namen von Vaterland und dem Ideal der himmlischen Liebe des königlichen Paares.

Im Laufe der Luisen-Rezeption kommt es jedoch zu einer signifikanten Verschiebung. Luisens Stern überstrahlte zunehmend den Glanz ihres Ehemannes. Das Übergewicht auf Seiten der Königin in dieser Konstellation einzudämmen, war nicht nur eine Sorge der preußischen Militärs, sondern der gesamten bürgerlichen Luisen-Rezeption. Es war auf Dauer zur Erfolglosigkeit verdammt. In Luise und ihrer Rezeption kündigte sich der Sieg der Mutter über die Ehefrau und damit das Verschwinden der Väter und Ehemänner aus der Welt des Heils an. Das Paradigma ehelicher Liebe erwies sich im Laufe der Zeit als nicht erfolgsträchtig. Männer wurden im Heiligtum der Familie zunehmend als trotz aller Liebe nicht heilsfähig an den Rand gedrängt. Alles Patriarchale wurde verpönt. Das Heiligtum der Familie schrumpfte auf Mutter und Sohn zusammen. Erstes Anzeichen dafür war die sich steigernde Beliebtheit der Ikonographie von Luise als Preußenmadonna. In dieser himmlischen Rolle erschien sie bei Ina Seidel als Landesmutter in blau-weißem Hermelinmantel und goldenem Wagen. Mit ihrem Bild im Herzen ging das Heer vor Jena und Auerstedt in den Krieg und in den Tod. Für die Marienikonographie, in die Luise eingereiht wurde, wurde nicht die »heilige Familie« gewählt, in der Maria als treusorgende Ehefrau und Mutter dargestellt wird, sondern Luise tauchte entweder majestätisch allein als Himmelskönigin auf oder mit dem Kind auf dem Arm.

Die verschwindenden Väter und Ehemänner wurden durch die Söhne ersetzt. Erstere hatten sich als unfähig erwiesen, Luise zu retten, und mussten diese Rolle den Söhnen überlassen. Luises Körper wurde zur Allegorie des Vaterlandes, das sich damit zur Muttererde wandelte. Direkter noch wird ihr Körper Bühne für die Niederlage: »Wie eine geknickte Lilie« gehe sie »am Arme ihres Gemahls auf den Wällen von Küstrin«; »die Majestät des Unglücks [hätte] zur todesmuthigen Vertheidigung entflammen müssen«, meint der Biograph und lastet diesen Mangel an Todesmut indirekt Luisens Ehemann an.[21] Luise ging die Niederlage Preußens so nahe, dass sie an gebrochenem Herzen den klassischen Liebestod stirbt. Die Niederlage »fraß ihr«, wie der Biograph es ausdrückt, »das Herz ab«.[22] Der Tod ihres Landes war ihr Tod, dem die Ehemänner, offenbar noch nicht auf den totalen Krieg eingestimmt, tatenlos zusahen. Das änderte sich mit den Söhnen. Die preußischen und die deutschen Armeen kämpften später gesamt im Namen der Königin, die mit dem vaterländischen Boden eins geworden, mit der Muttererde verschmolzen war. Gerächt und erlöst wurde sie posthum durch eine waffenstarrende Sohnesliebe:

»Wer schwur da nicht glühend im Herzen:
Läßt Gott mir die Klinge zur Hand,
So räch' ich, so lös' ich die Schmerzen,
So rett' ich das heimische Land.«[23]

Der Kampf für Deutschland wurde zum Kampf für die Ehre einer deutschen Frau, einer Märtyrerin fürs Nationale, deren Sache immer schon kompromisslos Deutschland gewesen war und die als Siegesgöttin über »den Scharen deutscher Krieger segnend und ihnen den Kranz entgegenhaltend schwebte«; noch »vor Millionen deutscher Männer« hatte sie erkannt, »wie dem deutschen Vaterlande allein zu helfen sei«.[24] Das neue Paar Mutter und Sohn beendete die Männer- und Vätergeschichte. Während Frankreich eine vom Weiblichen unbedrohte Männlichkeit zu etablieren suchte, setzte Deutschland auf eine »engelgleiche« Weiblichkeit, die alles Männliche versittlichen sollte.[25]

Teil III

Politiken der Mütterlichkeit

Politik 1: Bürgerliche Frauenbewegung und neue Mütterlichkeit

Nicht nur fort Euch zu pflanzen, sondern hinauf – dazu helfe Euch der Garten der Ehe.
Friedrich Nietzsche

Die Geschichte des bürgerlichen Liberalismus, die des Protestantismus und die der Frauenbewegungen sind eng miteinander verknüpft. Die Frauenbewegungen zu Anfang des letzten Jahrhunderts, etwa in den Vereinigten Staaten von Amerika, England und Australien, kämpften auf der Grundlage liberaler Vorstellungen von Selbstbewusstsein, Selbsthilfe und Selbstbestimmung für eine Gleichstellung der Frau in der Gesellschaft. Frauen sollten im Sinne des bürgerlichen Liberalismus die Rechte eines freien, selbstbestimmten Individuums bekommen. Das wiederum sollte zu einer Erneuerung der Moral auch im Sexuellen führen. Anstelle der Doppelmoral sollten gleiche moralische Maßstäbe für Männer und Frauen gelten.

Wie England war Deutschland ein hochindustrialisiertes, protestantisch bestimmtes Land mit hohen Bildungsstandards und einem starken Bürgertum. Trotzdem stießen die Emanzipationsbestrebungen hier auf stärkere Widerstände und nahmen im Endeffekt eine andere Richtung. Man hat den extremen deutschen Antifeminismus, der sich darin ausdrückt, dass die Frauen jedenfalls in Westdeutschland erst durch das Gleichberechtigungsgesetz von 1956 viele Grundrechte bekamen, die Frauen in anderen bürgerlichen Demokratien seit dem Ersten Weltkrieg hatten, auf drei Faktoren zurückgeführt: Zum Ersten bestimmten die Junker als feudale, landbesitzende Schicht die Politik im Kaiserreich. Der fehlende Parlamentarismus führte zu einer Refeudalisierung der Bourgeoisie, die keine starke liberale Tradition ausbildete. Zum Zweiten bestimmte die protestantische Kirche die Werte der herrschenden Klassen, sie predigte Gehorsam und Loyalität dem Staat und dem gesellschaftlichen und politischen Status quo gegenüber. Anders als die protestantischen Bewegungen in England oder Amerika beförderte sie den Obrigkeitsstaat. Als Drittes wäre der Einfluss der Armee zu nennen. Frauen in Deutschland konnten keine Rechte einklagen, sondern mussten beweisen, dass sie dem Staat durch Gebären und Wohlfahrt wie die Männer durch den Militärdienst dienten. Armee und Kirche zusammen behinderten die Ausbildung klassischer liberal-bürgerlicher Werte.[1]

Wie im zweiten Teil dieser Untersuchungen gezeigt, war die Familie mit dem Mann als Haupt und der Frau als Leib staatspolitisches Modell. Der Familienvater herrschte über seine Familie wie der Landesvater über sein Land. Mit der Französischen Revolution und dem Köpfen des Königs hatte dieses Modell gelitten. In Deutschland wollte man durch Reformen die Revolution überflüssig machen. Gegen einen Vertrag, der auf toten Buchstaben beruhte, setzte man die lebendigen Liebesbande der Familie. Die Frau war in ihrer Rolle als Ehefrau, vor allem aber als Mutter gefragt. Nur Liebe konnte den patriarchalischen Staat retten, vertraten Autoren wie Novalis und Johann Heinrich Pestalozzi. Rechte Eheliebe, rechte Mutterliebe waren eine, wenn nicht die deutsche Antwort auf die Französische Revolution. Neben diesem politischen Aspekt kam Mütterlichkeit eine quasi-religiöse Funktion zu. Konnte sich im englischen Puritanismus das Individuum allein gegen die Welt und deren gnadenlose Korruption behaupten, so wurde in Deutschland die Familie, erfüllt von mütterlicher Liebe, ein Raum des Heils. Auch diese politische und religiöse Aufladung von Mütterlichkeit, die Muster für den Staatshaushalt sein sollte, führte dazu, dass die Frauenbewegung sich in Deutschland anders entwickeln sollte als in den angloamerikanischen Ländern.

Mütterlichkeit wurde in Deutschland in dieser Zeit der Reformen und utopischen Zukunftshoffnungen Gravitationspunkt konservativer wie progressiver Kräfte.[2] Eine »neue Generation«, um die Zeitschrift Helene Stöckers, einer der prominentesten Feministinnen, zu zitieren, aus freier Liebe und selbstbestimmter Sexualität geboren, sollte schon auf Erden für paradiesische Zustände sorgen. Obwohl politisch anders ausgerichtet, erhoffte sich Ellen Key, die schwedische Sozialreformerin, die großen Einfluss auf die deutsche Frauenbewegung hatte, vom »Jahrhundert des Kindes« und kultivierter Mutterschaft dasselbe wie

Stöcker. Beide griffen zu einem Nietzsche-Zitat, dieser Hoffnung Ausdruck zu geben: Nicht um bloße Fortpflanzung, sondern um qualitätsverbesserndes Hinaufpflanzen ging es ihnen.

Sozialdarwinistische und neomalthusianische Ideen lagen in der Luft. Der Volkskörper und seine Gesundheit rückten in hygienischen, demographischen und sexologischen Überlegungen in den Mittelpunkt des Interesses. Die physische und psychische Gesundheit des Volkskörpers hing entscheidend an der neuen Mutter. Die Zukunft lag in ihrem Schoß. Die Kritik an patriarchalen Strukturen ging mit Matriarchatsphantasien Hand in Hand. Das Menschlich-Natürliche der Mutterliebe wurde gegen den bloß legalistischen Charakter der Ehe ausgespielt. Ein neuer Bund der Liebe zwischen Mutter und Kind und zwischen Frau und Mann sollte den alten Bund des toten Gesetzes überwinden. Mütterlichkeit wurde zum Kernbegriff einer neuen, Sexualität und Gesellschaft betreffenden Reform.

Die Reformbestrebungen entzündeten sich an der verheerenden Lage unehelicher Mütter. Unehelich Mutter zu werden hieß entweder das Kind heimlich zur Welt zu bringen und es in einem Findelhaus abzugeben oder in Schande zu fallen, keine elterliche Gewalt über das Kind zu bekommen, meist keinen Anspruch auf Alimente zu haben und die Arbeit zu verlieren. 1901 kamen auf zwei Millionen Geburten 180 000 uneheliche Geburten. Die Literatur der Zeit berichtet ausgiebig über die oft ausweglose Lage dieser Mütter.[3]

Der Bund Deutscher Frauenvereine (BDF) existierte von 1894 bis 1933. So verschieden die Frauenverbände, die er unter seinem Dach vereinte, auch waren, seine bewegte, konfliktreiche Geschichte lässt doch zwei Hauptströme erkennen: Der eine, radikale, setzte auf Gleichheit der Geschlechter, der andere, moderate, auf deren wesensmäßige Verschiedenheit. Der Riss, der die Frauenbewegung durchzog, vertiefte sich mit der Zeit zu einer unüberbrückbaren Kluft. Weil die damalige Konstellation sich in der heutigen Frauenpolitik widerspiegelt, lohnt sich ein genauer Blick. Er könnte unter anderem offenbaren, warum Worte wie Emanzipation, Feminismus oder Frauenpolitik eher Feindschaften verdecken als Gemeinsamkeit anzeigen. Heutzutage sind die Argumente der damaligen Mütterpolitiker schwerer zu vertreten; das kann man an dem zwischen Ressentiment, Anklage und Potenzgehabe schwankenden Stil des Müttermanifestes der Grünen von 1987 sehen.[4]

Der radikale Flügel kämpfte für gleiche politische Rechte, gleiche berufliche Chancen, gleichen Zugang zur Ausbildung, gleiche juristische Stellung, gleiche Möglichkeiten sexueller Erfüllung. Er setzte sich für die legale Gleichstellung von Mann und Frau in der Ehe ein, in der die Frau nach Bürgerlichem Gesetzbuch sich dem Mann zu fügen und ihren gesamten Besitz in dessen Eigentum zu überführen hatte, für gleiche Rechte gegenüber den Kindern, über die der Mann allein bestimmen konnte, für eine einfachere Scheidung und für die Gleichstellung ehelicher und unehelicher Kinder, die erst 1998 Wirklichkeit wurde. Er engagierte sich für gleiche Schulbildung, gleiche Löhne und gleichen Zugang zu allen Berufen. Der Verschiedenheit der Geschlechter, die sich vor allem an der anderen Eingebundenheit der Frau in der Fortpflanzung zeigt, sollte durch ungleiche Behandlung von Männern und Frauen Rechnung getragen werden, wodurch Gleichheit erst gewährleistet ist. Frauen, die sich für eine solche Politik einsetzten, versammelten sich im Deutschen Verband für Frauenstimmrecht um Anita Augspurg und Lida Gustava Heymann.

Wichtiger für unseren Zusammenhang ist der 1904 von Ruth Bré, einer erfolglosen Dichterin, gegründete Bund für Mutterschutz und Sexualreform. Bré wollte Mutterrecht neu begründen. Uneheliche Mütter und ihre Kinder sollten auf dem Land angesiedelt werden, wo sie sich auf eigener Scholle eine Existenz aufbauen und arbeitswillige Kinder heranziehen sollten. Der Staat sollte an die Stelle des leiblichen Erzeugers treten und die Alimentation übernehmen. Als der Bund seine Aufmerksamkeit auf Mütter- und Kinderheime in der Stadt richtete, trat Bré zurück, und Helene Stöcker übernahm die Präsidentschaft. Stöcker war in Elberfeld geboren worden und stammte aus einem streng calvinistischen Haushalt. Sie promovierte bei Oskar Walzel in Bern über die Literatur des achtzehnten Jahrhunderts, arbeitete in Berlin für Wilhelm Dilthey und war eine glühende Nietzsche-Anhängerin. Die Mitgliedschaft des Bundes, die mit 30 Prozent einen ungewöhnlich hohen Männeranteil aufwies, kam aus den Kreisen des liberalen Bürgertums. Stöcker verkündete die Botschaft der freien Liebe: Bedingung für die neue Mutter ist die Emanzipation der Frau. Erst ihre wirtschaftliche Unabhängigkeit kann das Geschlechterverhältnis auf eine neue und endlich moralische Basis stellen, die nicht gegeben ist, solange die Ehe als Versorgungsinstitution funktioniert.[5]

Aus der, ja man kann sagen, moralischen Notwendigkeit weiblicher Berufstätigkeit leitete sich die Forderung nach einem grundsätzlich gleichberechtigten Zugang zu Macht, Geld und Autorität ab. Gleichberechtigter Zugang zum Arbeitsmarkt hätte über kurz oder lang zu einer Aufhebung der Trennung von weiblich/privat und männlich/öffentlich sowie der dazugehörigen Arbeitsteilung zwischen den Geschlechtern geführt. Außerdem wären Frauen dann Vollmenschen auch außerhalb des Hauses und zu Hause die besseren Mütter geworden.

Die Vertreter dieser Richtung stießen auf heftigsten Widerstand. Sie rührten an die Grundfesten der Gesellschaft, der Trennung von privater Familie und Öffentlichkeit, die durch männliche Erwerbsarbeit und weibliche Haus- und Gefühlsarbeit gesichert war. Diese Trennung definierte, was ein Mann und was eine Frau war. Durch Frauen, die gleichberechtigt als Konkurrentinnen den Arbeitsmarkt betreten hätten, wäre das auf Polarität und Komplementarität beruhende System aufgeweicht, die strukturelle Gegensätzlichkeit von Familie und Beruf in Frage gestellt worden. So waren sich denn auch über alle Klassengrenzen hinweg Arbeiter bis Akademiker darin einig, dass die Frauen nicht auf den Arbeitsmarkt gehörten, jedenfalls nicht als Konkurrentinnen, die gleiche Arbeit für gleiches Geld anstreben. Fürchteten die einen um die »Schmutzkonkurrenz« der Frauen, die die Löhne drücken würde, dann die anderen um eine Pervertierung des weiblichen Charakters durch grenzenlosen Egoismus.

Wissenschaftliches Arbeiten, so die damalige Professorenelite in ihrem Bestreben, weibliche Konkurrenz auszuschalten, vermännliche oder entweibliche, verwische also den Unterschied zwischen den Geschlechtern und schade schließlich dem Nachwuchs. Hier wurden keine Postulate aufgestellt, sondern die von der Wissenschaft erkannte Natur selbst hatte das Wesen der Geschlechter bestimmt. Max Planck warnte eindringlich davor, der Natur ins Handwerk zu pfuschen, und erinnerte daran, »daß die Natur selbst den Frauen ihren Beruf als Mutter und als Hausfrau vorgeschrieben hat, und daß Naturgesetze unter keinen Umständen ohne schwere Schädigungen, welche sich im vorliegenden Falle besonders an dem nachwachsenden Geschlecht zeigen würden, ignoriert werden können«.[6] Der Berliner Jurist Otto Gierke appellierte im Geiste Rousseaus an den ganzen Mann: »Sorgen wir vor allem, daß unsere Männer Männer bleiben! Es war stets ein Zeichen des Verfalls, wenn die Männlichkeit den Männern abhanden kam und ihre Zuflucht zu den Frauen nahm!«[7] Die den Frauen eingeräumte höhere Schulbildung sollte diese keinesfalls auf Männerberufe vorbereiten, sondern war einzig als anspruchsvolle »Vorbildung zur Hausfrau« legitim.

Beruf, Kinder und freie Ehe, das war die unerhörte Parole des Bundes für Mutterschutz. Im Kaiserreich konnten nur unverheiratete Frauen verbeamtet werden. Berufe wie der des Lehrers waren für Frauen mit einem Zölibat verbunden. Sie sahen sich vor die »Zwangswahl zwischen Beruf oder Ehe« gestellt und im einen Fall zur Kinderlosigkeit, im anderen zur wirtschaftlichen Abhängigkeit verdammt. »Ja, gerade die berufstüchtigen Frauen, wie die Lehrerinnen z. B., die um ihrer pekuniären Unabhängigkeit willen doch die Möglichkeit zur Gründung einer Familie hätten – sie sind von Staats wegen zum Zölibat verdammt – heute noch, im Jahre 1905 – vierhundert Jahre nach der deutschen Reformation. Aber von Luther und Luthers wesentlichsten Taten darf man heute im deutschen Reiche kaum noch reden!!«[8] Der Bund für Mutterschutz kämpfte dafür, dass Frauen nicht vor die Alternative Arbeit oder Liebe und Mutterschaft gestellt wurden. Die so genannte Frauenfrage stelle sich nicht mehr als »Jungfernfrage« dar, als Problem nämlich, wie die Berufstätigkeit von Frauen zu handhaben sei, die nicht Ehefrau und Mutter wurden. Vielmehr gehe es um »Vollmenschentum«, um die »volle Persönlichkeit des Weibes«. Der Bund für Mutterschutz zog gegen die auch heute noch herumspukende Vorstellung zu Felde, dass es zwei Sorten von Frauen gäbe, nämlich eine Minderheit gefühlskalter oder promiskuitiver, jedenfalls intellektueller Junggesellinnen und eine so ungebildete wie gefühlswarme Mutterhorde. Heute findet sich diese Zweiteilung zwischen einerseits Karrierefrauen und andererseits Müttern wieder. Beide können nicht alles haben; sie verzichten entweder auf Kinder oder auf Karriere.

In den Augen Stöckers war die Berufstätigkeit der Frauen kein Ziel an sich, sondern Bedingung der freien Liebe. Neu und revolutionär unter den Forderungen des Bundes für Mutterschutz waren die nach Anerkennung der weiblichen Libido und die nach dem Recht auf deren Befriedigung. Damit ließ der Bund bürgerliche Achtbarkeit hinter sich, die einzig dem Mann einen Geschlechtstrieb zuschrieb und bei den Frauen davon ausging, dass sie in ihrer natürlichen Frigidität das Ganze über sich ergehen ließen. Johann Gottlieb Fichte hatte die Lust der Frau als Begehren nach dem Kind oder Lust an der Befriedigung des Mannes gesehen. Für Stöcker war die Reduktion weiblicher Libido auf den Wunsch nach dem Kind Kastration. Nicht weniger unmoralisch als promiskuitiver Hedonismus sei eine Ehe ohne Liebe – gemeint ist hier durchaus sexuelle Liebe, die zur Basis der neuen Ehe werden sollte.

Voraussetzung unabhängiger Mütterlichkeit war eine »neue Sexualethik«, die statt Unterdrückung des Sexualtriebes selbstbestimmtes Umgehen mit Sexualität anerkannte und nicht an die Institution Ehe gebunden war. Eine höhere Form der Ehe, von der die bestehende Institution nur ein Schatten sei, sollte als freier, auf sexueller Liebe beruhender Vertrag zwischen ökonomisch unabhängigen Gleichen entstehen. »Jawohl, die Frauenbewegung rüttelt an der heutigen Form der Ehe, aber nicht im Sinn und Hinblick auf eine schranken- und zügellose Erotik, vielmehr um der Ethisierung der Verfeinerung unserer groben Ehe willen. Was ihr an Gemeinem, Sklavenhaftem notgedrungen anhaftet, will sie davon ablösen.«[9] Aus diesem neuen Liebesbund sollte »eine neue Menschheit – Männer und Frauen – Nietzsches höhere Menschen, die Ja sagen dürfen zum Leben und zu sich selber« hervorgehen.[10]

In der freien Liebe ging es nicht um die Befreiung des rohen Geschlechtstriebes, sondern um »Versittlichung« und Veredelung von Sexualität, an der die Psyche ebenso teilhaben sollte wie der Körper. Sexualität sollte nicht mehr an eine Institution, sondern allein an das gegenseitige freie Einverständnis selbstbestimmter Personen gebunden sein. »Geschlechtsverkehr als selbständige, verantwortungsbewusste Handlung« sollte gleichzeitig eine verantwortungsvolle Fortpflanzung ermöglichen. An die Stelle des biblischen »Seid fruchtbar und mehret Euch« setzte Stöcker die neue Parole: »Seid verantwortungsbewußt und verbessert die Rasse.« Die neue Mutter wurde nicht mehr übermannt oder überwältigt; »Unkultur« sei alle »zufällige und unüberlegte« Zeugung. Kultiviert schuf diese Mutter nicht Natur- sondern Kulturprodukte. Sie entschied sich frei und verantwortungsbewusst für das Baby, dessen Zeugung »dem Willen des Menschen, seiner Einsicht und Vernunft« oblag. Das, was früher unbewusst und gleichgültig geschehen war, »das Opfer des Gattungsdienstes«, würde die »neue Frau« dieser Reformerinnen bewusst auf sich nehmen.

Der Bund für Mutterschutz trat folglich für Geburtenkontrolle, für Verhütungsmittel, für das ersatzlose Streichen des Paragraphen 218, also für eine Legalisierung der Abtreibung ein. 1905 hätte er dafür um Haaresbreite die Mehrheit des BDF hinter sich gebracht. Jede Frau sollte in die Lage versetzt werden, ihr Wunschkind gesund, geachtet, finanziell abgesichert für eine bessere Zukunft erziehen zu können; alle Kinder sollten im Sinne der Mütter und im Sinne der Gesellschaft Wunschkinder sein. Deshalb hatte die Frau Herrscherin über ihre Reproduktionsfähigkeit zu sein. Im Namen des Selbstbestimmungsrechtes, im Namen der freien Persönlichkeit der Frau gehöre der Satz »Keine Frau kann zur Austragung ihrer Leibesfrucht gezwungen werden« in das Grundgesetz eines aufgeklärten Staates.

Der andere, moderate Flügel prägte die Politik des Bundes Deutscher Frauenvereine über die längste Zeit und hatte die Mehrheit der Mitglieder hinter sich. Er gewann an Einfluss unter Helene Lange, was durch Gertrud Bäumer, beides Töchter evangelischer Pfarrer, zementiert wurde. Lange prägte die Frauenpolitik zwischen 1870 und 1880; Bäumer, zuerst Sekretärin, wurde dann Präsidentin des BDF von 1908 bis 1933. Ihre Präsidentschaft besiegelte das Ende vom Einfluss des Bundes für Mutterschutz. Schon bald wurden die Ideen des radikalen Bundes im BDF aktiv bekämpft. Langes und Bäumers Politik lag ganz auf der Linie Pestalozzis. Frauen hatten Mütter und nichts als Mütter zu sein; ihre Emanzipation war ihre Befreiung zur Mütterlichkeit. In dieser Sicht wird die Frau, sogar wenn sie wählt, »gleichsam noch einmal Mutter [und] bildet … aus ihrem tiefsten Geschlechtsinstinkt heraus noch eine zweite Form frauenhaften Wirkens innerhalb des Staates«.[11]

Die grundsätzliche Gleichwertigkeit der Geschlechter wurde nur vertreten, um die »wesentlichen« Unterschiede stärker zu profilieren.[12] Mütterlichkeit nahm mit der Frauenbewegung die Stelle der Institution Ehe ein, in der die geschlechtlichen Triebe veredelt, die Kinder nicht nur fleischlich, sondern auch geistig geboren werden sollten. Seit Luther hatte der Vater in der geistigen Erziehung mehr Autorität; das galt bis zu Rousseau als selbstverständlich. Mit Pestalozzi kam es zu einem Erziehungsmonopol durch die Mutter; sie allein war fortan für das Sittlich-Moralische, das Menschliche zuständig.

Die Politik der Mütterlichkeit war die Konsequenz aus der Beschränkung der Rolle der Hausfrau. Das den Männern weitgehend vorbehaltene öffentliche Leben und die ihnen ebenfalls weitgehend vorbehaltene Berufssphäre nahmen ihre Zeit zunehmend in Anspruch, Sexualität hatte in bekannter bürgerlicher Doppelmoral außereheliche Schauplätze und Folgen. Der Ehemann galt einerseits als unzuverlässiger Kindeszeuger, der Frauen und Kinder ins Elend stürzte. Andererseits schleppte er in der Prostitution zugezogene Geschlechtskrankheiten in die Ehe ein. Um die Liebe war es schlecht bestellt; die Ehen um 1900 galten nicht mehr als Vorbild eines Herzensbundes. Die Emphase rückte ab von der erotischen Liebesbeziehung zwischen Erwachsenen und verlagerte sich auf die Mutter-Kind-Beziehung als privilegierter Liebesbeziehung. Mutterschaft und nicht die Mannes- oder die Gottesliebe wurde als höchste individuelle Erfüllung und die Mutter-Kind-Beziehung als heiligstes aller Bande gepriesen. Für die Liebe zum Kind gab es keine noch so erhabenen Worte, sondern sie entlud sich in Tränen. Wortlos weinend versank die Mutter im reinen Genuss des Stillens in die Tiefen der Ewigkeit.[13]

Schuld an der Krise in der Beziehung der Geschlechter trugen eher die Männer. Die meisten Vertreter der moderaten Frauenbewegung hielten an der Institution Ehe fest; die Familie galt nach wie vor als die privilegierte Stätte für das Erziehen von Kindern. Die Aufgaben des *pater familias* waren jedoch mehr und mehr rein materieller Art; wenn man einen Rückzug des Vaters aus der Familienverantwortung befürchtete, hatte man vor allem den Ausfall der materiellen Versorgung für Ehefrau und Kinder im Sinn. Mütterlichkeit hatte Väterlichkeit und damit die patriarchalische, nicht von Liebe erfüllte, ausgehöhlte Familie aus dem Feld geschlagen. Der Staat, so wurde gefordert, habe die Mutter in die Lage zu versetzen, ihre Kinder richtig zu erziehen. Das Bestreben, jede Frau sich in ihrer Mütterlichkeit entfalten zu lassen, führte zum Wohlfahrtsstaat, der den Vater in seiner Rolle als Vormund, Erzieher und Ernährer durch die Beziehung von Mutter und Staat ersetzt.[14]

Die neuen Mütter sollten nicht werden wie Männer. »Im Gegenteil, damit die Sonne – die Mütterlichkeit – alle Gebiete des Lebens durchdringen könne, wollte man die Befreiung der Frau.«[15] Gleiche Rechte für Frauen hieß Anerkennung in den Bereichen, für welche die Natur die Frau bestimmt hat. War es den Radikalen um Veränderungen traditioneller Rollenmuster gegangen, so hatten die Moderaten deren Übererfüllung im Sinn. Mädchenschulen sollten den Mädchen nicht männliches Wissen beibringen, so Langes Argument, sondern zu »Fraulichkeit« erziehen. Allen Mädchenschulen sollte grundsätzlich ein Kindergarten angeschlossen sein, damit die Frauen ihren wahren Beruf erlernen konnten. Frauen, die nicht Mütter wurden, sollten ihre geistige Mütterlichkeit durch Wohlfahrt und Armenpflege, als Kindergärtnerinnen oder Lehrerinnen verwirklichen. Hedwig Dohms Ruf nach dem Recht der Frauen auf Arbeit fand 1876 kein Echo beim moderaten Flügel. Aus dessen Sicht sollte es nicht um Konkurrenz mit den Männern gehen, sondern im Gegenteil um deren Ergänzung.

Die Polarität der Geschlechter wurde betont. In der Gleichstellung von Frauen und Männern auf dem Arbeitsmarkt sah man »mißbrauchte Frauenkraft«. »Tiefer gesehen«, sei es »verbrecherische Torheit, als Ideal für die Kraftentwicklung der Frauen die äußerlichen, anstatt die innerlicheren Gesellschaftsaufgaben hinzustellen«. Im Feminismus sah Ellen Key eine Seuche, wenn die Frau mit ihm versuche, »von der tiefsten Bestimmung ihres Geschlechtes, der Mütterlichkeit, befreit zu werden«. Der Einsatz für die außerhäusliche Kindererziehung war für sie pervers: »Die Mütterlichkeit hat in dem Grade abgenommen, daß Frauen ihre Intelligenz dafür einsetzen, zu beweisen, daß Flaschenmilchanstalten, Kindergärten, Kleinkinderschulen nicht nur Notfallsbehelfe sind, nein besser für das Kind als die allzu heiße und enge Mütterlichkeit in einem Heim, wo das Kind zum Familienegoisten, nicht zu einem sozialen Gegenwartsmenschen erzogen wird.« Im Heim sei die Frau »Herrscherin, ja durch ihre Mütterlichkeit Schöpferin«, deren Werke die Söhne – in Keys Argumentation sind alle Kinder männlichen Geschlechtes – seien; sie erfülle das Wesen ihrer Weiblichkeit und sei keine »geschlechtslose Arbeitsbiene«. Key fand es unverständlich, dass die »sich individuell auslebenden Frauen von heute« auf die Arbeit, die Frauen als Mütter und Hausmütter leisten, auf diese »schwere und große Kunst« der Mutterschaft, als erniedrigend herabblicken, die Berufstätigkeit jedoch erheben. Eine wirkliche Mutter würde sich gar nicht träumen lassen, von ihrer höchsten weiblichen Wesensbestimmung, der Mütterlichkeit, »befreit« zu werden.[16]

Die Frauenbewegung sollte vielmehr die in der Natur der Sache liegende wesensmäßige Trennung der Geschlechter vertreten, den Frauen dabei helfen, den Geschlechtsunterschied geistig und seelisch zu erfassen, sich »ihres Weibseins bewußt« zu werden. Der moderate Flügel setzte auf die Emanzipation der Frau durch Unterstützung und Kultivierung ihrer spezifischen Eignung, der Mütterlichkeit. Einig war man sich mit den Radikalen darin, dass Mütterlichkeit etwas Natürliches, aber auch ein Kulturwert sei. Anders als die Radikalen sahen die Moderaten darin jedoch nicht nur das Wesen der Weiblichkeit, sondern den eigentlichen Beruf der Frau; hier sollte weibliche Kraft und weibliche Leistung freigesetzt werden. Bäumer befand, dass eine Frau den Idealen der Frauenbewegung mehr entspreche, wenn sie sich auf Haus und Familie beschränkt, als wenn sie einen »männlichen« Beruf ergreift.

Der Professionalisierung von Mutterschaft und Hausfrauenarbeit galt das Augenmerk der Moderaten; Mutterschaft war eine Naturgabe, die »kultiviert werden« musste. Sie verlangte wie alle anderen Berufe

Ausbildung und Spezialisierung. Der gesellschaftliche Erfolg dieser Haltung lässt sich an der bis heute anhaltenden Flut von Publikationen zu Schwangerschaft, Geburt und Kindererziehung ablesen. Jedes bessere Kindererziehungsbuch vermittelte Grundkenntnisse in Medizin, Hygiene, Kinderpsychologie, Ernährungskunde. Kinderpsychologie, Rassenhygiene und Vererbungslehre gehörten zum Wissen, das jede Frau als potenzielle Mutter erwerben sollte, meint Key. Seitdem werden Mütter ausgebildet und organisieren sich Hausfrauen in Berufsverbänden. Haushaltsfachschulen wurden gegründet; höhere Schulbildung wurde Vorbildung für den anspruchsvollen Beruf der Mutter und Hausfrau und lief volkstümlich unter »Puddingabitur«.

Im Zusammenhang der Professionalisierung kam die bis heute immer wieder aufflackernde Frage nach dem Hausfrauenlohn auf. Key träumte davon, dass der Staat diesen Beruf bezahlt, und engagierte sich für eine Mutterschaftsrente. In der Diskussion setzte sich mit der Zeit nicht die ökonomische, sondern eine ideale Sicht durch: die Kulturleistung der Mutter war »unbezahlbar«. Unbezahlbar waren aber nicht nur die Hausfrauentätigkeit und das Großziehen von Kindern, sondern weibliche Kulturarbeit generell, deren »Wert nicht in Geld ausgedrückt werden, sondern nur an den Auswirkungen auf die politische Kultur bemessen werden« könne.

Diese Argumente, die einen nach Geschlechtern getrennten und hierarchisierten Arbeitsmarkt legitimierten, klangen besser als die Negativposten der Akademiker: verweibischte Männer, vermännlichte Frauen und kranke Kinder. Der moderate Flügel der Frauenbewegung verkehrte die entscheidende Schwäche der Frau in eine Stärke. Sie sprachen sich nun selbst die Tugenden und Aufgaben zu, die ihnen vorher von den Männern auf den Leib geschrieben wurden. Die rhetorische Durchschlagskraft der Argumente, die Verhinderungen und Verweigerungen in Stärken verkehrten, lag darin, dass sie Kritik an der »männlichen industriellen Gesellschaft« ermöglichten, aus der sich Forderungen ableiten ließen.

Die geforderten Reformen sollten nicht die »bloß egoistische« und im Grunde »zerstörerische« Emanzipation der Frau durch Gleichstellung mit dem Mann befördern; sie sollten die Frauen vielmehr in die

Lage versetzen, die Menschheit durch Mütterlichkeit, genauer durch geistige Mütterlichkeit, zu retten. Diese zu entfalten, sollte allen Frauen entweder als physischer Mutter oder als berufstätiger Frau ermöglicht werden. Der Kampf des moderaten Flügels der Frauenbewegung um die Berufstätigkeit der Frau beschränkte sich deswegen im Wesentlichen auf ledige kinderlose Frauen und auf junge Mädchen. Auch im Beruf ging es nicht um Konkurrenz mit Männern, sondern um volle Entfaltung und innere Erfüllung von Weiblichkeit; »die beste Erfüllung von Weiblichkeit liegt in Mutterschaft als Kulturberuf«. Weibliche Berufstätigkeit musste neu definiert und vor allem physische Mutterschaft gründlich reformiert werden, um fruchtbar und wertvoll sein zu können. »Nur wenn biologische Mutterschaft sich reinigt und in geistige Mutterschaft verwandelt, können wir von höchster Lebenserfüllung reden, die nicht darin liegt, daß ein neugeborenes Kind in der Wiege liegt.« (Agnes von Zahn-Harnack)

Geistige Mutterschaft ist ein sehr altes Konzept. Sie war ursprünglich eine Eigenschaft, die sowohl Männer als Frauen haben konnten und die zu den seltenen, fast schon heiligmachenden Tugenden gehörte. Christus war vielleicht der Inbegriff geistiger Mütterlichkeit. Geistige Mütterlichkeit wurde mit der Frauenbewegung zu einem ausschließlich von Frauen, dafür aber prinzipiell von allen Frauen zu realisierenden innerweltlich-reformerischen Kulturwert. Erst die geistige Mütterlichkeit lässt eine Frau ganz Frau werden. Geistige Mutterschaft sollte bloß biologisch-naturhafte Fortpflanzung veredeln. Mutterschaft sollte zu einem Ort werden, an dem die Unbedeutsamkeit bloßer Physis von Geist durchdrungen wird. Die neue Mutter war nicht mehr passives Werkzeug des Lebens, sondern schöpfte bewusst in Freiheit. Für sie waren Kinder das Gegenteil von dem, was sie für Simone de Beauvoir waren, nämlich zufällige, »unmotivierte Sprossung, ein rohes Geschehen«;[17] sie wurden zu einem Werk, einer Schöpfung. Gleichzeitig wurden damit alle positiven ethischen Werte an das weibliche Geschlecht gebunden, das vom schwachen oder schönen zum schlichtweg besseren Geschlecht aufstieg.

Frauen waren nicht nur anders, sondern besser. Vom moderaten Flügel der Frauenbewegung wurde Mütterlichkeit als die entscheidende

Kulturleistung und gleichzeitig als Zielvorstellung höchster weiblicher Persönlichkeitsentfaltung proklamiert, allem Männlichen haushoch überlegen. Wahre Mütterlichkeit forderte die ganze Frau, die ihre Aufmerksamkeit nicht zwischen beruflichem und mütterlichem Engagement aufsplitten konnte, ohne in beidem zu versagen.

Das bedeutet nicht, dass diese Frauen nicht in die Öffentlichkeit gedrängt wären und auf Einflussnahme verzichtet hätten. Abgesehen davon, dass die neuen Mütter in ihrer geistigen Mütterlichkeit herangebildet werden mussten, gab es kaum ein Gebiet des öffentlichen Lebens, das nicht des Einflusses der Frau bedürfe. Gemeint war ein mütterlich kultivierender Einfluss, der ein »lebendiges Gefühl für die gesellschaftlich-ganzheitlichen Zusammenhänge« vermitteln sollte.[18] Mütterlichkeit durfte zum Wohle des weiblichen Individuums und zu dem der Gesellschaft in ihrer Entfaltung nicht beeinträchtigt werden; indem sie Klassen und politische Gegensätze versöhnte, wirkte sie zum Nutzen der Volksgemeinschaft. Eine Rolle im öffentlichen Leben hatten vor allem die Frauen, die nicht geistige Mütter leiblicher Kinder werden konnten. Ihre Domäne war das, was heute unter »Beziehungsarbeit«, »Team-« und »Kooperationsfähigkeit« verstanden wird. Und damit und nicht etwa durch Expertisen werden auch heute noch Frauen auf dem Arbeitsmarkt als unersetzlich angepriesen; ihre Qualifikation scheint noch oft genug in ihrer »Weiblichkeit« zu liegen. Mütterliche Durchdringung des öffentlichen Raumes sollte den kalten mechanischen Kapitalismus mit seinem unmenschlichen Leistungsdruck beleben, erwärmen und vermenschlichen, kurz: Liebe und Herz in die Welt bringen.

Frauen sollten in kultureller Mütterlichkeit lieber die geistig-natürliche Produktion von idealen Gütern als die mechanische von Konsumgütern leisten, und das auch schon allein deshalb, weil der ihnen zutiefst wesensfremde Kapitalismus sie sonst zerstörte. Der industriellen Gesellschaft gelinge es nicht, die Arbeit der Frauen als »Frauenarbeit« zu inkorporieren. Frauen würden nach den Kriterien männlicher Arbeit oder gar nicht eingestellt werden. Diese seien der Frau aber so wesensfremd, dass sie die Anpassung an männliche Maßstäbe »in die schlimmste Sklaverei« treibe.

Diese Form der Kritik am industriellen Fortschritt stützte ihn effektiver, als es seine wohlmeinendsten Vertreter vermocht hätten. Die Zweiteilung der Geschlechter führte de facto nicht zu einer Änderung, sondern zu einer Stabilisierung der Verhältnisse auf dem Arbeitsmarkt. Die Argumentation, die Männlichkeit und industriellen Fortschritt verknüpfte und als vielleicht historisch notwendig, aber moralisch minderwertig einstufte, hat sich bis heute gehalten. Ihr Gegenstück ist eine behauptete bessere, weibliche Welt. Aus der harten, unmenschlichen Männerwelt sollten sich Frauen besser heraushalten. Wenigstens die Frauen sollten – darin waren und sind sich Frauen und Männer hierzulande einig – das Fundament für eine bessere Welt legen oder, nostalgisch gewendet, ein Stück »heile Welt hinüberretten«. Dann konnte auch alles trotz aller Kritik, mit der sich so gut leben lässt, beim Alten bleiben. Stöcker befand, dass dieser Kult der weiblichen Eigenart, »das schöne Wort von der ›Andersartigkeit, aber Gleichwertigkeit der Frau‹ ... meist nur eine Phrase« sei, »mit der man unbequemen Ansprüchen und Konsequenzen aus dem Weg zu gehen sucht«.[19]

Die Radikalen wie die Moderaten einigte das Ringen um das weibliche Subjekt. Neue Liebe und neue Mütterlichkeit entstanden aus dem paradoxen Versuch, die Frauen in den Genuss der Eigenschaften des bürgerlichen, vermeintlich neutralen, tatsächlich männlichen Subjektes kommen zu lassen: selbstbestimmt, selbstbeherrscht, selbstbewusst. Bisher waren Frauen von dieser modernen Subjektivität qua Geschlecht ausgeschlossen. Das neue weibliche Subjekt war Ergebnis einer Disziplinierung, die sich auf den Bereich der Sexualität auswirken sollte; aufgrund ihrer Sexualität wurden der Frau solche Eigenschaften abgesprochen und sie damit von staatsbürgerlicher Öffentlichkeit ausgeschlossen. Von Rousseau bis etwa Mussolini war man überzeugt, dass, während der Mann seiner Sexualität nur in wenigen Momenten ausgesetzt und sonst Herr seiner selbst war, die Frau jeden Moment eben nicht Herrin ihrer selbst, sondern ihrer Geschlechtlichkeit unterworfen war. Deswegen stand sie unter der Obhut des Mannes.

Die neue Frau und die neue Mutter waren ihrer Geschlechtlichkeit nicht mehr unterworfen, nicht mehr *sub-jectum*, sondern sie waren Herrin ihrer selbst, Herrin auch ihrer Geschlechtlichkeit. Stöcker sah den »Trieb als etwas eingeborenes und zu beherrschendes, aber als nichts teuflisches, dem sie hilflos gegenüberstehen«.[20] Die Aufgaben der modernen Frau sollten in der selbstbewussten, selbstbestimmten und selbstbeherrschten Ausübung von Empfängnis und Schwangerschaft, in bejahter Sexualität, in verantwortungsbewusster Mütterlichkeit liegen. Stöcker sah den »traurigsten Mißbrauch der Natur« darin, »daß bisher die Mutterschaft der Frau so ungewollt war, oder doch willenlos, gedankenlos«. Mutterschaft sollte nicht mehr als etwas, das einem zustößt, ertragen werden; sie sollte keine Enteignung und Entäußerung des Individuums sein, sondern im Gegenteil »in einer neuen, freiern, selbständigern Form« zu eigen gemacht, angeeignet werden. Der neuen Mutter sollte nichts mehr widerfahren, sie sollte vielmehr selbstbestimmtes Subjekt von Empfängnis und Geburt werden. Ideale Mutterschaft war nicht mehr »unerwünschte Folge einer heißen Minute«, sondern »Resultat freier Selbstbestimmung«.[21] Physische Mutterschaft sollte von Anfang an mit geistiger in eins fallen.

Schwangerschaft und Kinderpflege wurden Ausdruck höchster Selbstbestimmtheit, deren Vervollkommnung im Glück des »Sich-weg-schenken-Dürfens« gipfelte. Die neue Mutter hätte bereits vor dem Ersten Weltkrieg nicht mehr sagen können, was arme Bäuerinnen und Arbeiterinnen noch nach dem Zweiten sagten: Die Kinder »kommen schneller als ein Tausendmarkschein«. Die Mutter wurde dann auch zu dem, was bisher ihr Gegenbegriff war, zum schöpferischen Künstler. Sie trat auf diese Weise an die Stelle des männlichen Subjektes. Am Kind wurde sie durch ihre kultivierende Liebe zur »geistigen Bildnerin«. Sie pflanzte sich nicht bloß fort, sondern machte das Kind zu ihrem Werk, indem sie sich in es »hineinpflanzte«. Die neue Mutter schöpfte, indem sie gebar. Die Mutter opferte sich und wurde in diesem Opfer ganz sie selbst.

Ihr Werk, ihre Produktion war für die Gesellschaft grundlegender als alle anderen Produktionszweige. Gleichzeitig sprengte sie die Regeln und den daran hängenden Subjektbegriff. Denn ihre Produktion war von jeder anderen zu unterscheiden, weil ihre Voraussetzung das bewusste »Sich-weg-Schenken« an ein anderes, darauf Angewiesenes war. Menschenproduktion war, genauer gesagt, nicht nur eine wichtigere, sondern eine edlere Produktion, die ein großzügigeres Subjekt voraussetzt, das sich opfert und die Bedingungen der Produktion, nämlich Profitmaximierung im Eigeninteresse, überschreitet. Den Frauen sollte dadurch ein Doppeltes gelingen. Sie waren gerade durch ihre Sexualität zu dem geworden, von dem ihre Sexualität sie bis dahin ausgeschlossen hatte: nämlich wie die Männer zu selbstbewussten, selbstbestimmten und selbstbeherrschten Subjekten. Ihre Subjektivität war wertvoller als die männliche, weil sie sich bewusst für ein höheres Ziel »wegschenken« konnten.[22] Von ausgehaltenen Konsumwesen verwandelten sie sich durch diese neue Zuschreibung zu den wichtigsten Produzenten im Staat. In ihren Schößen und Herzen lag das Wohl der Gemeinschaft. Key erklärte die Mutter zum kostbarsten Gut des Volkes. Ihr Wert lag mehr noch als in Menschenproduktion und Menschenökonomie im Sprengen und Überschreiten der Regeln, die Produktion und Ökonomie bestimmen. In diesem Sprengen erst wurden die Frauen so unbezahlbar wie unersetzlich, sprich aökonomisch.

Muttersein »im vollen Sinne des Wortes« war mehr als ein Beruf, es war eine Berufung. Es verlangte den ganzen Menschen, um ganze Menschen zu gebären und zu erziehen. Letzten Endes konnte man dieses Vermögen nicht lernen, denn so wie das Beherrschen aller Regeln der Kunst noch keinen Künstler macht, so macht alles Wissen noch keine Mutter. Damit waren Mütter mit Männern, was moderne Arbeitsbedingungen und moderne Subjektivitätsforderungen anging, konkurrenzfähig. Außerdem aber waren sie ihnen überlegen, da sie das schönere, vollkommene Subjekt darstellten, wie es in der Tradition des Abendlandes der Künstler ist und nicht die vom industriellen Fortschritt beschädigte, weil spezialisierte Männlichkeit.

Wie lebhaft die Diskussion um den Begriff der geistigen Mütterlichkeit in dieser Zeit war und wie durchaus kontrovers die Idee des Ineinanderfallens von physischer und geistiger Mütterlichkeit zwecks Geburt des weiblichen autonomen Subjektes diskutiert wurde, illustriert ein Selbstporträt von Paula Modersohn-Becker »an ihrem sechsten Ehetag«. Auf dem Selbstporträt hat sich die Malerin als schwangere Frau nach dem Typus der Madonna del Parto, wie ihn Bellini vielleicht am eindrücklichsten dargestellt hat, gemalt. Das Porträt, nahm man zunächst an, zeige eben die schwangere Künstlerin. Dann stellte sich heraus, dass Modersohn-Becker zum Zeitpunkt des Porträts nicht schwanger war, und man schloss, dass sie ihrem Kinderwunsch Ausdruck gegeben hatte. Tatsächlich zeigen die Briefe Modersohn-Beckers zu dieser Zeit, dass sie sich aus ihrer Ehe lösen wollte, um sich als Künstlerin gebären zu können. Das Bild stellt also nicht den physischen Zustand der Schwangerschaft oder den Wunsch danach dar, sondern ist eine Metapher für Selbstschöpfung.[23] Die Frau geht mit sich selbst als Künstlerin schwanger; sie ist dabei, sich selbst als autonomen Künstler zur Welt zu bringen. Ihre Schwangerschaft deutet nicht auf die Geburt eines Kindes, sondern in einer bewährten, meist männlichen Künstlermetapher auf die Geburt des künstlerischen Selbst. Diese geistige Geburt ihres Selbst verneint die Figur der physisch-geistigen Mutterschaft, in der das weibliche Subjekt sich als Subjekt gebärt, indem es ein Kind gebärt. Der Preis geistiger Mutterschaft – in diesem Fall das sich selbst Gebären als autonomer Künstler – ist für Modersohn-Becker physische Mutterschaft.

Der Einfluss sozialdarwinistischer und neomalthusianistischer Ideen war auf beide Flügel der Frauenbewegung stark. Das bloße Leben stand niedrig im Kurs; Qualität und nicht Quantität war gefragt. Die Rede von »Emporzüchtung und Auslese«, die die Vorstellung vom »Ausschalten wertloser und schlechter Elemente« implizierte, damit die Gesellschaft von der »niederdrückenden Last der untüchtigsten verschiedener Art«[24] befreit sei, ist ein deutliches Indiz hierfür.

Es wäre falsch zu behaupten, dass die Radikalen sich für das individuelle Selbstbestimmungsinteresse der Frau einsetzten, während die Moderaten sich für das Interesse der Volksgemeinschaft unter Vernachlässigung weiblicher Individualität stark machten. Beides, Selbstbestimmung der Frau und Interesse der Gemeinschaft, gehörten zusammen, wie die Argumentation von Stöcker zeigt. Geburtenbeschränkung und Eugenik wurden im Interesse der Frau wie der Gemeinschaft vertreten. Für Stöcker und Adele Schreiber, die beide mit der Machtübernahme der Nazis emigrieren mussten – die eine aus politischen, die andere auch aus »rassischen« Gründen –, kam es nicht zum Konflikt. Das Selbstbestimmungsinteresse der Frau verband sich wunderbar mit dem Interesse der Gesellschaft, ja dem Interesse der Gattung. Denn es garantierte, um in den Diskurs der »Menschenökonomie« oder der »Nachwuchsproduktion« zu wechseln, die Qualität des Produktes. Die Subjektwerdung der Frau als Mutter, die sich in ihrem Willen zum Kind manifestierte, schuf »qualitativ hochwertige Produkte«, »Individuen von scharfer Originalität« nämlich und »nicht nur Volksmassen wie Schafherden«. Am Horizont drohte die Degeneration: »Wenn eine Frau nicht die Mittel hat, Kinder zu ordentlichen Menschen zu erziehen, begeht sie nicht nur eine Dummheit, sondern beinahe ein Verbrechen, wenn sie doch welche bekommt.«[25]

Was war mit diesen Frauen, die »beinahe ein Verbrechen begingen«, die als Mütter nicht »kostbarstes Gut des Volkes waren«, sondern im Gegenteil »niederdrückende Last«? Was war mit denen, die in Stöckers Augen nicht zu den »Auserwählten« zählten, die nicht zu »vernünftiger Einsicht« fähig waren, denen, die sich nicht selbstverantwortet und selbstbeherrscht fortzeugten? Nicht alle Mütter wurden ihrem hohen Amt gerecht. Bei manchen stieß das Konzept geistiger Mutterschaft auf taube Ohren – sehr zum Schaden der Gesellschaft, merkten die Künder der frohen Liebesbotschaft an. Hier mussten Mittel und Wege gefunden werden; schließlich ging es ums Ganze, um die menschliche Souveränität, ihre unbeschränkte Herrschaft: »Wie der Mensch alle anderen Dinge seiner vernünftigen Einsicht unterworfen hat, so muss er auch immer mehr Herr werden über eine der wichtigsten Angelegenheiten der Menschheit, die Schaffung eines neuen Menschen. Man wird Mittel finden müssen, um unheilbar Kranke oder Entartete an der Fortpflanzung zu hindern.«[26]

Die Politik der neuen Mütterlichkeit hatte als Biopolitik eine für unsere Ohren schockierende Dimension; unter dem Stichwort »Rasse« setzte sie sich für gesundheitlich und moralisch »einwandfreien« Nachwuchs ein. In Brés matriarchaler Utopie, in der Mütter vom Staat unterstützt auf dem Land durch ihrer Hände Arbeit zusammen leben und ihre Kinder großziehen sollten, waren nur Mütter mit Gesundheitszertifikat zugelassen, da sonst die Pflege der Kranken die Energie, die der Erziehung der Gesunden zufließen müsse, verschlänge. Stöcker hielt neben »dem Ausbau der heute schon bestehenden Mutterschaftsversicherung« und der Einführung einer Kinderrente den »Ausbau der Gesetze, die die Verbrecher und Geisteskranken von der Fortpflanzung ausschließen« für unbedingt notwendig, um »qualitativ und quantitativ bessere Verhältnisse der menschlichen Rasse« zu erreichen. »Schutz der Lebenden, wie die Ausscheidung und Ausschaltung der Kranken, das sind nach unserer Überzeugung die Anfänge einer einsichtsvolleren, planmäßigeren Menschenökonomie.«[27] Schreiber forderte hingegen die Gegner von Verhütung und Abtreibung dazu auf, sich angesichts der erschreckend hohen Kindersterblichkeit in Deutschland erst einmal für die Erhaltung und Pflege des geborenen Lebens einzusetzen und etwas dafür zu tun, dass der Kinderreichtum die Armen nicht in Verwahrlosung und Elend stürze. Sie plädierte für »die Erhaltung aller Geborenen, möglichste Linderung des Existenzkampfes aller Schwachen, dafür aber tunlichste Verhütung, daß Schwache in die Welt gesetzt oder ursprünglich Gesunde durch ein Mißverhältnis zwischen ökonomischer Fürsorge und Geburtenzahl zu Schwachen gemacht werden«.[28] In diesem Zusammenhang sei daran erinnert, dass Frauen heute in der Bundesrepublik noch immer nicht darüber bestimmen können, ob sie einen gesunden Fötus austragen wollen, ihnen aber im Falle eines in medizinischen Routineuntersuchungen erkannten mongoloiden Kindes der Abbruch nahegelegt wird. Nach Erlass der amerikanischen Zwangssterilisationsgesetze plädierten Schreiber und Stöcker für Zwangssterilisierung derer, die im Jargon des Sozialdarwinismus »die Untüchtigen« heißen: Schwerverbrecher, Schwachsinnige, Alkoholiker. Das übergangslose Nebeneinander von sozialstaatlichen und eugenischen Maßnahmen wie Mutterschaftsversicherung und Kinderrente oder Zwangssterilisation beraubt den heutigen Leser des Atems.[29] Das vitalistische Erbe der radikaleren Frauenbewegung zeigte sich in der Hoffnung auf ein neues diesseitiges Reich, in dem nur noch gesunde Menschen in lebenswürdigen Umständen leben und es deshalb kein Leid mehr gibt.

Sozialstaatliche Forderungen wie die nach einer angemessenen wirtschaftlichen Unterstützung der Frau, die sich für das Muttersein entscheidet, sexualpolitische Forderungen wie die nach dem Recht auf Verhütung und Abtreibung und eugenische Forderungen wie die nach

Zwangssterilisation hingen mit dem Credo einer »richtigen, guten« und das hieß beherrschten Sexualität zusammen, die dem Prinzip der Ökonomie unterworfen war. Aus dieser Haltung speiste sich die Verachtung für arme Leute mit vielen Kindern, die nicht nur eine Belastung für die Gemeinschaft waren, sondern auch zum Sinnbild unbeherrschter Triebhaftigkeit wurden. Es war die Sexualität, die als beherrschte, rationalisierte in der Fortzeugung guten Lebens den Triumph des Lebens über den Tod, also Ewigkeit, versprach. Leben war nur um den Preis der Ausmerzung von Elend und Krankheit zu haben. Wenn dann einst die Zeit der einsichtsvolleren, planvollen »Menschenökonomie« gekommen sei, die neue Mütterlichkeit herrsche, würden »die Gefängnismauern fallen, die Kerker werden von Licht durchflutet werden und der Schatten des Schafotts wird aufhören, die Erde zu schänden. Armut und Verbrechen werden kinderlos sein, die ganze Welt wird intelligent, tugendhaft und frei sein.«[30] Stöckers hymnische Zukunftsvision, die Rückseite ihrer emanzipatorischen Bestrebungen, strotzt nicht nur von selbstgerechter Anmaßung, sondern zeigt auch ein schrecklich naives Vertrauen in menschliche Allmacht.

Politik 2: Inzest und totaler Krieg

Es gibt, wenn Sie mir diese Definition erlauben wollen, drei Kategorien von Frauen: Priesterinnen, Mütter und – und eben Schauspielerinnen.
Ina Seidel

Ina Seidels *Wunschkind* erschien 1930. Der Roman wuchs, schrieb die bis in die sechziger Jahre populäre Autorin, »langsam wie ein Baum in schwerem Boden«, genährt von »deutschem Blut und deutschen Tränen«.[1] Vor, während und nach dem Krieg gedruckt, wurde er zum größten Erfolg Seidels. Mit über einer Million Leser hatte er eine höhere Auflagenzahl als die *Buddenbrooks* von Thomas Mann. Er erfreute sich von nationalsozialistischer bis zu feministischer Kritik fast durchweg positiver Reaktionen.[2] Noch 1987 wurde Seidel als die »bedeutendste protestantische Erzählerin der deutschen Literatur des 20. Jahrhunderts«[3] gefeiert.

Das Wunschkind ist vielleicht *das* Buch der deutschen Mutter, ihr Programm. In ihm kulminierte eine Tradition, die mit Pestalozzis Eintragen der Mütterlichkeit in Luthers Reformation begann, sich in Königin Luise verkörperte, an den Mütterfeminismus anschließbar und offensichtlich relativ problemlos mit der nationalsozialistischen Ideologie zu vereinbaren war. In dieser Tradition starker Mütter und ihrer Söhne mussten die Ehemänner und Väter zum schlechten Ende vom Schauplatz der Geschichte verschwinden, damit die Welt aufhöre, von Kriegen beherrscht zu sein, und im deutschen Geist der Mütterlichkeit erlöst werden könne. Geschichte wurde nicht mehr von Vätern und Ehemännern, sondern von Müttern und Söhnen durch Blut und Tränen, durch Opfer gemacht oder besser zu Ende gebracht. Die Männer hatten sich als nicht reformfähig erwiesen. Nationalgeschichte zur Heilsgeschichte zu machen oblag den Händen, Herzen und Schößen der Mütter.

Im Zentrum dieses Romans eines historischen Ringens um das Heil, um »ein deutsches Reich erhöhter Macht und Herrlichkeit«, steht der Konflikt zwischen Eva und Maria, zwischen der deutschen Mutter

Cornelie und der Halbfranzösin Delphine. Cornelies Liebe zu ihrer Heimat Deutschland macht Einigung, Befreiung und Frieden möglich. Ihre Liebe führt über die Leiche ihres Sohnes ins gelobte Land. Eine solche Mutter folgt nicht der Aufforderung Brechts, ihre Kinder überleben zu lassen. Ihre Söhne lernen von ihr nicht leben, sondern sterben – aus Liebe zu Deutschland. Durch Rückkehr in den Mutterschoß werden sie zu Männern. Ihr Selbstopfer für Volk und Nation wird mit der Rückkehr in den mütterlichen Schoß einer weiblich identifizierten Heimat belohnt. Der Heldentod bietet im christlich-religiösen Sinn Erlösung und im regressiv sexuellen die Erfüllung des ödipalen Wunsches, der sich hier nicht als Wunsch des Sohnes, sondern als Begehren der Mutter darstellt.

Inzest spielt eine verborgene Rolle im *Wunschkind.* Hingabe scheint nur zwischen Mutter und Sohn möglich, um dann, jedenfalls für den Sohn, tödlich auszugehen. Erotische Anziehung auf nicht mütterliche Männer erschüttert die Verbundenheit zwischen Mutter und Sohn.[4] Im Roman gibt es eine verschobene Liebesszene, in der das gerade entwöhnte Kleinkind an die Stelle des potenziellen Geliebten tritt, dessen Vertreibung die Bedingung dafür ist, dass »der Knabe ... in ihr wohnte und wohnen blieb«.[5] Liebe zu einem Mann heißt Verrat am Sohn. Unmittelbar nachdem Cornelie ihrer sinnlichen Anziehung Herr geworden ist, die ein junger preußischer Offizier, der als Doppel ihres verstorbenen Mannes Hans-Adam geschildert wird, auf sie ausübt, kommt es zu folgender Szene: »Das Kind ... reckte verlangend die Ärmchen. Sie ... drückte ihn an ihre Brust und sank mit ihm zurück in die Kissen. Der erst seit wenigen Wochen Entwöhnte ... drängte sich mit suchendem Munde an sie; sie ließ ihm, was er wollte, und lag ganz still, bis nach kurzem seine Lippen sich lösten und er süß und leicht atmend fest schlief ... Alles war gut, der Strom kreiste wieder.«

Das Eingehen in deutsche Erde bewahrt die Söhne vor der späteren Auflösung durch die französische Frau. Die Erlösung von Geschichte, das Erreichen des Heils hängt am Ausgang des Kampfes zwischen Frau und Mutter, zwischen französischer Eva als der ewigen Verführerin, die mit dem Sex den Tod über die Menschen bringt, und deutscher

Mutter Maria, die ihre Mütterlichkeit jetzt allerdings nicht mehr Gottes Gnaden verdankt, sondern als starke Frau selbst verantwortet. Das Lob der Mutter auf Kosten der Frau ist eine so xenophobe wie misogyne Tradition. Für seine Verbreitung waren Frauen maßgeblich verantwortlich. Und es war die scheinbar so unpolitische Figur der Mutter, die den totalen Krieg aus Liebe ermöglichte. Das Phantasma der Mutter als besserer, friedfertiger, sich in Liebe selbst hingebender Mensch scheint aber gegen die es widerlegenden Fakten resistent. Es ist nicht ohne Ironie, dass ein Nachkriegsapologet Seidels, der ihr politisches Engagement für den Nationalsozialismus vergessen machen wollte, sie in ihrer Mutterrolle zu würdigen suchte. Im »zärtlichen Aufleuchten« ihres Gesichtes, mit dem sie ihm von einem Brief und einem Gedicht ihres Sohnes, der offenbar noch 1954 in englischer Gefangenschaft war, erzählt haben soll, sei sie ihm als Mutter im Fleisch nicht allein, »sondern als Mutter im Geist ganz gegenwärtig«.[6]

Das Wunschkind ist ein tränentreibendes Buch, welches das in der Passionsgeschichte durch die Jahrhunderte gesammelte Pathos ausspielt. Der Plot, den es umbesetzt, ist Christi Opfertod, erzählt aus der Perspektive der eigentlichen Pathosträgerin: Stabat mater. Nur ist es hier die Mutter, die aus Mütterlichkeit das Opfer des Sohnes bringt. Die Leidensgeschichte bekommt eine nationale Bedeutung. Sohn Christoph verkörpert Deutschland und wird als solcher zum idealen Europäer; in ihm mischen sich Rheinland und Preußen, Protestantismus und Katholizismus. »Christi Leben und Sterben für Deutschland« hätte der Titel lauten können. Es geht um eine Mutter-Sohn-Beziehung, die mit der Empfängnis zur Zeit der napoleonischen Siege über die preußische Armee beginnt und mit dem Tod des Sohnes, der in den deutschen Befreiungskriegen fällt, endet. Die Liebe zwischen Mutter und Sohn muss gegen eine andere Liebe des Sohnes bestehen, gegen seine Liebe zu einer Frau, seiner Cousine Delphine. Die erste ist so rettend wie die letzte verderbend.

Es ist leicht, Seidels Buch einer Ideologiekritik zu unterziehen. Es ist umso leichter, weil viele Ideologieversatzstücke für uns jegliche Attraktion eingebüßt haben, ja unerträglich geworden sind. In einem alles in allem pazifistischen Westeuropa würde kein Mensch das Opfer der Söhne in einem noch so heiligen Krieg mit Christi Kreuzestod gleichsetzen und ihm erlösende Wirkung zusprechen. Keinem würde es mehr einfallen, einen Krieg als Gnade zu begreifen, wie Seidel das in nationalistischer Blasphemie tut. Die opfernde Hingabe im totalen Krieg für Heimat und Muttererde, für ein ganzes Deutschland, ist als Erlösungsversprechen entlarvt worden. Nicht weniger unerträglich sind der eher periphere Antisemitismus und das antifranzösische Ressentiment. Und trotzdem hat die Figur der Cornelie als starke, autonome, Sohn und Heimat hingebungsvoll liebende Mutter noch lange nach dem Krieg nicht ihre Anziehungskraft verloren.

Das Buch erschien nach dem Ersten Weltkrieg, als die deutsche Niederlage zum Verlust von Elsass-Lothringen, zu hohen Abgaben und schließlich zur französischen Besetzung des Ruhrgebietes geführt hatte, Deutschland also wieder nicht »ganz deutsch« war. Es spielt zu einer Zeit, in der das von Frankreich besetzte Land befreit wurde, während der deutschen Befreiungskriege, die in der Befreiung und Schaffung eines geeinten Deutschlands siegreich endeten. Das Romangeschehen endet vor dem Sieg über Napoleon mit Soldaten, die »weiterkämpfen«, und Müttern, die »weiterleiden«. Dieses offene Ende verschmolz Geschichte und Gegenwart: Es muss, es wird – so die Botschaft des Buches – noch einen Krieg geben. Und mit dieser Prophezeiung, für deren Wahrwerdung sie das ihr Mögliche tat, hat Seidel recht behalten. Es war nur konsequent, dass sie den Zweiten Weltkrieg enthusiastisch begrüßte.

In ihrer fiktionalen Konstruktion war der Preis des Endes von Geschichte als Kriegsgeschichte ein letzter Krieg. Waren die Väter in Form protestantischer Pfarrer für das Reich der Geschichte, für ihre Überlieferung und Tradierung verantwortlich, dann sind jetzt Mütter und Söhne zur fälligen Erlösung von Geschichte aufgerufen. Der letzte Krieg führt nicht zum Weltuntergang, sondern zu einer wiedergeborenen, erlösten Welt, in der der Heilige Geist unter uns wohnt. Cornelie und Christoph, neue Maria und neuer Christus, werden vom Heiligen Geist in der Figur der Taube in den entscheidenden Momenten ihres Lebens begleitet;[7] sie präfigurieren die kommende Erlösung. Von dieser Erlösung kündete die vom Heiligen Geist bewohnte Erzählerin Seidel, Priesterin und Mutter, die ihr Buch 1930 zu Pfingsten abschloss. Das posthistorische deutsch-europäische Reich der Gnade verdankt sich den Tränen der Mütter und endet mit ihrer Krönung durch die Söhne. Ikonographisch thront sie als Maria Himmelskönigin herrschend an der Seite des Sohnes:

> Da die Tränen der Frauen stark genug sein werden, um gleich einer Flut das Feuer des Krieges für ewig zu löschen. Der Tag, da der Geist – die Taube – unter dem heiligen Regenbogen über der wiedergeborenen Erde schwebt – und dann … Ein altes Wort von Valdemaire ging Cornelie im Herzen auf, und sie sagte es mit gebrochener Stimme: ›Dann setzt der Sohn der Mutter die Krone aufs Haupt.‹ Pfingsten 1930.

Die Erlösung von Geschichte bedeutet die Überwindung von Eva durch Maria, Sieg der Mütterlichkeit und Reinigung von Weiblichkeit. Der entscheidende Konflikt im Herzen des Romans ist, wie schon erwähnt, weder der zwischen den Geschlechtern, noch der zwischen den Generationen, sondern der zwischen Mutter und Frau, zwischen deutscher Mutter Maria Cornelie und französischer Frau Eva Delphine. Die deutsche Mutter Maria schützt ihren deutschen Sohn Christus vor der französischen Eva durch seinen Opfertod im Krieg. Durch ihn geht der Sohn in die heimatliche Erde wie in den Mutterschoß ein und wird, in ihr weiterlebend, als Held unsterblich. Der Tod bewahrt ihn vor der »Qual der Welt«; Delphine, ohne die Christoph nicht glaubt leben zu können, ist unverheiratet mit einem Schauspieler nach Hamburg durchgebrannt. Sie wäre sein Verderben geworden, hätten nicht seine Mutter, Königin Luise und die Gnade des Krieges ihn gerettet.

Das erhoffte Reich verdankt sich einem Opfertod des Sohnes, der in diesem auf sich genommenen Sterben das »naturhafte Opfer« der Mutter »erstattet« und es »im Geiste und in der Wahrheit« erfüllt. Unter der Hand hat sich der Krieg in ein erlösendes Opfer verwandelt. In diesem Bildungsroman lernten die Deutschen fürs Leben, indem sie Sich-Opfern für Deutschland lernten. Sich-Opfern für Deutschland heißt im Roman, dem Verrat der (französischen) Frau zu entrinnen –

»es gäbe schlimmeres für ihn als den Tod«[8] – und in die deutsche Mutter Heimaterde einzugehen.

Deutschland ist nicht mehr Vaterland, sondern Mutterland. Es wird von der Heldin Cornelie verkörpert, aber auch von Königin Luise, der Christoph »geweiht« wird. Luise erscheint zuerst nach der Niederlage von Jena und Auerstedt als Mater dolorosa; ihr Schmerz über die gefallenen Soldaten und die verlorene Schlacht wird mit Mariä Beweinung Jesu unter dem Kreuz verglichen. Später bei ihrem Einzug in Berlin erscheint sie in Weiß und Blau gekleidet vor dem Goldgrund ihres Wagens als Himmelskönigin. Als Mutter ist diese Königin eine Frau wie jede andere:

> Luise in ihrem hermelingeschmückten blauen Gewand, vorgeneigt und mit weinenden Augen aus ihrem goldenen Wagen das Volk grüßend, war so sehr Fürstin wie Frau, eine Frau, die gleich der ärmsten Mutter im Lande mit ihrem Leibe die Lasten von zehn Kindern erduldet, die dem vollen Anprall des das Land zermalmenden Schicksals die Brust geboten und sich keinen Leiden und keiner Demütigung entzogen hatte.[9]

Wie Cornelie bedeutet sie Heimat, steht ihr Körper für die Erde des Mutterlandes. Durch Luise wird Christoph Mann, für Luise geht Christoph in den Krieg, von Luise wird er vor Delphine gerettet. Nicht die Armee, sondern Mütter machen Kinder zu Männern; sie allein können die Liebe zur Frau in eine Liebe zur Muttererde verwandeln. Die Mutter errang in diesem Roman das Monopol der Erziehung auch der männlichen Kinder bis zum Mannesalter.

Sieht man von diesem historisch gewordenen Aspekt des Romans ab, bleiben noch viele Inhalte, die in die heutige Doktrin von Mütterlichkeit vor allem in ihrer ökofeministischen Spielart eingegangen sind: Cornelie, unabhängig, stark und selbständig, ist ein überzeugendes Rollenmodell. Als junge Witwe, die nicht mehr heiraten will, kommt sie ohne die Männer aus. Als kompetente alleinerziehende Mutter braucht sie keinen Vater für ihr Kind. Wirtschaftlich ist sie nicht auf männliche Unterstützung angewiesen; entschieden verteidigt sie Hab und Gut in der französischen Besatzung und saniert später das von ihrem Vater völlig heruntergewirtschaftete Heimatgut Hölkewiese im Alleingang. Sie hat nichts vom schmiegsam verführerischen, eitlen, anlehnungsbedürftig schwachen Weibchen; sie muss nicht beschützt werden, sondern sie beschützt. Sie ist außerdem attraktiv und sexuell emanzipiert, wie ihr Verhältnis zu dem Arzt Buzzini zeigt.

Mütterlichkeit erscheint als der entscheidende Wert, so kultiviert wie natürlich. Er verkörpert sich in einer Frau, die Mutter ist. Wahre Mütterlichkeit, durchlebte und erfahrene Mütterlichkeit, wesentliche Mütterlichkeit wird von falscher Mutterschaft abgesetzt. »Damen« und Aristokratinnen zum Beispiel sind keine richtigen Mütter, auch putzsüchtige, eitle Frauen nicht; hierzu sei angemerkt, dass das grüne Müttermanifest die Karrierefrauen oder Hera Lind eine überschminkte Fassadenfrau in ihrem hoffnungslosen Überfordertsein durch Mutterschaft an die Stelle der Aristokratin setzt. Muttersein ist etwas Tiefes, Eigentliches, Natürliches und zugleich Erhabenes, das bloße Oberflächlichkeit und alles Gefallenwollen von sich abgestreift hat. Mütterlichkeit wird als die Eigenschaft begriffen, durch die Frauen ihre Persönlichkeit entwickeln, die ihr Leben und ihre Sicht auf die Welt bestimmt. Muttersein mit dem dazugehörigen gesellschaftlich-mütterlichen Engagement ist die ethisch sinnvollste Seinsweise des Menschen. Kein Beruf kann es damit aufnehmen. Die tiefste, innigste und gleichzeitig ethisch wichtigste Beziehung der Welt ist die zwischen Mutter und Kind; sie bilden eine Einheit. Das Stillen ist der Ausdruck dieses Einsseins. Mit den Augen der Mutter lernt das Kind die Welt kennen; das Kind vor der bedrohlichen Welt zu schützen ist Aufgabe der Mutter. Bis hierhin wären viele einverstanden.

Das Bedrohliche der Welt würde sich heute kaum mehr in einer verräterischen französischen Eva verkörpern, sondern eher in Tschernobyl, und die Rettung nähme nicht mehr die Form eines gemeinsam auf sich genommenen Opfers durch den Heldentod im Krieg an. Die Pietà mit dem toten Sohn im Schoß ist in der modernen Mutterrhetorik außer Mode gekommen. Die heutigen Vorstellungen von Mutterschaft halten sich eher an die Ikonographie der Maria lactans bis zum Zeitpunkt, wo das Kind selbständig reden, laufen und sich bewegen kann.

Die Rollen, die danach auf die Mutter warten – Organisatorin oder Managerin des Kinderlebens, Nachhilfelehrerin, Chauffeurin, Köchin, später Lieferantin von Kost und Logis –, scheinen zwar aus unerklärlichen Gründen genauso unabänderlich, sind aber wesentlich unattraktiver. Sie werden vom Goldgrund der frühen Kindheit überstrahlt.

Ina Seidels »Mutterbuch« entstand in einer Zeit der Frauenbewegung, der damit einhergehenden intensiven Bearbeitung des Konzeptes geistiger Mütterlichkeit und den sich daran anknüpfenden Fragen weiblicher Berufstätigkeit. Der brennend aktuellen Frage des Berufes, die die Frauenbewegung spaltete, entzog sich Seidel durch die Situierung des Geschehens um 1800 auf einem Landgut, wo die Ökonomie des ganzen Hauses noch nicht in Berufswelt und Haus auseinandergefallen war. Cornelie ist Gutsherrin. Ihren »Beruf« übt sie auf ihrem Gut durch die sachkundige und erfolgreiche Bewirtung ihres Grund und Bodens aus. Ohne in der Auseinandersetzung um die Berufstätigkeit polemische Kraft verbrauchen zu müssen, stellte Seidel eine Übermutter in den Vordergrund, die exemplarisch alle Kriterien der neuen Mütterlichkeit erfüllt und als reine Mutter stärker als alle Männer des Romans ist.

Cornelie entwickelt sich von einer physischen zu einer geistig-physischen Mutter, um schließlich Mutter aller zu werden. Ihre geistige Mütterlichkeit dehnt sich von ihrem Sohn zunächst auf die Armen und Kranken im besetzten Mainz aus. In ihrer Mütterlichkeit legt sie den Adelsdünkel ab und durchdringt in ihrer hingebenden Liebe alle Schichten. Cornelie erscheint bei ihren Besuchen nicht als Aristokratin oder als Dame, sondern als eine Frau wie jede andere, als »Bürgerin Echter«, aber sie wird von den Armen als »Notre Dame« bezeichnet, unter allen Frauen als »Unsere Liebe Frau« ausersehen. Ihre Mütterlichkeit erstreckt sich auf die Bewohner ihres Gutes; dieses verwandelt sich aus einem harsch patriarchalischen System, in dem alles auf den Hund gebracht ist, in ein matriarchalisches Herrschaftsmodell, in dem alles blüht und gedeiht. Ihre letzte Erfüllung findet die neue Mütterlichkeit in der Erziehung von Waisen. Nach Christophs Tod wird sie an seiner Statt die Söhne der gefallenen Offiziere auf ihr Gut aufnehmen, um sie zu Soldaten zu machen. Sie werden wiederum zum Sich-Opfern fürs Vaterland erzogen.

In der Eingangssequenz des Romans tritt im Ringen um das Überleben des todkranken ersten Sohnes bei Mutter und Großmutter eine mit den Augen des Sohnes und Ehemannes wahrgenommene, ihn quälende, verwirrende Veränderung ein: »Diese eine Woche des Dienens, diese eine Woche der Hingabe an das Leiden hatte sie des Glanzes beraubt, der lieben seidenen Kleider, der leise klingenden Armbänder, der goldenen Ketten mit den Edelsteinen, die auf der matten Haut von Brust und Nacken zu leuchten hatten. Es war kein Puder auf ihren Wangen, es war kein geheimer, erregender Duft um sie her; ihr Haar war müde, wie welkendes Laub.«[10] Unter dem verführerischen Zauber der Weiblichkeit tritt »jetzt vom Strom der Sorge, vom Sturzbach der Ängste freigelegt« »die Urgestalt des Berges« zutage. Beide, seine Frau und seine Mutter, werden »im Rausch ihrer verzückten, ahnenden Liebe«, im »Fieber der Angst« zu Seherinnen.

Die klassische, am klarsten von Kant vorgenommene Zuordnung von schön und weiblich versus erhaben und männlich wird verkehrt. Als Mütter sind Frauen nicht mehr schön, sondern erhaben. Hans-Adam, so der sprechende Name des Sohnes, Ehemannes und Vaters bleibt von der oberflächlichen Schönheit der Frauen geblendet; ihre mütterliche Erhabenheit begreift er nicht. Es ist seine Schwäche für Eva, die ihn unfähig macht, etwas anderes als Adam zu sein.

Das Kind von Cornelies rein physischer erster Mutterschaft, Wilhelm, stirbt. Mit ihrem ersten Kind geht ihr altes Ich unter.[11] Durch Empfängnis, Schwangerschaft, Geburt und Erziehung ihres zweiten Sohnes Christoph wird sie wiedergeboren zu einem neuen Menschen. Das religiöse Motiv der Konversion, in der der alte Mensch abgelegt wird, um einem neuen Leben in Christo Platz zu machen, wird auf den Übergang von rein physischer zu physisch-geistiger Mutterschaft appliziert. Seidel stammte aus einer alten Pfarrersfamilie und war Frau eines Pfarrers. Man kann davon ausgehen, dass sie sich für die Namen der Söhne ihrer Heldin, Wilhelm und Christoph, aus bestimmten Gründen entschied. Wilhelm steht – aus der Perspektive der Weimarer Republik – für das Absterben des Kaiserreiches. Mit ihm und seinem Vater stirbt das preußisch-militaristische, von »männlichen« Tugenden geprägte Junkertum, das seinen letzten, ruinösen

Vertreter in Cornelies Vater findet. Der heilige Christophorus hingegen wird in der reformatorischen Umdeutung als der, der allein auf Christus und das Wort Gottes vertraut, zum Sinnbild für das Alleinseligmachende des Glaubens. Dieses Kind ist nicht mehr Vater-, sondern ganz Mutterkind. Als »Christi« rückt der Name dieses neuen Messias in die größtmögliche Nähe zu Christ und Christus. In seinem Namen, durch sein Opfer wird Deutschland geeint und befreit, von Geschichte erlöst.

Die berüchtigte Zeugungsszene, mit der das Buch beginnt, blendet Mariä Empfängnis, Vertreibung aus dem Paradies und Ölberg übereinander. Im Sinne neuer Mütterlichkeit wird die Empfängnisszene verkehrt; nicht mehr Gott, sondern die Mutter handelt willentlich. Zwar kommen Christus und Christoph vom Himmel, aber während Maria die Empfängnis, in die sie einwilligt, verkündet wird, holt sich Cornelie ihr Kind selbst vom Himmel herunter: »Ich hab ihn mir ja auch vom Himmel herabgezogen.« Die neue Maria ist nicht mehr ausersehenes, passives Gefäß – »an mir geschehe wie Du gesagt« –, sondern willentliches, selbstbewusstes Subjekt. Passiv gehorchend, aber nicht genau verstehend, wie ihm geschieht, ist der Mann; er gehorcht, »halb schlafend und blinden Herzens«, in dieser Zeugung nichts als der Stimme der Natur. Sie hingegen erzwingt sich »mit verzücktem Willen Empfängnis«.[12] Er ist nackt und namenlos, ohne Identität im heilsgeschichtlichen Moment der Paradiesvertreibung, während Cornelie diese Paradiesvertreibung durch die Empfängnis verkehrt. Die Empfängnis ist der Anfang eines Weges, auf dem sie Schritt für Schritt den alten Menschen, den ihr Mann Hans-Adam verkörpert, ablegt. Maria und Christus überwinden Eva und Adam. Cornelie durchläuft in ihrer Mutterschaft alle Stufen von der Konversion bis zum »in letzter Bereitschaft« auf sich genommenen Opfer ihres Sohnes. Dieses heilbringende Opfer kostet sie mehr als ihr Leben. Mit und in Christoph stirbt auch Cornelie – sie ist nicht mehr ganz von dieser Welt. Dieser Weg hin zu geistiger Mütterlichkeit, der in vollkommener Hingabe vollendet wird, ist gleichzeitig der Weg zu einem immer tieferen Verständnis ihres Schicksals, das sie, die Worte in ihrem Herzen bewegend, erkennt.

Die unerhörte Bettszene am Anfang des Buches ist keine Lust- oder Liebes-, sondern erhabene Zeugungsszene, die sich als so natürliches wie quasi heiliges Ereignis darstellt: »Und so geschah dies.« Die Frau ist nicht angetrieben von irgendeinem Begehren, sondern »leer von allem Wünschen ... bis auf den einen Willen zur Fruchtbarkeit«.[13] Das Zusammenspiel von Eros und Thanatos als Gemeinplatz westlicher Erotik wird durch den Einsatz des Soldatentodes im Krieg makaber verschoben. Für den Mann fallen kleiner und großer Tod fatal zusammen. Der Mann, der seine Schuldigkeit getan hat, muss tatsächlich sterben. Für ihn heißt Zeugen Sterben, einzugehen in die Frau wie im Tod in die Erde. Dieser Tod ist gleichzeitig Wiedergeburt, denn die Liebesszene wird nicht nur als Tod auf dem Schlachtfeld – Eingehen in den Mutterschoß –„ sondern auch als Wiedergeburt aus der Frau phantasiert; der Mann sehnt sich danach, wie ein Kind in ihren Schoß einzugehen, um noch einmal aus ihr geboren zu werden. Für ihn bleibt die Frau in der Liebe Mutter. Der alte Adam ersteht als neuer Adam, als Christus beziehungsweise Christoph in seinem Sohn geläutert auf. Die Heilige Familie ist auf Mutter, Sohn und Heiligen Geist zusammengeschrumpft. Mit Gott und Joseph sind himmlischer und irdischer Vater, himmlischer und irdischer Geliebter und Ehemann weggefallen.

Mariä Empfängnis war bekanntlich übernatürlich; sie geschah nicht aus dem Willen des Mannes, sondern aus dem Willen Gottes, setzte als einmalige Ausnahme Natur außer Kraft und erlöste dadurch von Natur und Tod. Cornelies Empfängnis aus eigenem Willen, in kosmischer Überhöhung eine Paarung zwischen Himmel und Erde, ist so natürlich wie wunderbar. Der Akt der Zeugung ist frei von dem, was Luther »rasende Fleischeslust« nannte. In der Natur, der Adam verhaftet bleibt, heißt Sterben im Krieg Eingehen in den ewigen Kreislauf der Natur und somit Leben. Im Reich der Gnade, das mit Christoph beginnt, bedeutet Sterben Erlösen.

Die bewusst-natürliche Mutter, die der Erde verglichen wird und die Liebe macht, um zu empfangen, ist gleichzeitig Maria, an der die Erlösung der Welt hängt. Die Frau hingegen, die Liebe macht und dabei zufällig empfängt, ist Eva, die Zerstörung und Verderben bringt. Die höchste Stufe der Mütterlichkeit zu erlangen ist nur wenigen gegeben. Frauen, die keine Kinder haben, können nach Seidel keine geistige Mutter werden und verharren im Reich der bloßen Sinnlichkeit. Diese rein geistige Form der Mütterlichkeit kann ihre Weiblichkeit nicht auslöschen, und darum geht es. Die verheerende Weiblichkeit solcher Frauen – im Roman die Schwester Hans-Adams – zeigt sich in der bis zur Raserei gehenden fleischlichen Verliebtheit in ihre Ehemänner; zudem hat die Schwägerin Cornelies eine Schwäche für Eva und will Delphine adoptieren. Nach dem Tode ihres Mannes wird sie Karmeliterin. Das läutert nicht ihre unstillbare Erotik, sondern gibt ihr lediglich ein anderes Ziel. Unerlöst verharrt sie in Weiblichkeit.

Die bloß physische Mutterschaft wird als unbedeutend, zufällig und sinnlos, geradezu verderblich dargestellt. Den Unterschied zwischen geistig-physischer und bloß physischer Mutterschaft brachte Seidel auf den Nenner von Wunsch- versus Zufallskind. Das Wunschkind belegt zweierlei: Zum einen ist die Mutter, die es sich vom Himmel geholt hat, im Stand der Gnade; wie ihr Kind ist sie gesegnet. Zum anderen ist nur sie ein Subjekt im modernen Sinne. Die Mutterschaft der anderen Frauen ist unbedeutende Biologie, sinnloser Gattungsdienst, Entfremdung und Auflösung des Subjektes, Mütterlichkeit, die nicht von Weiblichkeit erlöst, sondern deren zerstörende Wirkung perpetuiert.

Beispiel für das Geistlose rein physischer Mutterschaft ist die andere Schwägerin Cornelies: »Sie betrachtete die Schwägerin heimlich, wie sie da mit schmollend vorgeschobenem Mund sich über die Näharbeit beugte, die Sättigung der neuen Schwangerschaft in den leicht gedunsenen Zügen, in der zerfließenden Gestalt zeigend.«[14] Diese Mütterlichkeit ist ohne jede geistige Dimension. Die Schwägerin bleibt auch als Mutter Frau, neugierig Klatsch und Tratsch verfallen, oberflächlich und eitel. Sie gebiert die Kinder nicht geistig und bildet nicht ihre Seele, sondern geht rein äußerlich in der Sorge um deren leibliches Wohl auf. Die Beziehung zu ihnen ist nicht innig-individuell, sondern von mechanischen Zwängen regiert.

Schlimmer noch ist die Zufallsschwangerschaft, ungewollter Nebeneffekt dessen, was in der *Neuen Generation*, der von Stöcker herausgegebenen Zeitschrift, »eine heiße Minute« genannt worden war. Das Ergebnis einer solchen »heißen Minute«, nämlich der Liebschaft

Cornelies Halbschwester Charlotte mit einem französischen Soldaten, ist Delphine. »Aventüre, jawohl, dachte Cornelie nicht ohne Bitterkeit. Zufallskind, ging es ihr durch den Sinn, wenn sie auf Delphine sah – Samen, vom Wind getragen! Du aber – und dies galt Christoph –, du, geerntet aus inbrünstig geschehener Saat und wieder ausgesät in offenes, bereites Land, Wunschkind, gesegnet.«[15] Eine solche Frau, die Geliebte und nicht Mutter ist, vererbt die Sünde zerstörerischer Weiblichkeit weiter. Charlottes Mutter, Charlotte und ihre Tochter Delphine, alle drei von verderblicher Weiblichkeit befleckt, sind Variationen Evas. Verändernd, persönlichkeitsbildend kann so ein Zufallskind nicht werden; nicht einmal Cornelies geistige Mütterlichkeit hat hier etwas ausgerichtet: »Mit Delphine allein hätte sie sich so wenig verändert wie für eine junge Katze oder einen aus dem Nest gefallenen Vogel.«

Das Wunschkind ist, wie gesagt, ein tränentreibender Roman. Doch nicht der Anflug eines Mitgefühls wird auf die bei der Geburt ihres Kindes unter preußischem Bombardement sterbende Charlotte verschwendet. Dies ist kein Opfertod, sondern ein sinnloser, unbedeutender, unerlöster und unerlösender Tod, die rohe Tatsache eines von einem nicht gewollten Kind zerrissenen Leibes. Der Dialekt der Magd, die von dieser tödlichen Geburt berichtet, nimmt ihr alles Erhebende und reduziert sie auf das zwar entsetzliche, aber nicht rührende Leiden der Kreatur.

Im ganzen Roman ist kein Mann so stark wie die Mutter. Alle Männer fühlen sich fatal zu Eva Delphine hingezogen. Männlichkeit ist gleichbedeutend mit Schwäche für die Frau. Kaum haben sie sie gesehen, schon sind sie ihr verfallen. Vom Vater bis zum Mann Cornelies kann sich keiner dem Charme der bestrickenden, behexenden, verzaubernden, so seelen- wie herzlosen Eva entziehen. Diese verrät ausnahmslos alle Männer, die ihr ergeben sind. Feindin der Männer, die alles vergessen und wie der Vater von Cornelie sogar ihren Dienst fürs Vaterland für sie aufgeben, ist sie Feindin auch der Mütter und Töchter. In ihrem Bann, verbannen die schwachen Ehemänner und Väter ihre Töchter und Ehefrauen; um ihretwillen wird Cornelie vom väterlichen Gut verstoßen, verdammt und verflucht; fast hätte die französische Schauspielerin sie die Heimat gekostet. Und weil die seelenlose Delphine nichts aus bewusster Bosheit, sondern alles aus natürlicher Gefallenheit tut, kann sie nicht zur Verantwortung gezogen werden.

Delphine war nie ein Kind; sie kommt als Miniaturfrau, »mit dem ganzen, tiefen Wissen ihres Geschlechtes geboren«,[16] als Gegenspielerin Cornelies auf die Welt. Als Milchschwester Christophs nährt Cornelie sie wie die Schlange an ihrer Brust. Seelenlos kann Delphine sich nicht »hingeben« wie Cornelie, die sich den Männern wie die Erde öffnet. Lieben wird fast grundsätzlich in der Metapher des Nährens beschrieben. Delphine hingegen nimmt die Männer nicht mütterlich auf; sie perlen an ihr spurlos ab. Sie ist ihnen auch nicht Kraftquelle. Sie löst sie, ungreifbar, verzaubernd auf und saugt sie vampirartig aus. Der einzige Schutz, den die Männer gegen sie haben, ist die Mutter.

Seidels Roman erklärt Mütterlichkeit zur entscheidenden Tugend. Sie ist nicht grundsätzlich an das weibliche Geschlecht gebunden. Mütterlich wirkt auch der Arzt, der sein Wirken mit dem Stillen eines Kindes vergleicht: »Wenn einer Mutter ein junges Kind stirbt, so lange sie es noch an der Brust hatte, und wenn nun zu den bestimmten Stunden die Nahrung in ihr steigt und sie bedrängt, bis es körperlich schmerzt und damit zugleich der Schmerz ihrer Seele auf eine Höhe getrieben wird, der sie nach dem Kind schreien läßt; wenn süße Milch und bittere Tränen von ihr tropfen ... so ist das jetzt mit mir. Das kann ich nicht anders beschreiben.«[17] Aber Cornelie als Frau und Mutter überstrahlt in geistiger Mütterlichkeit alle Männer des Romans. Ihre geistige Mütterlichkeit bereitet den Sohn für das männliche Pendant, für das Opfer im Krieg nämlich, vor. Sie hat, was dem Arzt Buzzini, ihrem Geliebten, fehlt; ihre Mütterlichkeit ist so natürlich wie ursprünglich, weil sie mit der Macht von Blut und Boden, von Heimatscholle und Heimaterde spricht. Cornelie ist verwurzelt, während der Arzt Buzzini ein »Zigeuner« ist. Mit Arzt, Priester und Pastor hat diese Mutter schließlich alle männlichen Autoritätsfiguren aus dem Feld geschlagen.

In einem eigenartigen Synkretismus, der im Buch als konfessioneller Übertritt Cornelies vom Protestantismus zum Katholizismus thematisiert wird, werden katholische Elemente des Marienkultes transponiert. Dabei geht es um mehr als um die Einigung Deutschlands in einem Glauben. Die religiöse Quintessenz des Buches liefert ein Herrnhuter:

> Christus ... sei der Wiederholer der Natur im Geiste. ... Gott hätte der Menschheit als Naturtrieb die Mütterlichkeit gegeben, in der Nächstenliebe und Opfersinn schon vorgebildet seien, freilich nur auf das eigene Blut gerichtet. Christus habe diesen Naturtrieb zur Religion erhoben und ihn durch sein Beispiel, seine Lehre, sein Leben – sein Sterben geheiligt. Niemand, sagte er, sei Christus so nahe wie eine rechte Mutter, wenn sie denn eine Christin sei – nämlich auch eine Mutter im Geiste.[18]

Die zusammen mit ihrem Sohn als gekrönte Himmelskönigin herrschende Maria setzt spätmittelalterliche und gegenreformatorische Vorstellungen gegen die protestantische Interpretation Marias als niedrigster Magd, Sinnbild menschlicher Nichtigkeit. Die neue Mütterlichkeit bringt aber auch die für die protestantische Ikonographie so zentrale religiöse Überhöhung des Familienlebens, in der der Vater als Vermittler des Wortes die entscheidende, geistige Rolle spielt, an ein Ende. Die Mutter hat sich via Maria in die zentrale Position der geistigen Vermittlerin gebracht und den Vater verdrängt.

Das heißt nicht, dass es im Roman Spuren eines Kampfes, laute Töne oder weibliches Aufbegehren gäbe. Seidel machte keine Politik, sondern schrieb Romane. Und im Roman fügt es sich eben so, dass der Ehemann stirbt, der Geliebte verheiratet und deshalb für eine Ehe nicht frei ist, der Vater alt und durch den Enkel besänftigt elegant umgangen werden kann. Ohne große Konflikte verbleibt Cornelie scheinbar innerhalb der patriarchalischen Normen. Sie kann vorbildliche Gattin, Mutter und Tochter vor allem deshalb sein, weil die Männer sterben oder aus dem Feld gehen. Religiös überhöht wird nicht mehr die Kleinfamilie, sondern die Beziehung zwischen Mutter und Sohn. Mag dies auch dem Inhalt nach reine Gegenreformation sein, so ist es doch dem Schema nach protestantisch. Maria wird sozusagen naturalisiert. Ihre Sexualität wird im Akt der Zeugung selbst von aller Begierde gereinigt. Diese Mutter zeugt nicht mehr in fleischlicher Liebe den Tod weiter, noch trägt sie wie die Mutter bei Luther die natürlichen Folgen der Erbsünde als Lust, die in der Fortpflanzung einem guten Ende zugeführt wird. Sie bleibt selbst beim Sex ausschließlich von geistiger Mütterlichkeit erfüllt. Cornelie begründet wie ihre römische Namenspatronin ein tausendjähriges Reich. Doch dieses neue tausendjährige Reich steht nicht wie das römische im Zeichen des Sexus und des Schwertes. Es steht im Zeichen des Opfers, das einmal in der Form geistiger Mütterlichkeit und einmal in Form des Todes im Krieg als Nachfolge von Christi Erlösungstod erscheint.

Dieses Kommen des Erlösers wird in Cornelie und Christoph angekündigt. Ihr Leben und Sterben zeichnet die Stationen vom Fall bis zum Erlösungstod nach: die Zeugungsszene, in der der aus dem Paradies vertriebene Adam stirbt, damit ein neuer Adam, Christoph, leben kann. Eva brachte den Tod in die Welt, der in sexueller Begierde immer weiter vererbt wird, und Cornelie brachte in einer begnadeten begierdelosen Empfängnis Erlösung. Der Roman schließt mit einem letzten Abendmahl, bei dem Christoph wie ein »Gast aus einer anderen, schöneren Welt unter ihnen«[19] sitzt. Delphine fällt während dieses letzten Abendmahles die Judasrolle als Verräterin seiner Liebe zu. »Zu seinem Gedächtnis« versammelt dieses zweite und letzte Abendmahl zur Stunde seines bewusst auf sich genommenen Opfertodes die Seinen.

Seidel steht mit ihrer Reformation des Protestantismus durch Übernahme katholischer Elemente des Marienkultes nicht allein da. Hans Hermenau, ein evangelischer Pastor, interpretierte die beiden Testamente etwa zur selben Zeit im Hinblick auf eine Religion der Mütterlichkeit neu. Ernst Bergmann bemängelte, dass eine »Kirche [die protestantische Kirche], die der weiblichen Jugend das Mutterprinzip in der religiösen Gestalt der Gottesgebärerin nicht mehr vorwies, sich mitschuldig gemacht [hat] an der Ertötung des Mutterinstinkts und an der Unfruchtbarmachung der Volksmutter, die wir heute so tief beklagen«.[20] Die Mutter galt ihm als Sinnbild der »neuen Religion«. In dieser Deutschreligion steht sie symbolisch für »Blut und Boden«,

»Scholle und Heimaterde«. Die Reform der protestantischen Kirche durch eine »deutsche Volkskirche« lief auf einen natürlich-geistigen Glauben ohne Kirche hinaus. In diese Reformbestrebungen einer »Kirche ohne Kirche«, einer Kirche ohne Dogmen und Institutionen, einer natürlichen Kirche, die von »schauender Erkenntnis« lebt, eingebunden in das Geheimnis des Lebens, stimmte Seidel ein. Daher erklären sich auch solch ungeheuerliche Wortprägungen wie »Naturchristin«, und deswegen kann Cornelie ihre Konversion zum Katholizismus ganz gegen dessen Lehre, die auf unnatürlicher, nämlich übernatürlicher Mutterschaft besteht, als den »natürlichen« Weg qua Mutterschaft beschreiben: »Weiß *ich* denn einen anderen Weg zu Gott als den natürlichen, bin ich nicht, nur weil ich eine Mutter war, zu der Kirche getrieben worden, in der sie, die Mutter neben dem Sohn, regiert?«[21] Damit hat sich die Figur der Mutter völlig verkehrt. War einstmals der Verzicht auf physische Mutterschaft, nämlich Keuschheit, die Bedingung für geistliche Mutterschaft, so ist physische Mutterschaft jetzt die Bedingung für geistige Mütterlichkeit. Die überirdische Liebe hat einer Liebe zur sehr irdischen Muttererde Platz gemacht.

In Bergmanns Matriarchatsphantasien ist Mütterlichkeit ein abstrakt allegorisches Prinzip, das sich im Weltganzen inkarniert. Seine Allegorie ist die Volksmutter. »Das Weltlebendige ist der Mutterschoß des hohen Menschengeistes. Wissendes Wesen und Geist ist eine Geburt des Allmütterlichen. Der Mutter-Kind-Gedanke ist daher die richtige Deutung des Gott-Welt-Geheimnisses. Wir sprechen in einer modernen Naturreligion vom Geistkind Gott, das im Schoße der Allmutter ruht.«[22] Im Gegensatz zu dieser Allmütterlichkeit ist die Mutter bei Seidel trotz aller Modellierung auf Heilsgeschichte hin ein konkretes Individuum in konkreten historischen Konfliktsituationen. Und trotz aller Anlehnung an Maria ist Cornelie durchaus selbstbewusst, selbstbeherrscht und selbstbestimmt.

In Seidels Roman kommen viele der Figuren vor, die die Nationalsozialisten in wesentlich primitiverer Weise für ihren Mutterkult funktionalisierten: Nationalgeschichte wird als Heilsgeschichte sakralisiert. Krieg wird zur heiligen Handlung, die messianisch Geschichte zu Ende bringt. Mit ihm bricht ein neues Reich an. Er ist erlösendes Opfer. Auch der Nationalsozialismus machte für seine Mutterverehrung Anleihen bei Formen von Marienverehrung. Sohn und Mutter sind das geschichtsmächtige Paar; Geburt und Krieg werden im Opfer parallelisiert. Das Opfer des Sohnes im Krieg entschädigt gewissermaßen das Opfer der Mutter während der Geburt. Der tote Sohn geht inzestuös in die Muttererde ein und lebt dort ewig fort. Mit einer Mütterlichkeit, die ganz traditionell liebend, hingebend, schützend, heilend, allem Schwachen helfend dargestellt wird, weicht der Roman allerdings entscheidend von der nationalsozialistischen Ideologie ab. Frei ist der Roman von der Idee der harten Mutter, die alles Lebensunwerte ausmerzt, und im Großen und Ganzen auch frei von Rassismus. Nicht Blut, sondern kulturelle und geschlechtliche Stereotypen bestimmen etwa das Französische.

Trotz der Nähe und der Übereinstimmungen war die Heldin des *Wunschkindes*, Cornelie von Echter, geborene von Tracht, die alle Männer in den Schatten stellte, den Nationalsozialisten eine zu übermächtige Figur. Mütterlichkeit war nicht die Eigenschaft, durch die diese Männer siegen wollten. Sie mussten bekanntlich ganz Mann sein, gerade weil ihr zu bringendes Selbstopfer sie zu verweiblichen drohte. Seidel beruhigte die aufgebrachte Männlichkeit, die sich vom ihr zustehenden ersten Platz durch diese übermächtige Mutter verdrängt fühlte, und hob die Überlegenheit des Sohnes hervor. Sie rettete sich vor den Anwürfen durch ein unbemerkt gebliebenes Zitat des im Spätmittelalter beliebten Motivs Mariä Krönung, mit dem der Roman endet: »Da setzte der Sohn der Mutter die Krone aufs Haupt.«[23]

In Anbetracht dieser Überlegungen wird die aufgeblasene »Mutter mit totem Sohn« von Käthe Kollwitz in der Schinkelschen Wache unter den Linden, die 1993 zur zentralen Gedenkstätte wurde – den Opfern von Kriegs- und Gewaltherrschaft gewidmet –, nicht nur ästhetisch höchst zweifelhaft, sondern ikonographisch fatal. Sie verewigt den Irrtum, Mütterlichkeit stände an sich für unzerstörbare Humanität und für das Leid der Opfer. Die entscheidende Funktion, die Mütterlichkeit bei der Mobilisierung für den totalen Krieg gespielt hat, wird vollkommen zugedeckt. Durch das Einfügen eines intimen Andachtsbildes in den Raum einer nationalen Gedenkstätte wird das Bild in die Tradition der oft revanchistischen Pietàfiguren nach dem Ersten Weltkrieg eingereiht. In dieser Tradition steht die säkularisierte Pietà nicht für die Frau, die trostlos ihr totes Kind beweint und dem Krieg damit jede Berechtigung abspricht, sondern im Gegenteil für die Frau, die anklagend Rache für ihren toten Sohn fordert. Sie bekundet ihre Bereitschaft, ihren Sohn im Krieg zu opfern – um ihn für sich zu behalten. Erst diese Figur ermöglichte den totalen Krieg. In diese Tradition, mit der Kollwitz' Plastik nichts zu tun hat, fügt Seidels Roman sich bruchlos ein. Das Phantasma der liebenden, unpolitischen, friedfertigen, hingegeben leidenden Mütterlichkeit, das bis in die Gegenwart nichts von seiner Überzeugungskraft verloren hat, ist so stark, dass die historische Evidenz der »Wollust« mütterlichen Opferns, von der auch Kollwitz angesichts ihres im Ersten Weltkrieg gefallenen Sohnes spricht, fast restlos verblasst.[24]

Politik 3: Deutschland als Mutterland im Nationalsozialismus

Die Mutter, verkündete Adolf Hitler, sei die wichtigste Bürgerin in seinem Staat. Was diese Mutter, die man sich als unemanzipierte, blondbezopfte, breithüftige Gebärkuh vorstellt, für die Frauen vor siebzig Jahren so anziehend gemacht haben soll, ist heute unverständlich. Aber das Bild von der blonden Gebärkuh hat sich vor eine Geschlechterpolitik geschoben, die man als völlig überholt und archaisch grotesk meinte abhaken zu können.[1] Seine Funktion liegt vor allem darin, vor der Modernität und Popularität nationalsozialistischer Geschlechterpolitik die Augen zu verschließen. In ihrer Zeit begeisterte sie durch die Propagierung eines modernen Frauenbildes, das mit dem abgestandenen »Kinder, Küche, Kirche« nichts zu tun hatte. Mutterschaft rückte in eine Schlüsselposition ein. In einem Staat, dessen erstes Ziel die mit modernster Bio- und Sozialtechnik vorangetriebene Gesundung und Verbesserung des Volkskörpers und die Vervollkommnung des Menschen war, konnte ihre Rolle schwerlich überschätzt werden.

Im Zuge der Restauration der patriarchalischen Kleinfamilie in den fünfziger Jahren, mit der man auf die in weiten Teilen radikal moderne, durch sozialstaatliche Maßnahmen agierende, im Prinzip antifamilialistische nationalsozialistische Geschlechterpolitik antwortete, wurde regressiv behauptet, dass Familie und Politik, Familie und Staat nichts miteinander zu tun hätten. Die Kleinfamilie sollte als schützender Innenraum wiederhergestellt werden, in dem Mütterlichkeit unbeeindruckt von staatlichen Interventionen und behütet von Väterlichkeit das sein konnte, was sie immer schon gewesen sei: von allem unberührt, unpolitisch, gut. Auch wenn sich herumgesprochen hatte, dass nicht jede Mutter, die ihren Sohn nicht Adolf genannt hatte, deswegen im Widerstand gewesen war, so schien man von nichts sich schneller überzeugen lassen zu wollen als dem Bild der normalen, lieben Ehefrau und Mutter, deren weibliche Tugenden die Familie zusammengehalten und inmitten von Barbarei über die Runden gebracht hatten. Die Frau der Adenauer-Ära, dauergewellt, eheberingt mit kleinem Pfennigabsatz und volantbesetzter Schürze, entsprach dem traditionellen Weiblichkeitsideal eher als die autonome, sportliche Nationalsozialistin der Riefenstahlfilme.

Die Sehnsucht nach unschuldiger Mütterlichkeit und besserer Weiblichkeit schlug sich später in der ethischfeministischen These einer dem Staat entzogenen, und deswegen irgendwie widerständigen »Beziehungsarbeit« der Frauen nieder. Das Dogma von der Mutter als dem von Natur aus besseren Menschen profitierte von der gescheiterten Restauration des Vaters, der als Mann moralisch bankrott aus dem Krieg oder der Gefangenschaft zurückkam. Es feierte im deutschen ethischen Mütterfeminismus fröhliche Urstände. Damit wurde nicht nur verleugnet, dass die deutsche Mutter das Herzstück des für die nationalsozialistische Ideologie entscheidenden Zusammenhangs von Rassismus und Geschlechterpolitik war, deren Rolle sich nicht in der Passivität einer quasi natürlichen Ressource, des »Fruchtschoßes der Nation«, erschöpfte. Schlimmer noch, der ethische Mütterfeminismus stellte sich mit diesem Dogma in die Tradition der gemäßigten Frauenbewegung *und* des Nationalsozialismus. Für alle verwirklicht die Frau sich wesentlich als Mutter, für alle sind Männer und Frauen wesensmäßig verschieden, und diese biologische Verschiedenheit prägt beide Seiten ganz. Frauen, die ihr geschlechtliches Wesen nicht in Mütterlichkeit ausleben wollten, waren einfach nicht normal, bei den Nazis »entartet« und bei den Vertretern des Mütterfeminismus »männlich«.

Drei direkte, unmittelbare Auswirkungen der nationalsozialistischen Geschlechterpolitik auf die der Bundesrepublik lassen sich feststellen: Erstens, und das ist die offensichtlichere, sind die wenigen weiblichen Karrieren durch die Entlassung der weiblichen Beamten aus dem Staatsdienst zerstört worden. Ab 1934 gab es nicht nur keine jüdischen Beamten, sondern auch keine weiblichen mehr, keine Lehrerinnen, Professorinnen, Richterinnen, Staatsanwältinnen. Eine ganze

Generation von Rollenvorbildern, die noch nicht die Selbstverständlichkeit, aber immerhin die Möglichkeit weiblicher Autorität im öffentlichen Raum demonstriert hatten, verschwand damit.

Zweitens spielte das Konzept der geistigen Mütterlichkeit, wie es der deutschen, aber auch der skandinavischen Frauenpolitik vor dem Zweiten Weltkrieg wichtig gewesen war, für den politischen Bereich in Deutschland nur noch eine untergeordnete Rolle. Die Berufstätigkeit der Frau wurde nicht mehr wie vor dem Krieg unter dem Blickwinkel einer stärkeren Ethisierung, einer Vermütterlichung der öffentlichen Sphäre gesehen. Der ethische Feminismus, der hierzulande die bestimmende feministische Position geblieben ist, hat nicht dazu geführt, mehr Frauen Berufstätigkeit zu ermöglichen, sondern Frauen in ihrer Mutterrolle zu bestärken und zu legitimieren und sie, unbefleckt von allem männlichen Karrierismus und Egoismus, einen Beruf wählen zu lassen, der »mit Familie zu vereinbaren« sei. Dass es ohne den Nationalsozialismus mit seiner Reform der Männlichkeit anders hätte kommen können, zeigt sich an den skandinavischen Ländern, wo es zu keinem ähnlich radikalen Bruch mit der Politik der Mütterlichkeit kam. Dort hat der Mütterfeminismus den politischen Raum der Nachkriegsperiode geprägt: Neuere Studien haben gezeigt, dass der hohe Prozentsatz von arbeitenden Frauen in diesen Ländern größtenteils auf einer Verstaatlichung der traditionell in den Bereich der geistigen Mütterlichkeit fallenden Aufgaben zurückgeht und deswegen mit dem Schicksal des Sozialstaates eng verknüpft ist. Der skandinavische Arbeitsmarkt ist dementsprechend nach Geschlechtern getrennt; die Frauen sind für das »Menschliche« zuständig, und etwa das obere Management ist eine fast ausschließlich männliche Domäne geblieben. Typische Frauenberufe sind nicht wie in Deutschland schlechtbezahlte Dienstleistungsjobs wie Friseuse oder Verkäuferin, sondern im Sozialen angesiedelt und mit dem Gemeinwohl befasst; das kann durchaus karriereträchtig sein. In den skandinavischen Ländern hat sich die Politik der Mütterlichkeit auf breiter Ebene durchgesetzt. Vater Staat ist zu einem mütterlichen Staat mutiert, in dem die als ethisch höher eingeschätzten Werte der Mütterlichkeit allgemein prägend geworden sind. Mit der Vermütterlichung der öffentlichen

Sphäre wurden die Geschlechter innerhalb des Paares gleichgestellt. Es wird von der Berufstätigkeit beider Partner ausgegangen, die idealerweise wirtschaftlich unabhängig voneinander sind; der Familienvater ist kein Versorger mehr.

Und drittens hat der Mutterkult des Nationalsozialismus, in dem sich Elemente einer modernen wohlfahrtsstaatlichen Politik der Mütterlichkeit mit Blut- und Rasseraunen mischten, die bundesdeutsche Politik in Sachen Kinder in eigenartiger Sprachlosigkeit zurückgelassen. Mit einem Staat, der offiziell an möglichst hochwertigen arischen Kindern interessiert war, wollte man nichts mehr zu tun haben und schüttete deshalb das Kind mit dem Bade aus. Im heutigen Deutschland gibt es keinen Konsens darüber, dass Kinder begehrenswert sind. Hätte in Deutschland jemand nach dem Krieg von den Kindern als »unserer süßesten Hoffnung« gesprochen wie der kommunistische Parteivorsitzende Maurice Thorez in Frankreich, wäre er des Rassismus verdächtigt worden. In Deutschland ist eine Reklame mit einem überlebensgroßen, nackten Baby, die Anfang der achtziger Jahre ganz Paris zuplakatierte und Lust auf mehr Babys machen sollte, undenkbar. Lust und Kind werden hierzulande höchstens im sexuellen Kindesmissbrauch zusammengebracht. Hier verschwindet die Süße unter der Last, unter Verantwortung und einem ständigen schlechten Gewissen. Kinder sind in Deutschland ein Faktor, der die Allgemeinheit nur angeht, wenn es um den berühmten Generationenvertrag und die Rentenzahlungen geht. Sonst werden sie in der Öffentlichkeit dazu eingesetzt, auf die nie ausreichende Liebe ihrer Eltern aufmerksam zu machen. Sie starren traurig verzweifelt von Plakatwänden, flehen um »mehr Zeit für Kinder« und bezichtigen ihre Eltern der Verwahrlosung. Als Liebesobjekte auch der Gesellschaft gibt es sie offenbar nicht. So bleibt den Müttern nicht viel anderes übrig, als sie entschieden für sich zu reklamieren.

Eine lustbetonte Einstellung dem Kind als Liebesgeschenk gegenüber und die hohe Wertschätzung der Mutterrolle innerhalb eines positiv besetzten republikanischen Nationalstaates wie in Frankreich haben nicht dazu geführt, dass Frauen dort nur Mütter sind. Der Staat hat sich im Gegenteil in Sachen Kinderbetreuung so engagiert, dass einer Verbindung von Karriere und Mutterschaft, anders als in Deutschland, nichts im Wege steht. Das völkisch-nationalsozialistische Interesse an Kindern, die nicht mehr über die Eltern in die Gesellschaft, sondern über die Partei in den Volkskörper integriert werden sollten, hat hierzulande einem prononcierten Misstrauen gegenüber allem öffentlichen Engagement bei der Kindererziehung Vorschub geleistet; jedes Engagement wird grundsätzlich unter den Verdacht der Indoktrination gestellt.

Die nationalsozialistische Geschlechter- und Rassenpolitik wirkte sich auf vier Ebenen aus: Erstens trat sie im Namen einer klaren Geschlechtsidentitätspolitik an, in der die dekadente Geschlechterverwirrung an ihr Ende gebracht werden sollte. Damit sollte auch eine natürliche oder gesunde Sexualität begründet werden. Zweitens setzte sie eine rein männliche staatliche Sphäre durch; auch die traditionelle Berufswelt wurde männlich definiert. Der natürliche Beruf jeder deutschen Frau war der Mutterberuf. Drittens unterminierte sie die bürgerliche Familienideologie. Und sie begründete viertens eine staatliche Biopolitik, die als »Deutschreligion« die arische Mutter religiös überhöhte. Diese Biopolitik war so sexistisch wie rassistisch. Es war die proklamierte deutsche Mutter, die den totalen Krieg ermöglichte. Die Ideologieversatzstücke, mit denen die Nationalsozialisten vorgingen, waren nicht neu. Neu war die Art, in der sie verknüpft wurden, neu vor allem ihre Umsetzung in die Praxis.

1. Das Dritte Reich trat im Namen einer so gesunden wie natürlichen Geschlechterordnung an, die für »männlichere Männer« und »weiblichere Frauen« sorgen und aller Dekadenz und Unzucht in »natürlicher« Sexualität ein Ende setzen sollte. Die Polarität der Geschlechtscharaktere galt als Indikator für die Gesundheit des Volkes. Dem Rasse- und Geschlechtschaos, das unweigerlich zum Untergang führen wird, sollten der echte Mann und die echte Frau entgegentreten. Die propagierte Geschlechterordnung war von einer männlichen *gender anxiety* getragen, die »männliche« Frauen als permanente Bedrohung empfand. Aus einer solchen Angst heraus erklärte sich das so unverhüllte wie ungelenke Betonen ganzer wahrer Männlichkeit: »Wir be-

danken uns für diese verlogene und posierte Männlichkeit, denn männlich sind wir selbst«, kann man in einer SS-Zeitung, dem *Schwarzen Korps* nachlesen. Elaborierter äußerte sich Ernst Bergmann. Er bemühte eine Vorstellung, die schon Rousseau mit viel Erfolg unter die Leute gebracht hatte: Die »maskulinisierte Frau« sei als »Irrweg der modernen Kultur« einzuschätzen und abzulehnen.[2] Diese Vorstellung, die von Rousseau über Schiller bis Bergmann vertreten wurde, bezog sich vor allem auf die »gelehrten Frauen«: »Insbesondere gilt dies für die gelehrten Frauen, die nach Unterdrückung ihres Weibcharakters und Muttertriebes sich anmaßen, ein Denk- und Erkenntnisvermögen zu besitzen und anwenden zu können, das dem männlichen in jeder Weise nach Intensität und Extensität gleichkomme. Diese Frauen übersehen, dass es das männliche Geschlechtswesen war, in welchem der Erkenntnistrieb sich zuerst gestaltete.« »Radikale Gleichmacherei« war in Bergmanns Augen ein »Frevel gegen den Naturwert des Geschlechtes«.

Hitler versprach den unverdorbenen, natürlichen deutschen Frauen in unüberhörbarem sexuellem Innuendo Männer, die ihren Mann stehen, »stramme und tadellose junge Spatenmänner«: »Die Gegenleistung, die der Nationalsozialismus der Frau für ihre Arbeit schenkt, besteht darin, dass er wieder Männer erzieht, wirkliche Männer, die anständig sind, die gerade stehen«, ein »neues herrliches Geschlecht«.[3] Die intimsten Feinde dieses Geschlechtes waren »der Jude« und »die Emanzipierte«, Intellekt und Erotik, die den Volkskörper zersetzten. Dekadent war die Erotisierung der Frau, die Ergebnis ihrer Intellektualisierung war; Sex und Ratio waren die Viren, die die Emanzipierten befallen hatten. An sich war die deutsche Frau »rein«. Die damals sich herausbildenden, der Libido Rechnung tragenden Theorien wie die Psychoanalyse wurden mit dem Stempel »jüdisch« versehen und galten als Beleidigung dieser Reinheit. Verrat an den Frauen übte nach Meinung der Frauenführerinnen des NS-Staates auch die hyperintellektuelle Frauenbewegung; diese unfraulichen Frauen waren »unruhig und nervös«, eben hysterisch.

Den Nationalsozialisten ging es – so weit herrschte bei aller sonstigen Divergenz Einigkeit – um Emanzipation von der Emanzipation, um Alfred Rosenbergs berühmtes Diktum zu zitieren. Erst wenn die

Frauen wieder ganz Frau waren, konnten Männer wirkliche Männer sein. Mathilde von Kemnitz-Ludendorff, eine glühende Nationalsozialistin, meinte, deutsche Frauen hätten es gar nicht nötig, sich zu emanzipieren; sie müssten nur »fremde Weltanschauung und Sitte«, »christliche Fremdsitte« ablegen, um die »hohe Stellung im Volke und in der Familie« zurückzuerhalten, die sie bei den alten Germanen innehatten. Dem »Unheil christlicher Wahnvorstellungen und der seelenschädigenden Suggestivbehandlung der Christen durch Priesterkasten« hatte man zu entkommen, um ein »rassemäßiges Gotteserleben« anzustreben. Im Gegensatz zu den semitischen Rassen, in denen sich die Frauen den Männern unterordneten und deren Ungeist in ihrem angenommenen Christentum weiterspukte, waren die Germaninnen natürlich, stolz und frei und den Männern in ihrem »stark ausgeprägten Stolze und den heldischen Zügen« ebenbürtig. Der »germanische Freiheitswille« der Frau »bäumt« sich gegen die »fremdblütige Stellung des Weibes« in der Gesellschaft auf.[4] Schuld an der aktuellen gedrückten Stellung der Frau war nicht Männer-, sondern Fremdherrschaft; Geschlechterkampf mündete in Rassenkampf ein. Der ursprünglich germanische Zustand, in dem das Wesen der deutschen Frau und des deutschen Mannes weder von der Fremdherrschaft Roms noch Jerusalems pervertiert war, sollte wiederhergestellt werden.

Die deutsche Frau profilierte sich, ressentimentgeladen und kleinbürgerlich, aber selbstbewusst, gegen drei Negativfolien: die Dame von Welt, die neue Frau und die prüde Katholikin. Alle drei wichen vom wahren Wesen der Frau ab. Die Dame von Welt war ein dekadentes Weibchen, zart und zerbrechlich, ein unnützes Luxusgeschöpf, schlimmstenfalls korrumpierend verführerisch, die neue Frau ein vermännlichtes Monster, selbstsüchtig und individualistisch, übererotisch und hysterisch, die prüde Katholikin weder stolz noch selbstbewusst, sondern durch ein artfremdes, verbildetes Sinnenleben verklemmt. Keine konnte Kameradin des Mannes sein, die im Gleichschritt mit ihm in eine leuchtende Zukunft marschierte. Die deutsche Frau war nicht wie die Dame Dekorationsobjekt, das sich den Wünschen der Männer fügte, sie hielt sich nicht für die neue Frau, und sie hatte anders als die Katholikin ihrem Körper gegenüber ein natürlich unverklemmtes Verhältnis. Der favorisierte Frauentyp der Nationalsozialisten war die autonome Heldin, burschikos, sportlich, unkonventionell, arbeitsam und erdverbunden. Die deutsche Frau beugte sich nicht französischem Modediktat; ungeschminkt, mit geflochtenem Haar und schlicht gekleidet hatte sie ihren Stil gefunden.[5]

Die nationalsozialistische weibliche Erziehung bot unerhörte Möglichkeiten der Selbstorganisation und Inszenierungsmöglichkeiten von Weiblichkeit im öffentlichen Raum. Im Gegensatz zur bürgerlichen Mädchenerziehung wurden keine passiven Tugenden wie Geduld, Fügsamkeit und Bescheidenheit erwartet, sondern Energie und Ambitioniertheit, disziplinierte Aktivität vor allem in Freikörperkultur und Sport, ein aufgeschlossenes, »gesundes« Verhältnis zum eigenen Körper wurden hochgeschätzt. Dieses rebellische Selbstbewusstsein hatte wenig mit den hergebrachten Vorstellungen von »weiblicher Unterordnung« und Gefügigkeit zu tun. Das neue Weiblichkeitsideal wurde als stolze, selbstbehauptende Befreiung aus der Enge der Familie und vor allen Dingen aus der Enge der Mädchenerziehung begriffen.

2. Bei aller Betonung der germanisch-heldischen Ebenbürtigkeit der Geschlechter waren ihre Aufgaben vollkommen verschieden. Der Staat – das war angeblich germanisches Ahnenerbe – hatte eine rein männliche Angelegenheit zu sein. Er wurde von Männerbünden getragen, bestimmt von Führergefolgschaftsprinzip, Kampf- und Kameradschaftsgeist. »Richter, Soldat und Staatslenker muß der Mann sein und bleiben ... Der härteste Mann ist für die eiserne Zukunft gerade noch hart genug.«[6] Männer- und Frauenbereiche hatten streng getrennt zu sein; in der Politik, in der Rechtspflege, an der Universität und im Heer hatten Frauen nichts zu suchen. Anfang 1934 hatten innerhalb der preußischen Behörden alle verheirateten Frauen ihre Arbeitsplätze verloren; 1936 wurden Juden und Frauen überall aus dem Staatsdienst entlassen. An den Universitäten wurde ein Numerus clausus eingeführt: Nur noch zehn Prozent der Studierenden durften weiblich sein und auch das nur in bestimmten Fächern. Studierten 1933 noch zwanzigtausend Frauen, waren es 1939 nur noch fünftausendfünfhundert.

Die entscheidende Errungenschaft der Frauenpolitik der ersten Hälfte des Jahrhunderts wurde auf diese Weise revidiert. Die Politik der Mütterlichkeit, wie sie die moderate bürgerliche Frauenbewegung vertreten hatte, war in diesem neuen Staat, der ein emphatischer Männerstaat war, überflüssig geworden. Die nationalsozialistische Zeitschrift Rogge-Börners, *Die deutsche Kämpferin*, die Frauen »gemäß ihrem Frauentum« im Staatsdienst vertreten wissen wollte, wurde verboten.

Für weibliche Staatsarbeit gab es im nationalsozialistischen Staat keine Notwendigkeit. Mütterlichkeit wurde nicht mehr als Korrektiv einer einseitigen männlichen Kultur, geprägt von Neid und Streit, Materialismus, Lebensfeindlichkeit und Kälte, wie es die gemäßigte Frauenbewegung sah, gebraucht; ihr Wirken in der öffentlichen Sphäre, um »eine wahrhaft sittliche und humane Welt zu schaffen«,[7] war überflüssig geworden. Das sollten die durch das Führerprinzip männlich reformierten Männer jetzt selbst in die Hand nehmen; der neue Mann konnte alle Aufgaben erfüllen. Obwohl die Nationalsozialisten gegen die Politik des Bundes Deutscher Frauenvereine (BDF) vorgingen, hatten sie sich die Argumente dieser Mütterpolitik zunutze gemacht.

Der BDF hatte das Recht der Frauen auf Berufstätigkeit verteidigt, aber unter der Prämisse, dass sie nicht wie Männer, sondern als Frauen arbeiteten. Nicht männlich-egoistischer Karrierewille, sondern weibliche Opferbereitschaft waren ihr Antrieb. Frauen sollten im Erwerbsleben nicht nach männlichen Gesetzen konkurrieren, sondern ihren mütterlichen, kultivierenden Einfluss im öffentlichen Leben geltend machen. Ihre spezifisch weibliche Wesensart, abgeleitet von ihrem Muttersein, machte sie ungeeignet für »Männerberufe«. Für die gemäßigte Frauenbewegung waren Frauen hauptsächlich und immer Mütter.[8] Guida Diehl, die lange mit Gertrud Scholtz-Klink um die Führung des NS-Frauenwerkes konkurrierte, knüpfte direkt an diese Positionen der Politik der Mütterlichkeit an. Sie verurteilte weibliche Berufstätigkeit als Ausdruck eines Gleichstellungswunsches mit dem Mann, aber begrüßte sie zeitgemäß martialisch als »Mobilmachung besonderer Frauenkräfte« für die »Arbeitsfront«. Karriere konnte man durch diese »Mobilisierung von Frauenkraft« jedoch nicht machen. Obwohl 1938 aller Propaganda zum Trotz ein höherer Prozentsatz von Frauen in Deutschland arbeitete als jemals zuvor, muss diese weibliche Berufstätigkeit im Sinne eines ausbeutbaren Reserveheers gedeutet werden. Wollte man als Frau gelten, durfte man jedenfalls nicht mit Männern konkurrieren. Alle weiblichen Aufstiegsmöglichkeiten wurden gesetzlich gesperrt; Frauen konnten schon deshalb nicht wie Männer sein, weil sie für die gleiche Arbeit weniger Geld bekamen. Das Tabu, das auf weiblichen Karrieren lastete, war offenbar so tief verankert, dass Frauen nach dem Krieg ihre im Krieg erarbeiteten Posten selbstverständlich für die heimkehrenden Männer räumten; schließlich waren sie nur an der Heimatfront eingesprungen und kehrten widerspruchslos in ihre schlechtbezahlten Stellungen oder an den Herd zurück.

Gegen die Gleichberechtigung konnten die Nationalsozialisten sich die Argumente des BDF zunutze machen. Beide stimmten in der Bestimmung von »des Weibes Kulturtat« als Mütterlichkeit überein. Verschiedene Auffassungen hatten sie davon, wie und wo diese Mütterlichkeit zum Einsatz gelangen sollte. Mütterlicher Dienst an der Gemeinschaft hatte im neuen Staat Dienst an der Rasse zu sein; in diesen Dienst sollten »Sonderanlagen und Sonderbestimmung der Frau« gestellt werden. Die Option, für die der BDF sich als alternatives Ausleben von Mütterlichkeit durch Berufstätigkeit vor allem für alleinstehende Frauen eingesetzt hatte, in der sie ihre geistige Mütterlichkeit als Kulturwert zum Nutzen aller einsetzen sollten, war verloren.

Mütterlichkeit wurde von den Nationalsozialisten anders bestimmt, an der spezifischen Eigenart des Weiblichen fürs Mütterliche hielten sie jedoch fest. In noch einem anderen Punkt setzte die nationalsozialistische Propaganda die Rhetorik der bürgerlichen Frauenverbände fort: Berufsarbeit, das heißt normale, unmütterliche Berufsarbeit, entwerte die Frauen. Die entfremdete, unorganische, mechanische Arbeit in der modernen Arbeitswelt des Kapitalismus wurde nicht als menschenunwürdig, sondern als frauenunwürdig angesehen – ein Argument, das schon der französische Historiker Jules Michelet in der Absicht, Frauen vom Arbeitsmarkt zu bekommen, Mitte des neunzehnten

Jahrhunderts ins Feld führte. Ihre wertvolle Weiblichkeit werde degradiert, indem die Frauen in ökonomische Mechanismen eingebunden würden, zu Anhängseln von Schreibmaschinen, Nähmaschinen oder Stöpselkästen verkämen. »Die berufstätige Frau von heute ist ein gequältes und gedrücktes Geschöpf. Stundenlang sitzt sie am Tag hinter der Schreibmaschine oder dem Stenogrammblock. ... Die Frau ist zur Arbeitsmaschine geworden. Der Nationalsozialismus will jedoch die Frau ihrem wahren Beruf wieder zuführen ... Gattin und Mutter.«[9] Gleichberechtigung bedeute in dieser Perspektive das Recht, sich ausbeuten zu lassen, was in Anbetracht der deutlich schlechteren Löhne und der nicht existierenden Karrierechancen für Frauen nicht von der Hand zu weisen war.

Klassisch misogyn ist allerdings das nationalsozialistische Argument, dass der Erfolg weniger Frauen zynisch die Ausbeutung der vielen in Kauf nimmt. Profiteure der Ausbeutung der Frauen sind im modernen Geschlechterdiskurs nämlich nicht die Männer, sondern Frauen, die Karriere machen. Das Ressentiment gegen die Karrierefrau nutzte die nationalsozialistische Propaganda weidlich aus; in ihrem völlig irregeleiteten männlichen Ehrgeiz, in ihrer Weigerung, eine Frau wie jede andere zu sein, bürde sie der Mehrheit der Frauen eine umso größere Last auf. In ihrer vermännlichten Weltsicht beraube sie die anderen Frauen ihres ureigensten Selbst. »Die Frauenbewegung des Gestern führte 36 Parlamentarierinnen in den Reichstag und hunderttausende von deutschen Frauen auf die Straßen der Großstädte, sie machten eine Frau zur Ministerialrätin und hunderttausende zu Lohnsklaven einer kapitalistischen Wirtschaftsordnung.«[10] Alle Frauen sollten gleich werden. Allen wurde ein gutverdienender Mann und der Naturberuf der Mutter versprochen.

3. Die nationalsozialistische Politik untergrub die bürgerliche Familienideologie: Es ist ein weitverbreiteter Irrtum, dass die Nationalsozialisten die Frau in ihre traditionelle Familienrolle zurückdrängen wollten. Diese Fehleinschätzung mag damit zusammenhängen, dass man bei der neuen Bestimmung der Frau manchmal in die traditionelle misogyne Rhetorik zurückfiel, in der die komplementären Räu-

me von Männern und Frauen nicht einmal mehr formal gleichwertig, sondern getrennt und hierarchisiert erscheinen. Hitlers Rede von der kleinen Welt der Frauen und der großen Welt der Männer bringt es auf den Punkt, wobei auch bei ihm die große Welt auf die kleine angewiesen bleibt:

> Wenn man sagt, die Welt des Mannes ist der Staat, die Welt des Mannes ist sein Ringen, die Einsatzbereitschaft für die Gemeinschaft, so könnte man vielleicht sagen, daß die Welt der Frau die kleinere sei, denn ihre Welt ist der Mann, ihre Kinder und ihr Haus. Wo wäre aber die größere Welt, wenn niemand die kleinere betreuen wollte? Wie könnte die größere bestehen, wenn niemand wäre, der die Sorgen um die kleinere Welt zu seinem Lebensinhalt machen würde? Nein, die große Welt baut sich auf dieser kleinen Welt auf. Die große Welt kann nicht bestehen, wenn die kleine Welt nicht fest ist.[11]

Mit dieser konventionellen Sicht der Dinge hinkte Hitler seinen Ideologen und der weitaus radikaleren NS-Politik nostalgisch hinterher. De facto wurde der familiäre Innenraum, in dem die Frau als häuslicher Engel wirkte, radikal eingeschränkt.

Der Bereich der deutschen Frau war nicht die Familie und ihre Geborgenheit. Die Familie wurde im Volkskörper aufgelöst. Der nationalsozialistische Gesellschaftsraum teilte sich nicht mehr in die geordnete staatliche Sphäre des Mannes und die private Liebeswelt der Familie. Dieses Modell des bürgerlichen Staates sollte im Dritten Reich überwunden werden. Unter dem Stichwort »Die Zeit des persönlichen Glücks ist vorbei« wurde jeglicher Rückzug in den familiären Innenraum als Egoismus angesehen. Der Volkskörper, geleitet von einer nach dem Führerprinzip männerbündnerisch organisierten Brüderhorde, war anders als der Familienraum nach Geschlecht und Alter eingeteilt. Der Innenraum der Familie wurde durch Professionalisierung der Hausfrauen- und Mutterrolle aufgebrochen; die nationalsozialistische Politik setzte einen von den bürgerlichen Frauenverbänden begonnenen Trend der Professionalisierung der Hausfrau auf breiter Front durch:

> Bevor ein SS-Mann die Heiratsgenehmigung vom Rassen- und Siedlungshauptamt einholen kann, braucht er den Nachweis, daß seine zukünftige Frau an einem Mütterschulungslehrgang teilgenommen hat. Und was wird hier alles gelehrt: Haushaltsführung, Gesundheitsführung, Kochen, Nähen, Säuglingspflege und Krankenpflege, das ist gewiß viel, was von der zukünftigen Frau eines SS-Mannes verlangt wird, aber sie machen auch erst die richtige Hausfrau und Mutter aus.[12]

Das Mutter- und Hausfrausein wurde zu einem Beruf, der kollektiv als Säuglingspflege, Haushaltslehre, Mütterschulung, Mütterdienst und Volksgesundheitsdienst erlernt und praktiziert wurde. Zusammen wurden erschöpfte Mütter auf Kosten des Staates in Müttergenesungsheime geschickt.

So kommt es zur Verkollektivierung des Privaten. In der bürgerlichen Ikonographie war die Mutter mit Kind nach dem Vorbild der vertraulichen Abgeschlossenheit von Jungfrau und Kind zum Inbegriff der Intimität geworden. Mutter und Kind tauchten jetzt im Plural, in Reih und Glied, den Kinderwagen im Gleichschritt schiebend, auf. Das Motiv der Mutter mit Kind ist das Gegenbild zum wehrhaften, gepanzerten, kollektiv disziplinierten Heer; es steht für Einzigartigkeit, Intimität und Verletzlichkeit. Wird es als marschierendes Kollektiv dargestellt, wie in Fotografien aus der NS-Zeit, wirkt das befremdlich komisch.

Die Kinder kamen von frühester Jugend an nach Geschlechtern getrennt in Jugendorganisationen. Sie gehörten nicht den Eltern, sondern dem Volk. Sie wurden nicht mehr für Gott oder die Familie, sondern für den Führer geboren: »Die Jugend des deutschen Volkes ist nicht eine Summe von Knaben und Mädchen, über die ihre Eltern nach Belieben verfügen können«, sie sind vielmehr »nationales Gut, ein Sein von eigener Art und eigenem Wert«.[13] Nicht durch die Familie, sondern durch die Hitlerjugend wurden Jungen und Mädchen in die politische Gemeinschaft eingegliedert. Zu einem Volk wurden sie durch die Partei, die alles Trennende auflöste, die Familie überwand und Klassengegensätze versöhnte. Das profamiliale Gerede war reine Rhetorik. Der populäre Film »Hitlerjunge Quex« illustrierte das Versagen der Familie, die durch die Partei ersetzt wird. »Macht Platz, ihr Alten«, dieser Satz des Hitlerjungen Quex, der die ödipale Revolte in der Partei institutionalisiert, könnte Motto nationalsozialistischer Familienpolitik sein. Im »Hitlerjungen Quex« verschwinden Vater und Mutter. Die Brüderhorde der Bewegung tötet den impotenten Vater und restauriert ganze Männlichkeit. Der Vater gibt die Autorität des *pater familias* an die Partei ab, nachdem seine Frau sich umgebracht hat.[14] In den meisten Filmen war der Mutter jedoch eine aufbauendere Rolle zugedacht. Zusammen mit ihrem Sohn konnte sie sich für die Volksgemeinschaft opfern, ja das Opfer des Sohnes einfordern. Für ihr Geburtsopfer war er ihr sein Opfer im Krieg schuldig. Die Liebe der Söhne wurde von den Frauen weg in eigenartiger Todes- und Fruchtbarkeitsmythologie erotisch auf das Land, die Muttererde, gelenkt – eine sozusagen staatlich geförderte ödipale Situation.

Mutterschaft, von Sexualität geläutert, wurde aus der Institution Familie gelöst und zum Ideal erhoben. Die Institution der Ehe spielte keine Rolle mehr. Die Rolle des Vaters schrumpfte auf die des erbgesunden und rassisch reinen Begatters und, wenn möglich, Ernährers; stellvertretend sprang die Volksgemeinschaft, verkörpert im Führer und konkret in adoptierenden SS-Paten, ein. Geliebte und Gattin verschwanden hinter der neuen Mutter. Das Kind war nicht mehr Fleischwerdung der Liebe des Paares, um es mit Gregor von Nyssa zu sagen, weder Kind der Liebe noch Kind der Pflicht, um es in den Termini des neunzehnten Jahrhunderts auszudrücken, und auch nicht unbeabsichtigte Folge einer »heißen Minute«, um nochmals die *Neue Generation* zu zitieren. Das Begehren, das die Frau zum Mann trieb, war ihr Verlangen nach dem Kind; ihr einziger Trieb war der Muttertrieb. Was sie am Mann schätzen sollte, war eigenartig überindividuell: die reine Verkörperung der Rasse. Das Kind war keine Folge von Geschlechtsverkehr, sondern Ziel, Sinn und Zweck dieses Aktes. Und das daraus hervorgehende Kind gehörte nicht den Eltern, sondern dem Volk; in ihm pflanzte sich keine Familie fort, sondern in ihm verwirklichte sich die Rasse. Diese ewig weiterleben zu lassen, war heiligste Aufgabe aller Männer und Frauen deutschen Blutes. Darum fand

Heinrich Himmler, dass kein SS-Mann im Krieg fallen sollte, ohne ein Kind gezeugt zu haben. Und deshalb beging die Frau, die sich gegen Mutterschaft entschied, ein Verbrechen. »Nicht die sogenannte uneheliche Mutter, sondern die Frau, die mit 30 Jahren noch nicht geboren hat, ohne krank oder von Natur unfruchtbar zu sein, wäre dann bemakelt. … In einem richtig gebauten Staat ist das Weib, das nicht geboren hat, unehrenhaft. Ob es in oder außer einer ›Ehe‹ im alten Sinne Mutter wird, spielt dabei keine Rolle. … die Fürsorge für die schwangere Frau soll die Grundlage der gesamten Sozialpolitik sein.«[15] Der Staat hatte damit die Vaterfunktion übernommen. Am liebsten hätte er allen Frauen »reinen« Blutes Mutterschaft zwangsverordnet. Fehlte der Wille zur Mutterschaft, schien die Frau nur noch durch Vergewaltigung bekehrt werden zu können:

> Und Frauen gar, die den Männern gleich sein wollen und darum den Muttergeist wider alles Naturrecht in sich freiwillig unterdrücken, sind in einem Mutterrechtsstaat die wahren Ausgestoßenen und Verfemten und sollten schlechter gestellt sein als selbst der Mann. Sie sind unnatürliche Zwitterwesen, in denen die gesunde Lebenskraft, deren wir zur Gründung des ›dritten Reichs‹ der Menschheit bedürfen, erloschen ist. Sie sind, was bei den Männern die Homosexuellen sind, Entartete und Kranke, ja schlimmer noch als diese, denn ihre Triebverirrung ist meist bewußt und gewollt. Das beste wäre, sie zwangsweise zu begatten, um sie zu kurieren, müßte man nicht fürchten, daß sie ihre Entartung auf die Nachkommenschaft vererben.

Die neue Mutter war durchaus heroisch. Der klassische Topos, der die Geburt mit einer Schlacht vergleicht – bei beiden riskiert man das Leben, bei beiden erleidet man die grauenhaftesten Schmerzen – erfreute sich großer Beliebtheit. Hitler bemühte ihn, um die Mutter als Kriegerin zu heroisieren: »Jedes Kind, das [die Frau] zur Welt bringt, ist eine Schlacht, die sie besteht für das Sein oder Nichtsein ihres Volkes.«[16] Auch die damalige Beratungsliteratur parallelisierte Mutter und Krieger. Johanna Haarer, eine Ärztin, die mit ihrem Buch *Die deutsche*

Mutter und ihr erstes Kind die erfolgreichste Autorin auf diesem Sektor war, schwärmte vom »Gang an die Front«, von der »Kameradschaft der Mütter« und deren »heldischer Lebensauffassung« und zitierte für so viel Heroismus Schiller: »Und setzet ihr nicht das Leben ein, nie wird euch das Leben gewonnen sein«, um das Mutterwerden den höchsten Tugenden des Mannes, nämlich in den Tagen schwerster Not unter Einsatz des eigenen Lebens Volk und Heimat zu verteidigen, gleichzusetzen.[17]

Die Mutter sollte jedoch in ihren soldatischen Tugenden nicht nur Härte gegen sich selbst zeigen, sondern auch gegenüber ihren Kindern, die sie im Zustand der Dauermobilisierung zum Tode zu erziehen hatte: »Fortan muß sie [die Mutter] für den Staat, für die schweren Gesetze des Männerbundes, also zum Kriege und im letzten zum Tode erziehen. Ungeheures ist damit verlangt; die Zurückstellung der natürlichen Frauensehnsucht nach Ruhe und Friedlichkeit.« Die heroische Mutter hatte nicht mehr die traditionelle Aufgabe, das bloße Leben zu erhalten, sondern die, lebenswertes von nichtlebenswertem Leben zu unterscheiden. Die deutsche Mutter nämlich sollte zwar »junges Leben erhalten und fördern mit allen Mitteln, aber nicht wahllos und gleichmacherisch, sondern möglichst unter Auslese des Wertvollen und Gesunden und unter Ausmerzung des Kranken«. Die neue Mutter sollte sich selbstbewusst von der traditionellen Mutter absetzen, die in blinder Gefühlsduselei verwöhnt, verzärtelt und verzogen hatte. Agnes Bluhm zog gegen den Egoismus der alten Mütterlichkeit zu Felde, der wie jeder andere Egoismus »gegen die Rasse« gehandelt habe. Artwidrig und unbiologisch sei die weiblich mütterliche Unart, für all die zu sorgen, die Hilfe brauchen, sich zu allem Lebendigen hingezogen zu fühlen, alles Lebendige zu schützen. Das bloße Leben war kein Wert an sich; »Auslese und Ausmerze« war die neue Losung. Die gute Mutter tötete, wenn es notwendig war, im Interesse der Reinerhaltung der Rasse. Denn »das Menschenantlitz allein sanktioniert noch nicht«.[18] Das Töten »lebensunwerten« Lebens nahm der Staat den Müttern allerdings ab; geistig behinderte Kinder waren die ersten Opfer eines Mordens ungeheuerlichen Ausmaßes.

4. Der Nationalsozialismus war vielleicht die letzte Ausprägung des Vitalismus, der die zweite Hälfte des neunzehnten Jahrhunderts und die erste Hälfte des zwanzigsten Jahrhunderts beherrschte. Von Émile Zola, dem französischen naturalistischen Romanschriftsteller, bis Hitler findet man die Gemeinplätze des Sozialdarwinismus: eine »Welt des ewigen Ringens, da sich allüberall ein Wesen vom anderen nährt und der Tod des Schwächeren das Leben des Stärkeren bedeutet«.[19] Ich greife Zola heraus, um die europäischen Dimensionen dieses Diskurses zu zeigen, die sich nicht in ein Links-Rechts-Schema fügen. Wie Zolas Engagement in der Dreyfus-Affäre zeigt, ist der Zusammenhang von Sozialdarwinismus und Antisemitismus zufällig. Zola ist nicht zuletzt ein gutes Beispiel, weil seine Romane früh medizinische Zusammenhänge mit heilsgeschichtlichen Dimensionen versehen und besonders das Spätwerk in der Verkündigung dieses neuen Glaubens volksaufklärerisch populistisch auf praktisch-politische Breitenwirkung zielte.

Die Zeitspanne des Vitalismus fällt ungefähr mit der Epoche des Sexdiskurses zusammen, wie Michel Foucault es formulierte. Demographie avancierte zu einer beherrschenden Wissenschaft. Die Idee des Volkskörpers und seine durch bestimmte Sexualpraktiken garantierte Überlebensfähigkeit standen im Mittelpunkt des Interesses. Entscheidend war für den Vitalismus, dass dieser Volkskörper bedroht war und moralische und medizinische Symptome seiner Bedrohung ununterscheidbar ineinandergriffen; oder besser: gegenseitig zu Metaphern wurden. Für Zola drückte sich in einem deformierten, lebensunfähigen Kind das Unvermögen der Kunstrichtung des Symbolismus aus, in ganzer Männlichkeit lebendiges, gesundes Leben zu schaffen. Für Hitler waren Dadaismus und Kubismus wie Syphilis eine Seuche; beide zeigten die Zersetzung des Volkskörpers an. Das volle, gesunde Leben war von Krankheit und Beschmutzung, von Dekadenz und Zersetzung bedroht.

In seinen radikalmodernen Versionen vertrat der Vitalismus einen Klassengesichtspunkt: Die hedonistische Bourgeoisie sei kein Bollwerk gegen diese Form der Zersetzung, sondern vielmehr ihr Agens. Ihre moralische Laxheit und ihr finanzieller Egoismus würden sie zum Krankheitsherd und -überträger machen. Frauenfeindliche Gemeinplätze waren keine Seltenheit: Die Frau sei ein zur Hysterie neigendes Luxusgeschöpf, unersättliche Geliebte, steriles Mannweib. Komme sie aus den Unterklassen, so drohe sie, unmäßigem Sex- und Alkoholkonsum anheimzufallen. So zersetzend die Frau für den Volkskörper war, so erhaltend war die Mutter. Nur eine Mutter »im vollen Sinne des Wortes« ist in dieser neuen Wissenschaft vom Leben eine gute Frau. Der Kultivierung dieser neuen Mutter widmete der Vitalismus unzählige pädagogische Traktate und lyrische Ergüsse.

Die Vorstellung eines vom Tod bedrohten, von Krankheit und Zerfall zersetzten Volkskörpers führte dazu, dass nicht mehr Sexualität mit Sünde, sondern Sexualität mit Krankheit in Verbindung gebracht wurden. Die Syphilis, die nicht umsonst am Anfang von Thomas Manns *Doktor Faustus* steht, war das Symptom des Jahrhunderts. Geschlechtskrankheiten bestimmten diese Epoche phantasmatisch – als durch Geschlechtsverkehr übertragene Krankheiten, als Erbkrankheiten, als »kranke« Sexualität, die in blinder Vermehrung Elend und Verbrechen zeugt, als »krankhafte Geschlechtlichkeit« oder »geschlechtliche Perversionen«, als »Krankheit«, sich nicht geschlechtskonform zu verhalten wie die Homosexuellen, als »Vergiftung« schließlich des Geschlechtes oder der Rasse durch »Fremdblut«. All das mit Stumpf und Stiel auszurotten, trat der Nationalsozialismus an. Er lebte von der Utopie eines gesunden, reinen Volkskörpers, die er mit den Mitteln modernster Sozialpolitik und avanciertester medizinischer Technologie durchzusetzen suchte.

Als Gegengewicht zum paranoiden Krankheitsszenario wurde ein Erlösungsszenario ausgemalt. Dem gesunden Leben kam ein Ewigkeits- und Heilsversprechen zu. Seine Künder traten über alle politischen Divergenzen und nationalen Grenzen hinweg als Religionsstifter auf. Zola erschien in der Rolle eines Evangelisten; der erste Roman seines unvollendet gebliebenen Zyklus der *Vier Evangelien* trägt den Namen *Fruchtbarkeit*. Stöcker versprach das Paradies auf Erden ohne Krankheit und Verbrechen dank selbstverantworteter weiblicher Sexualität. Hitler, auch als neuer Messias gesehen, verkündete ein an der Rassereinheit des deutschen Blutes genesendes Drittes

Reich von dieser Welt. Die Gesundheit, die für die Reinheit des Volkskörpers, sei es in rassischer, sei es in sozialer Hinsicht stand, wurde religiös besetzt; Heilsversprechen hatten etwas eigenartig Biologisches bekommen. Messianisch wurde eine Geschichte jenseits von Geschichte versprochen. Solche Zukunftsvisionen konnten imperialer Natur sein: Zola malte das friedliche Urbarmachen der Kolonien durch eine gesunde, arbeitstüchtige Bevölkerung aus. Weil der Raum im eigenen Land nicht mehr reichte, den zahlreichen Nachwuchs zu ernähren, verteilten sich die Kinder, »blondes Korn« säend, über die Erde. Die Schrecken der Industrialisierung leugnete man in neu gefundener Unschuld. Gemeinsam war diesen Visionen, das Unheil der Moderne in einer agrarisch autonomen Existenz, die in den Farben des goldenen Zeitalters leuchtete, überwinden zu wollen; Städte als Orte der industriell entfremdeten Arbeit und der Sittenverderbnis verwandelten sich in goldene Kornfelder. So stand in der nationalsozialistischen Propaganda neben dem im Kollektiv durchtrainierten, vor Modernität und Gesundheit förmlich strahlenden weiblichen Körper à la Leni Riefenstahl das utopische Bild der schlanken, bezopften Mutter, fruchtbar wie die Erde, die autark auf ihrem Bauernhof inmitten von blonden Kindern und Kornfeldern lebt.

Die Mutter nimmt in diesen Utopien eine fast religiöse Rolle ein. Daher überrascht es nicht, dass es im Nationalsozialismus Strömungen gab, die eine ausgeprägte Mutterreligion vertraten. Bergmann brachte sie in seinen *25 Thesen der Deutschreligion* am klarsten auf den Punkt. Kriegsdienst und Mutterschaft werden hier parallelisiert:

> Heldisch ist der Mensch, der vor keinem anderen Gott kniet als vor dem Ewig-Mütterlichen, das uns gebar. Denn das Muttersymbol ist das einzige Bild in der Welt, vor dem auch der Held knien darf. Heldisch ist der Mann, der sich opfert für sein Volk im Krieg oder Frieden ..., der die Treue bewahrt seinem Werk, ob es reift oder nicht reift. Und heldisch ist die Volksmutter, die Arbeit und Mühe und viele Jahre der Entbehrung nicht scheut, um an der kommenden Größe der Nation, die in ihrem Schoße aufbricht, mitzuarbeiten.[20]

Frauen werden als Mütter aus der Gegenwart in die Ewigkeit der Erde verbannt; im biologischen Kreislauf verlieren sie ihre individuelle Existenz. Gegenwart wird durch die unendliche Kette von Wiedergeburten aufgehoben, und die Mutter bekommt eine Aura der Zeitlosigkeit. Wie die Erde hat sie immer schon gedient, getragen, geopfert, geduldet. In der Mutter wird die Ewigkeit anschaulich; sie ist göttlich, weil sich in ihrem Schoß »das Urgeheimnis der Lebenserneuerung vollzieht«. In dieser »neuen Religion« ist sie Symbol für die lebensspendende Erde, Sinnbild für »Blut und Boden«, »Scholle und Heimaterde«. Der heldische Kämpfer schöpft wie Antäus Kraft aus dem Mutterschoß, der Heimaterde, in die er im Tod wieder eingeht. Das Sterben des Sohnes im Krieg wird naturalisiert; es gliedert sich in den Kreislauf der Natur ein und ist so natürlich und unabänderlich wie das Gebären. In dieser, wie Seidel sagen würde, »geistigen« Sicht der Natur ist sein Sterben zugleich übernatürlich, nämlich göttlich. Es sichert das ewige Weiterleben des reinen Volkes. Diese Mutterreligion hatte den Vorteil, dass aus allen Männern Helden werden, »Licht- und Heilbringer«, die, als echte Germanen selber heldenhaft göttlich, vor keinem andern Mann beziehungsweise Gott mehr knien.

Man ist heute geneigt, diese religiösen Versatzstücke für eine esoterische Nebensächlichkeit zu halten. Doch wie ausgesprochen verbreitet sie waren, zeigen die Feiern zum Muttertag, die sich an die Liturgie der Marienfeiern anlehnten.[21] Die Popularität dieses religiösen Pathos lassen die Briefe von Soldaten an der Front erkennen: »Dein Name, Mutter, ist durch alle Zeiten reingeblieben wie der Name Gottes selbst, und zu Dir führen alle unsere Wege zurück«,[22] oder: »denn wir wissen, daß ihr die Wahrheit des Lebens seid, kamen doch von euch die Söhne, kommt doch von den Söhnen der Sieg.« Mit zunehmender Anzahl von Toten tritt das Motiv der Stabat mater in den Vordergrund. Als schmerzensreiche Mutter opfert sie ihren Sohn unter Tränen für den Endsieg. Der Endsieg wird mit dem Erlösungsopfer Christi parallel gesetzt; er bedeutet ein drittes Reich auf Erden, ein Reich jenseits von Geschichte, ewiges, vom Tod erlöstes Leben – ein Motiv, das wir schon bei Seidel finden konnten. Die Mütter gebären in dieser bizarren Prosa nicht nur Kinder; gerade im Moment des Todes ihres Sohnes wird ihnen die Bedeutung dieses »heiligen Opfertodes« klar, und sie gebären »ihres Volkes heiligste, innerste und wunderbarste Kraft, den Glauben an sein ewiges Leben, das allezeit blühen und jegliches Opfer an den Tod heiligen muß«. Aus dem Tod kommt Leben – eine Umbesetzung des Kreuzestodes, der zum ewigen Leben führt. An die Stelle des Opfertodes am Kreuz tritt der Tod des Sohnes im Krieg. Er wird nicht mehr von seinem Vater, sondern von seiner Mutter für das Heil der Welt geopfert. Die innige Verbindung zwischen Mutter und Sohn, wie sie sich im *Wunschkind* zeigt, war nicht nur Seidels private Besessenheit, sondern Teil einer in dieser Zeit virulenten Ideologie. Den Soldaten wurde am Muttertag gesagt: »Sie lebt in dir, wie du einmal in ihr gelebt hast – bis zum Sterben und zum Todesschrei des Kriegers mit dir verbunden.« Vor diesem Hintergrund verwundert es nicht, dass ein Sohn seiner Mutter zum Geburtstag von der Front schrieb: »Zu deinem Geburtstag, Mutter, will ich Dir nur sagen, daß du mir die Offenbarung des Göttlichen bist.«

Neben mythologische oder religiöse Vorstellungen trat ein Konglomerat – auch das ist für den Vitalismus typisch – von absolut modernen, biomedizinischen, demographischen und ökonomischen Maßnahmen. Bereits Zolas späte Romane zeigen eine beeindruckende Vertrautheit mit Stillpraktiken der Ammen und verknüpfen Sterblichkeitsraten mit Abtreibungs- und Verhütungsmaßnahmen; Sterilisationspraktiken und die medizinischen zeitgenössischen Kämpfe kommen zu breitester Darstellung, und Koitus interruptus und die Regeln der Frau werden zu literarischen Themen. Eugenik ist generell Teil vitalistischer Überlegungen. Biologie und Medizin werden zum Religionsersatz.

Was Zola ominös »das Leben« und manchmal das »ganze, unverschnittene Leben« nennt, hieß später bei den nationalsozialistischen Rassetheoretikern »Blut« oder »Rasse«. Die Reinheit des Blutes oder der Rasse oder das gesunde, von keinem Makel gezeichnete Leben setzt voraus, dass Zeugung von Geschlechtlichkeit gereinigt wird. Die Frau wird als Mutter so heilig wie rein. Die neue Mütterlichkeit ist Vorbote eines kommenden Reichs: Zolas Romanzyklus Rougon-Macquart, der die Geschichte einer von Erbkrankheiten gezeichneten

Familie im zweiten Kaiserreich erzählt, endet mit einem Heilsversprechen: eine Mutter stillt ihren Sohn. Diese Mutter ist wie ihr Gatte, obwohl beide aus dieser von Erbkrankheiten gezeichneten Familie stammen, wunderbarerweise von den Gesetzen dieser Vererbung wie von der Erbsünde ausgenommen. Das Tableau steht in stiller Friedlichkeit und milchfließender Zukunftshoffnung vor dem Hintergrund des in preußischem Kanonendonner untergehenden zweiten Kaiserreiches. Dieser Untergang verdankt sich weniger einer äußeren, feindlichen Übermacht, legt der Romanzyklus nahe, als einer inneren Zersetzung; ein verseuchter, kranker, moribunder Volkskörper bricht zusammen. Er findet seine Allegorie in einer Mutter, der scheinheilig gesellschaftliche Rücksichten wichtiger sind als die von ihrem Sohn entdeckten Gesetze der Vererbung. Mit dem Sohn im Schoße der neuen Mutter hingegen kündigt sich ein neues Reich an, das Reich reiner Sexualität, wissenschaftlicher Wahrheit und eines gesunden Volkskörpers.

Während der Vitalismus in Frankreich in seinen Hauptausprägungen republikanisch und antikatholisch war, vermischte er sich in Deutschland in den zwanziger und dreißiger Jahren mit umbesetzten Teilen des Protestantismus im Sinne der »Deutschreligion«. Diese unkirchliche Religion sah sich als Ergebnis der »Auseinandersetzung des deutschen Denkens mit dem Christentum«. Im Germanischen sollten die Wurzeln des Christentums, gereinigt von jüdischer und römischer Überfremdung, freigelegt werden. Diese neue Religion war »gleich Deutschtum« und »erfährt auf deutschem Boden ihre Krönung«.[23] Die Mutter war die zentrale Figur der »Deutschreligion«.

Dieses völkisch-germanische Christentum sah sich in der Nachfolge »Dr. Martin Luthers«, dem man »unendlich viel zu verdanken« habe.[24] Die Reformation galt als entscheidender historischer Schritt hin zur Emanzipation einer bewussten »deutschen Lebensform«, und das schon allein deshalb, weil sie das Ideal der keusch lebenden Nonne durch das der »frommen, fleißigen und klugen Hausfrau, die dem Mann kameradschaftlich zur Seite steht«,[25] ersetzt hatte. Katharina von Bora hatte die zweifelhafte Ehre, posthum zur nationalsozialistischen Vorbildfrau zu avancieren, die kinderreich, lebensfroh, praktisch und selbständig im eigenen bäuerlichen Selbstversorgungsbetrieb die materielle Grundlage für das geistige Wirken ihres Mannes gelegt habe.

Vor allem aber habe die Reformation den Verlust deutschen Blutes beendet: »Welch unersetzlicher Verlust edlen Blutes ist durch das Zölibat dem deutschen Volke im Laufe der Jahrhunderte zugefügt worden.« Das Reformwerk des Protestantismus zu vollenden, trat die »Deutschreligion« an. Was dem Protestantismus aus ihrer Perspektive fehlte, war die religiöse Überhöhung der Mutter. In eigentümlichem, dogmatisch betrachtet absurdem Eklektizismus sollten alle Mütter so verehrt werden wie Maria, die sich dafür, einzig unter den Frauen, besonders schlecht eignet. Schon Seidels *Wunschkind*, das der Lehre der »Deutschreligion« in vielen Punkten nahesteht, zeigt die Funktionalisierung katholischer Elemente der Marienverehrung unter Verkehrung ihres dogmatischen Gehaltes. Die nationalsozialistische Ideologie setzte sich aus vitalistischen Vorstellungen zusammen, wie sie auch in der Frauenbewegung vertreten wurden, und vermischte sie mit rassischen Überlegungen.

Die Mutter stand wie gesagt im Zentrum nationalsozialistischer Geschlechterpolitik: »So ist die Frauenfrage im Nationalsozialismus nicht mehr nur *Arbeitsrechtsfrage* für unverheiratete Frauen, sondern sie ist die *innerste* Kernfrage des Volkstums vom Muttersein der Frau her.« Ihr fällt das zu, was für jede vitalistisch geprägte Ideologie grundlegend war: die Gesunderhaltung des Volkskörpers oder, in der nationalsozialistischen Sprache ausgedrückt, die Reinerhaltung von Blut und Rasse. »Wenn irgendwo, so läge bereits heute in der Predigt von der Reinerhaltung der Rasse die heiligste und größte Aufgabe der Frau.« Die Mutter wird damit zum Dreh- und Angelpunkt nationalsozialistischer Erziehung. In dem »neuen Glauben« erhielt die Frau als Gattungswesen einen religiösen Charakter, weil sie Hüterin der »Bluterhaltung und Rassenvermehrung« war. An der »Rasse« aber hing der Kulturauftrag des deutschen Volkes, seine schöpferische Kraft und weltgeschichtliche Mission.

Das Blut war an die Stelle aller anderen religiösen Sakramente getreten. Der neuerwachte Glaube, der angeblich germanisches Glaubensgut wiederbelebte, war ein »Mythos des Blutes, der Glaube, mit dem Blute auch das göttliche Wesen des Menschen überhaupt zu verteidigen. Der mit hellstem Wissen verkörperte Glaube, daß das nordische Blut jenes Mysterium darstellt, welches die alten Sakramente ersetzt und überwunden hat.«[26] Hohepriesterin dieses neuen Mysteriums des Blutes war die Frau: »In die heutige Sprache übertragen, sagt der germanische Mythos: in der Hand und in der Art der Frau liegt die Erhaltung unserer Rasse. Aus politischer Knechtung kann sich noch jedes Volk aufraffen, aus rassischer Verseuchung nicht mehr.«[27] Die Frau war »Beauftragte der Natur in züchterischen Dingen«. Ernst Bloch traf die Sache nicht ganz, als er erklärte, dass die Frauen im Nationalsozialismus zu Zuchtkühen degradiert worden seien. Denn die »Rasse« war definiert als die Seele, als das innerste Wesen des Menschen. Als göttlicher Funke sprühte er in jedem rassereinen Individuum. Die deutsche Frau sollte die zentrale Aufgabe des nationalsozialistischen Staates übernehmen; in ihrer Hand lagen »Arterhaltung« und »Arterhöhung«. Nicht nur viele Kinder zu bekommen nach dem biblischen Auftrag »Seid fruchtbar und mehret Euch« war Aufgabe der Mutter deutschen Blutes, die jedem heilig zu sein hatte, sondern Rasse und Blut rein weiterzugeben. Die metaphysischen Größen der arischen Rasse und des arischen Blutes inkarnierten sich in jeder Geburt neu. Durch sie war das Volk unsterblich. Jede Geburt war somit eine Überwindung des Todes. Im ewigen Weiterströmen des reinen Blutes garantierte sie das Fortbestehen der Rasse oder des Volkskörpers, das heißt seine Unsterblichkeit. Das gesunde, erbreine Kind war die Erscheinungsform von etwas Metaphysischem, Fleischwerdung des »Erbstroms« oder des »Bluts«. »Erbstrom« und »Blut« traten an die Stelle des Göttlichen; sie waren ewig und unsterblich. Durch jede Geburt, die Fortzeugung reinen Blutes war, kam so etwas Göttliches ins Leben. Es liegt in der Logik solcher Fiktionen, dass Rassenvermischung als Erbsünde, als Sünde wider das Heiligtum des Bluterbes begriffen wurde: »Die Sünde wider Blut und Rasse ist die Erbsünde dieser Welt und das Ende einer sich ihr ergebenden Menschheit.«[28]

Die Überwindung des Todes durch das Leben – das Kernproblem des Vitalismus – sollte durch Sexualität, und das hieß wiederum durch Fortzeugung von Leben, passieren. Aber sie gelang nicht durch jede

Sexualität; im Gegenteil, durch Sexualität konnte auch der Tod fortgezeugt werden. Bilder dieses fortgezeugten Todes waren soziales Elend, Krankheit und Schwachsinn. Unheimlicher noch sei der Tod, der nicht als offensichtliches Elend oder als offensichtliche Krankheit auftrete, sondern das Leben bewohne, es verseuche und vergifte. Und das geschieht, wenn das Blut durch »Rassenmischung« »verunreinigt«, das Mysterium beschmutzt wird. Hier hatte die Frau als Hüterin aufzutreten. Sie hatte sich rassereine Männer auszusuchen. Damit Sexualität Leben zeugen könne, müsse sie beherrscht werden. Konnte oder wollte der Einzelne diesen Anforderungen nicht nachkommen, trat der Staat auf den Plan. Kinderreichtum konnte auch Zeichen für Verworfenheit und nicht für Lebenskraft sein. Die Verleihung des Mutterkreuzes im NS-Deutschland setzte deutliche Signale. Frauen, die vom Geschlechtstrieb und nicht vom Willen zum Kind angetrieben Kinder gebaren, was nach damaligen Kriterien dann klar zutage zu treten schien, wenn sie Kinder von verschiedenen Männern hatten, kamen nicht in den Genuss des Mutterkreuzes. Die beherrschte Sexualität stellt sich in den Diskursen der NS-Zeit nicht mehr wie in denen der frühen Frauenbewegung als eine subjektive Leistung dar, sondern wird als »Stimme des Blutes« biologisierte Schicksalsmacht.

Die nationalsozialistische Politik setzte mit Ehedarlehen, Kindergeld, Steuererleichterungen und dem Prinzip des Ernährergehalts nicht aus prinzipiellen, sondern aus konventionell-pragmatischen Gründen auf die reinrassige Familie. Dass Fortpflanzung grundsätzlich nicht an die Institution Ehe gebunden und nicht die Institution, sondern das Zeugen prämiert werden sollte, zeigte sich in der Gleichstellung ehelicher und unehelicher Kinder, in der Verleihung des Mutterkreuzes auch an nicht verheiratete Frauen und schließlich an solchen Einrichtungen wie dem Lebensborn. Wie stark das Tabu war und ist, das trotz aller Aufklärungsarbeit auf außerehelicher Sexualität oder gar auf außerehelichem Kinderkriegen liegt, lässt sich an den Phantasmen ablesen, die sich bis heute um den Lebensborn ranken; es seien Zuchtanstalten gewesen, wo rassereine arische Männer und Frauen zu Geschlechtsverkehr zwecks Kinderzeugung zusammengebracht worden seien. Tatsächlich waren die Lebensborne Entbindungsanstalten. Nachweislich von arischen Männern begattete arische Frauen konnten dort in angenehmer Umgebung ihre Kinder zur Welt bringen. Für drei Jahre wurden sie dann dort mit ihren Kindern, anderer materieller Sorgen ledig, versorgt. Diese so sozialstaatliche wie rassistische Maßnahme wurde eher von gebildeten Frauen wahrgenommen. In Deutschland haben sieben- bis achttausend Frauen, in Norwegen während des Krieges sechstausend Frauen ihre Kinder im Lebensborn zur Welt gebracht. 55 Prozent dieser Frauen waren alleinstehend. Die Patenschaft für diese dem Führer geborenen Kinder übernahmen SS-Leute.

Die Rückseite dieser »positiven« Biopolitik war eine eugenische Sterilisations- und rassistische Mordpolitik. Im Kampf um die Reinheit der Rasse, der gleichzeitig ein Kampf um das ewige Leben des Volkes war, sah man sich in einem Geburtenkrieg gegen »Minderwertige« und »Fremdrassige«, die das Wesen des deutschen Volkes zu vergiften drohten. »Mischehen« wurden verboten. Und sosehr die »volltaugliche Mutter an der Geburtenfront« unterstützt wurde, so unbarmherzig wurden die »fremdblütigen« und die »untauglichen« Mütter sterilisiert oder umgebracht. Eine jüdische Frau, die mit einem kleinen Kind in ein KZ kam, wurde sofort ermordet. So wie die rassisch reinen, gesunden Kinder gefeiert wurden, so wurden die geistig oder körperlich behinderten und die nicht rassereinen Kinder, wie es hieß, »ausgemerzt«.

Man hat argumentiert, dass das eigentlich Neue an der nationalsozialistischen Politik nicht ihre pronatalistische Propaganda, sondern eine bis dahin undenkbare und undenkbar massive antinatalistische Praxis gewesen sei. Geburtenverhütung, Zwangssterilisierung, Zwangsabtreibung und schließlich Mord sei das Neue dieser Politik gewesen: Zwischen 1933 und 1945 sind 200000 Frauen, das heißt fast ein Prozent der gebärfähigen Bevölkerung, aus eugenischen Gründen zwangssterilisiert worden; zwei Millionen Frauen, die in Deutschland Zwangsarbeit verrichten mussten, wurden zur Abtreibung und Sterilisation gezwungen.[29] Was das nationalsozialistische Deutschland von anderen europäischen Staaten unterschieden habe, sei nicht eine sich zu diesem Zeitpunkt allgemein durchsetzende wohlfahrtsstaatliche Politik gewesen, die »zum ersten Mal die Familie als Sphäre von männlicher Reproduktion und weiblicher Hausarbeit« in Form von Kindergeld, Steuererleichterungen und später – als weibliche Arbeitskräfte nicht mehr den Männern die Arbeitsplätze wegnahmen, sondern an der Heimatfront dringend benötigt wurden – sogar durch Kinderkrippen, Kündigungsschutz und bezahlten Mutterschaftsurlaub subventionierte. Neu sei die rassistisch-sexistische Wendung dieser Politik gewesen, die zu massenhaften Zwangssterilisierungen und Morden zuerst an behinderten Kindern, später an »fremd-« und »mischrassigen« Kindern und Müttern geführt habe.

Im Gegenzug dazu argumentiere ich, dass »Aufartung«, betrieben mit Methoden moderner Wohlfahrtsstaatlichkeit, Zwangssterilisation und Mord an Behinderten, »Rasseunreinen« und »Fremdblütigen«, betrieben mit Methoden moderner Medizin, in der Nazipolitik nicht zufällig gleichzeitig auftraten, sondern strukturell zusammengehören. Beiden Phänomenen liegt eine bestimmte Konzeption von Leben zugrunde. Es handelt sich um die Idee einer rassistisch gewendeten Zucht des Volkskörpers. Das Prinzip des Volkskörpers liegt quer zur patriarchalischen Ehe und Familie. Nicht mehr uneheliche und eheliche Kinder waren die wichtigste Unterscheidung, sondern kranke und gesunde, rassereine und fremdblütige Kinder. In dieser Biopolitik schrumpfte die Rolle des Vaters auf die des Erzeugers. Die sozialstaatlichen Maßnahmen in Nazi-Deutschland förderten in der Tradition des Vitalismus das gesunde, rassereine Kind. Sie taten dies hauptsächlich, aber nicht ausschließlich, pragmatisch, aber nicht prinzipiell über eine Unterstützung der Familie, die ihre ursprüngliche Bedeutung radikal veränderte; sie verwandelte sich in eine partnerschaftliche Brutstätte für die Reinheit der Rasse. Männlichkeit und Mütterlichkeit waren die Eckpfeiler dieses neuen Reiches.

Um die Besonderheit dieser Politik zu profilieren, sei zum Vergleich noch einmal die Geschlechterpolitik des Vichy-Regimes herangezogen. Neuere Studien setzen ihren Ehrgeiz darein, die Politik des Vichy-Regimes als so nationalsozialistisch wie möglich darzustellen.[30] Ich möchte behaupten, dass es in Frankreich auch in der Zeit von Vichy keinen biologistischen Mutterkult und keine daran geknüpfte Eugenik gab. Französische Familienpolitik war immer patriarchalisch. In Frankreich hat es keine Politik der Mütterlichkeit, sondern zwei familiale Politiken gegeben. Republikanische Familienpolitik und laizistisch-katholische Familienpolitik waren sich bei allen Gegensätzen in ihrer patriarchalischen Zielsetzung einig. Das ist auch der Grund für die immer wieder hervorgehobene erstaunliche Kontinuität von Volksfront, Vichy und dem befreiten Frankreich in Sachen Familien- und Geschlechterpolitik. Ziel der neuen Ordnung Vichys waren nicht stahlharte Männer und rassebewusste Mütter, sondern die Restauration patriarchalischer Autorität, mit der die Autorität des Staates steht und fällt. Postrevolutionäre französische Politik, geprägt vom Trauma der Königsenthauptung, arbeitete unermüdlich an der Restauration des Vaters. Philippe Pétain, Familienvater und Großvater, fungierte als Vater der Nation, als »Vater aller Franzosen« – eine Rolle, die Hitler als charismatischem Führer männerbündnerischer Brüderhorden fernlag. Neu war an der Politik Vichys allenfalls der direkte massive Appell an die französischen Frauen, als Ehefrauen und Mütter das Patriarchat zu restaurieren.

Obwohl die einzelnen positiven Maßnahmen wie Mutterkreuz, Muttertag, Kindergeld, Prinzip des einen, männlichen Brotverdieners, der einen Familienlohn erhält, Darlehen zur Förderung der Ehe und sogar der kurze, per Gesetz verordnete Ausschluss der verheirateten Frauen vom Staatsdienst die Gleichen waren wie im Nationalsozialismus, hatte die Geschlechter- und Familienpolitik des Vichy-Regimes bei näherem Hinsehen ein radikal anderes Fundament als die nationalsozialistische. Die Restauration der patriarchalischen Familie über die Stärkung des *pater familias* und die Institution Ehe war das Ziel dieser Politik. Sie untermauerte damit zugleich ein Autoritätsprinzip: Der Vater prägt als Oberhaupt der Familie die Herrschaftsform des Staates vor. Die ernsthafte Erwägung einer *vote familiale*, die dem Familienvater so viele Stimmen geben sollte, wie seine Familie Mitglieder zählte, um ihm mehr politisches Gewicht als dem Junggesellen zu verleihen, zeigt das Ausmaß der zugrunde liegenden Intention. Diese Restauration war so wichtig, weil der Zusammenbruch Frankreichs als Zusammenbruch dieses politisch-familiären, Ordnung garantierenden Prinzips interpretiert wurde. Als Gattin und Mutter sollte die Französin an der Restauration der Familie und das heißt an der Restauration der politischpatriarchalischen Ordnung mitwirken.

Am klarsten lässt sich der Unterschied zwischen nationalsozialistischer Politik und Vichy-Politik an den Beurteilungskategorien für das Kind erkennen. In Frankreich ging es nach wie vor nicht um den Gegensatz von rasserein/gesund und fremdblütig/krank, sondern um den von ehelich und unehelich. Von der Gleichstellung von unehelichen und ehelichen Kindern konnte in Frankreich keine Rede sein. Deutlich zeigte dies die Aufregung über das so genannte Gesetz des Gärtners. Es handelte sich noch nicht einmal um so revolutionäre Vorstellungen wie die Gleichstellung ehelicher und unehelicher Kinder, sondern um die Möglichkeit der nachträglichen Legitimierung eines unehelichen Kindes; das Gesetz bekam seinen Namen, weil Pétain damit angeblich seinem Gärtner einen Gefallen tat. Matriarchats- und Naturrechtsüberlegungen spielten nicht die geringste Rolle. Das Kind gehörte auch nicht einer biologisch-metaphysischen Entität wie der Rasse oder dem Volkskörper, sondern über die patriarchalische Familie der Nation. Abtreibung wurde als Hochverrat mit der Todesstrafe belegt. Das Prinzip für sozialstaatliche Förderung war nicht die Rasse, sondern die Staatsangehörigkeit – kein biologisch-natürliches, sondern ein institutionelles Kriterium. Eugenische Maßnahmen, die der Reinigung des Volkskörpers oder seiner Gesunderhaltung dienen sollten, gab es unter Vichy nicht. Vitalismus und Sozialdarwinismus hatten keinen Einfluss auf die Familienpolitik dieses Regimes; es setzte altmodisch wie vor ihm die absolutistischen Regierungen auf viele Kinder in der patriarchalischen Familie. Diese zu stärken, war nach dem Willen Vichys Aufgabe der französischen Frau.

Für die nationalsozialistische Bevölkerungspolitik hingegen waren eugenische Fragen zentral, die mit einer Schwächung der patriarchalischen Familie Hand in Hand gingen. In anderer Gewichtung hatten sie bereits im radikalen Flügel der Frauenbewegung zwischen den Weltkriegen eine Rolle gespielt. Dort wurden Überlegungen zum Schutz des unehelichen Kindes und der Mutter, zur Verhütung und Abtreibung unter dem Primat weiblicher Selbstbestimmung und -verwirklichung angestellt. Die Kontrolle ihrer Sexualität sollte der Frau Unabhängigkeit vom Mann und nach Stöckers Willen erst wahre Liebe ermöglichen. Unabhängig von der Institution der patriarchalischen Familie sollten Frauen in der Vorstellung Schreibers durch staatliche Unterstützung in die Lage versetzt werden, ihr Kind zur Welt zu bringen und es gesellschaftlich geachtet und ökonomisch abgesichert großzuziehen. Mutterschaft sollte kein gesellschaftliches Todesurteil und oft genug wirtschaftliches Elend für alleinstehende Mütter bedeuten. Berufstätigkeit musste sich mit der Rolle der Mutter und Frau verbinden lassen. Stöcker hoffte, in Anlehnung an Nietzsche, auf einen neuen Übermenschen; eine richtige Menschenökonomie führt zu einem Paradies auf Erden.

Die Idee der Selbstbestimmtheit und Selbstverantwortlichkeit der Mutter fiel in der nationalsozialistischen Politik unter den Tisch. Weil es ihr nicht um Selbstbestimmtheit, sondern um die Volksgemeinschaft und die Rasse ging, ersetzte diese Politik selbstbestimmte Subjektivität und schöpferische Selbstaufopferung durch einen pseudoreligiösen Mutterkult, in dem die Mutter Trägerin reiner Rasse und Heilsbringerin durch Geburt und Opfer ihres Sohnes wurde. Paare, deren Kinder unerwünscht waren, unterlagen einem totalitären, zerstörerischen, oft vernichtenden Zugriff der Macht. Die patriarchalische Familie schwächte der Nationalsozialismus nicht der Selbstbestimmtheit der Frau, einer höheren Liebe zwischen den Geschlechtern oder einer möglichen Beziehung zwischen unehelicher Mutter und Kind zuliebe, sondern damit die Partei den stärksten emotionalen Einfluss gewinnen konnte.[31] Im Gegensatz zu den Radikalen in der Frauenbewegung, die sich im Kampf für politische, berufliche und sexuelle Gleichheit der Geschlechter lange einig gewesen waren, sahen die Nazis den wahren und einzigen Beruf der deutschen Frau in ihrem Muttersein.

> Wenn früher die liberalen intellektualistischen Frauenbewegungen in ihren Programmen viele Punkte enthielten, die ihren Ausgang vom sogenannten Geiste nahmen, dann enthält das Programm unserer nationalsozialistischen Frauenbewegung eigentlich nur einen einzigen Punkt, und dieser Punkt heißt das *Kind,* dieses kleine Wesen, das werden muss und gedeihen soll, für das der ganze Lebenskampf ja überhaupt allein einen Sinn hat.[32]

Hier konnten sie bruchlos an die Argumente der gemäßigten Frauenbewegung anschließen, für die das Wesen jeder richtigen Frau in ihrer Mütterlichkeit lag.

Die Frage nach Kontinuität oder Bruch zwischen der Politik der Mütterlichkeit und dem Nationalsozialismus wird auffällig polemisch diskutiert, weil es um das Erbe der deutschen Frauenpolitik geht. Während die eine Seite die These vertritt,[33] die Nazis hätten diese Politik mit Füßen getreten, verweist die andere auf den in vielem bruchlosen Anschluss des nationalsozialistischen Diskurses an das, was ich »Politik der Mütterlichkeit« nennen möchte. Diese bis heute in Deutschland bestimmende Richtung wird auch als ethischer Feminismus bezeichnet. Er sieht sich in einer Kontinuität mit der Frauenbewegung vor dem Zweiten Weltkrieg, ohne sich zu den krassen Differenzen innerhalb dieser Frauenbewegung und vor allem der Verschiedenheit ihrer Mutterbilder ins Verhältnis zu setzen. Der neue Mütterfeminismus der achtziger Jahre sei kaum denkbar ohne die Vorleistungen der deutschen Frauenbewegungen vor 1933, die »ihre gesamte Frauenpolitik aus einem positiven Mutterbild entwickelten«.[34] Frauenpolitik wird in dieser Tradition nicht als Interessenvertretung begriffen – das wäre unmütterlich selbstsüchtig, was Frauen nicht sein dürfen, wenn sie nicht wie Männer sein und männliche Politik machen wollen –, sondern als Kampf gegen männlichen Egoismus und Karrierismus und somit für eine bessere, mütterlichere Welt. Es ist für den ethischen Feminismus kennzeichnend, dass er an einer Mütterlichkeitspolitik als Bollwerk gegen das Böse schlechthin festhält.

Für Vertreter der Richtung des ethischen Feminismus mutierte der Nationalsozialismus unversehens zu einem Krieg von Männern gegen Mütter, unterstützt von Frauen, die ganz vermännlicht nichts mehr vom Mütterlichen an sich hatten, die nicht »an die Mütterlichkeit als Charakterzug des Weiblichen« glaubten, die selten Mütter waren und nicht wie Mütter handelten. »Sie paßten sich an männliche Politik, an männliche Berufsstrategien und männliche Rassenpolitik an.«[35] Die hier geführte Argumentation nimmt bruchlos die Vorstellungen und das Vokabular der gemäßigten Frauenbewegung vor 1933 auf: Erstens sind Mütter Männern moralisch überlegen. Zweitens ist die männliche Welt eine kalte Welt des ungezügelten Karrierismus, der kaltblütig bis zum Morden geht. Und drittens gibt es ein Wesen des Mütterlichen, von welchem das weibliche biologische Geschlecht nicht zu trennen ist. Frauen, die davon nichts an sich haben, sind unmütterlich »vermännlicht«. In dieser Argumentation hatten in der Zeit des Nationalsozialismus die als überhistorisch gesetzten, wesentlichen »Werte der Mutterschaft und der Mütterlichkeit [...] einen historisch [...] absoluten Tiefstand erreicht«. Wirkliche Mütter können in dieser Sicht per se nicht schuldig sein; schuldig können höchstens Frauen sein, die keine wirklichen Mütter sind. In einem solch normativen Verständnis von Mütterlichkeit war nationalsozialistische Politik sicher alles andere als mütterlich, kann Mütterlichkeit aber auch nicht an das weibliche Geschlecht gebunden werden, sondern muss Männern ebenso zugestanden werden. Denn nicht zuletzt deshalb, weil sich Mütter, gerade indem sie im Sinne des nationalsozialistischen Mutterkultes Mutter wurden, eben alles andere als mütterlich verhielten, konnte diese unmütterliche, besser unmenschliche Politik zum Zuge kommen.

Für die anderen war die Vernichtungspolitik des Nationalsozialismus möglich, weil die Frauen der führenden Schichten sich auf ihre Mütter- und Ehefrauenrolle beschränkten, als Nur-Mütter und Nur-Ehefrauen und nicht als Bürgerinnen agierten. Die strikte Trennung von Privatsphäre und öffentlicher Sphäre sei ein schichtenspezifisches Phänomen gewesen: Während die Familie für die Massen an Bedeutung verlor, wurde sie für die »Elite« umso wichtiger. In dieser Sicht verdankt sich die Unmenschlichkeit des Nationalsozialismus der absoluten Trennung der Sphären von Politik und Familie in den Schichten der Machthaber. Der von der Politik unberührte intakte Raum der Familie hätte als kompensatorische Rückzugsmöglichkeit reiner Menschlichkeit gedient. Weil die Frauen sich völlig aus dem öffentlichen Raum und der Politik hätten drängen lassen, hätten sie den politikfreien Raum der Familie aufrechterhalten, der es den Männern erlaubt hätte, in der Privatheit des Heims als zärtlicher Familienvater und liebender Gatte ihre Menschlichkeit auszuleben, während sie »draußen« unmenschliche Schlächter waren. In dieser Sicht tragen die Frauen die Schuld, weil sie sich auf die Verkörperung einer ihnen zugeschriebenen Geschlechterrolle beschränkten und als Mutter und Gattin eine liebende, geborgene Gegenwelt schafften. Auch die wenigen politisch aktiven Frauen wie Diehl und Scholtz-Klink wirkten an einer strengen Teilung der weiblichen und der männlichen Sphäre mit; ihre Aufgabe bestand genau darin, Frauen aus dem, was man gemeinhin als die politische Sphäre versteht, auszuschließen. Das alles war möglich, weil die bürgerlichen Frauenrechtsorganisationen nicht etwa »einen Schutzwall gegen die Einverleibung der Frauen durch das NS-Regime« gebildet, sondern im Gegenteil die Grundlage dieser Politik vor 1933 gelegt hatten, weil sie einem »Mutterschaftsideal an[hingen], das sich mit dem Hitlers und seiner Anhänger vertrug«.[36] In noch stärkerem Maße gelte dies für den Deutsch-Evangelischen Frauenbund und die evangelische Frauenhilfe, die sich schon während der Weimarer Zeit massiv gegen politische und ökonomische Gleichberechtigung gewandt und die Mütterlichkeit, jeder Karriere haushoch überlegen, als ihr ureigenstes Feld begriffen hatten.

Diese These hat den entscheidenden Vorteil, dass sie ethische Werte wie etwa den der Mütterlichkeit nicht normativ ontologisch an Geschlecht bindet. Sie argumentiert weder naturalistisch noch essenzialistisch. Sie beschreibt im Gegenteil einen Kategorienfehler, nämlich die Essenzialisierung von Rollen. Beide Theorien übersehen jedoch, dass der Nationalsozialismus als Pendant zu reiner Männlichkeit weder konventionelle Weiblichkeit propagierte noch alle Frauen zu Ohnmacht verdammte, sondern vielen Frauen durch einen massiven Mutterkult ein eigenes und neues Gewicht gab.

Ausblick

Seit dem Kriegsende ist viel Wasser den Rhein heruntergeflossen. Deutschland ist allen Sonder- und Abwegen seiner Geschichte zum Trotz ein Land mit westeuropäischen Zivilisationsstandards geworden. Und selbst in Sachen Familienpolitik hat man sich seit 2005 auf den langen und mühsamen Weg nach Westeuropa begeben. Die öffentliche Meinung hinkt dieser Entwicklung noch sehr hinterher. Aber vielleicht wird auch sie langsam den Sonderweg der deutschen Mutter verlassen und aus dem Schatten der Mutter-Kind-Ideologie heraustreten. Wenn die Familienpolitik es darauf anlegt, dass Muttersein und ein erfüllter Beruf auch für Frauen in Deutschland möglich werden und nicht mehr wie bisher die Ehe als Versorgungsinstitution sponsert, wird sich auch hierzulande nach zweihundert Jahren Stillstand, wie die einschlägige Forschung böse, aber zutreffend behauptet, etwas tun. Vielleicht denkt man in zehn Jahren auch hierzulande bei Kinderkrippe und Ganztagsschule nicht mehr sofort an Abschieben und Verwahrlosung, an Mütter, die dazuverdienen müssen, an Arme, die keine andere Wahl haben. Hoffentlich greifen diese Reformen so schnell, dass sich in der Zwischenzeit nicht noch mehr Frauen gegen Kinder glauben entscheiden zu müssen.

Es ist an der Zeit, den Blick auf die Fakten zu richten, statt sich blind von alten Idyllen leiten zu lassen, die nie wahr waren, sondern Ideologie hervorbrachten. Und wir befinden uns in der selten glücklichen Lage, gar nichts mehr riskieren zu müssen, sondern uns auf breite, flächendeckende Experimente anderer Länder stützen zu können, deren Erfolg unmittelbar einsichtig, gewissermaßen zum Anfassen ist. Die Kinder unserer französischen und dänischen Nachbarn sind nicht neurotischer als unsere Kinder; sie weisen keine Verwahrlosungserscheinungen auf, haben keine ernsthaften Leistungsblockaden und sind auch nicht emotional gestört, obwohl dort die ganztägige Betreuung in Tagesstätten und später Schulen zum Alltag gehört. Es spricht vieles dafür, dass diese Kinder sogar selbständiger und innerhalb ihrer Altersgruppe bindungsfähiger sind.

In diesen Zusammenhang gehört, dass das Selbstbewusstsein deutscher Frauen sehr zu wünschen übrig lässt; im europäischen Vergleich rangiert es ganz unten. Um daran etwas zu ändern, müsste die Frau sich aus der Zwickmühle lösen, in der sie sich entweder als Nur-Mutter bei aller Normerfüllung schlecht fühlt oder als Karrierefrau mit einem schlechten Gewissen und dem Stigma der Rabenmutter herumläuft. Die Zwickmühle, in die die vom Großteil der Männer und Frauen geteilte Mutter-Kind-Ideologie die Frauen bringt, ist eine totale No-win-Situation. Zutreffend ist sie so beschrieben worden: »Frauen sollen wie Mütter die Möglichkeit haben, berufstätig zu sein. Sie können auch eine berufliche Karriere anstreben, solange sie allein leben und keine Familie haben. Doch wenn sie Mütter werden, hat ihre Mutterrolle eindeutig Priorität vor der Berufsrolle zu haben. Eine Mutter, die das nicht tut, ist eine Rabenmutter. Eine Frau, die nicht Mutter ist, ist keine richtige Frau.«[1] Keine wirklich erheiternde Situation. Grotesk klaffen Anspruch und Wirklichkeit auseinander. Symptomatisch für dieses Auseinanderklaffen ist folgende Geschichte, die eine in Deutschland lebende französische Journalistin erzählt.[2] Als sie den deutschen Sonderweg, auf dem volle Berufstätigkeit und Kinder für unvereinbar gehalten werden, für ein französisches Publikum porträtieren wollte, wurde ihr von den Mitgliedern der Müttergruppe, die sie sich für ihre Illustration ausgesucht hatte, vorgehalten, sie habe sich keine repräsentativen Fälle ausgesucht; andere Frauen seien viel emanzipierter und könnten natürlich volle Berufstätigkeit und Kinder vereinbaren.

Tatsächlich entsprach das Verhalten dieser Gruppe bei eintretender Mutterschaft der deutschen Norm, so wie ihre empörte Reaktion ihrem schlechten Selbstgefühl entspricht. Es handelte sich um akademisch gebildete Frauen, die bei der Geburt ihres ersten Babys ihre Mutterrolle voll durchprofessionalisiert hatten und in Säuglingspflege, Kleinkinderpsychologie und Ernährungskunde nicht zu schlagen waren. Sie kauften nur in Bioläden ein und machten durch Rucksack und Gesundheitsschuhe, durch geschnittene Äpfel und Möhren in Tupperware jedem klar, dass sie Wichtigeres zu tun hatten, als sich um so etwas Oberflächliches wie Schönheit, Stil oder die Normen der Arbeitswelt zu kümmern. Sie schenkten Kinderärzten und besorgten Psychologen Glauben, die von durch frühe Trennung dauergeschädigten Kindern predigten. Schon sahen sie freudig einem längeren Erziehungsurlaub zwecks Ausbau der Mutter-Kind-Symbiose entgegen. Was danach kommen sollte, lag in weiter, nicht planbarer Ferne – schließlich hatten sie die Kinder nicht bekommen, um sie gleich wieder loszuwerden, sondern um sich als gute Mutter zu erleben und zu beweisen. Das ist nur durch eine körperliche Dauerpräsenz von vierundzwanzig Stunden in den eigenen vier Wänden oder denen befreundeter Mütter zu leisten. Kinderbetreuung, so westdeutsches Credo, darf auf keinen Fall »ausgelagert« werden. De facto waren diese Frauen mit dieser Entscheidung auf das karrieretötende Dreiphasenmodell eingeschwenkt, das weibliche Biographien der Bundesrepublik prägt. Angesichts dieser Sachlage sind flammende Plädoyers für die Freiheit der Bastelbiographie nicht allein eine feministische Sentimentalität, sondern geschlechterpolitischer Zynismus.

Die Beharrlichkeit, mit der sich die Figur der deutschen Mutter hält, liegt nicht daran, dass deutsche Politik die Mütter links liegengelassen hätte. Im Gegenteil, sie sind ein Herzstück deutscher Politik. Spätestens seit 1800 hat die Mutter eine eminent politische Funktion. Die Mütterpolitik wurde von Männern und Frauen bestimmt. In Deutschland wie in Frankreich war die Mutter die Schlüsselfigur für die Trennung der Geschlechter und den Ausschluss der Frauen aus der öffentlichen Sphäre. Anders als in Frankreich garantierte diese Eingeschlossenheit der Mutter im familiären Raum in Deutschland jedoch keine von weiblichen Einflüssen unbeeinträchtigte, vertragliche Ordnung gleicher Männer. Vielmehr sollte hierzulande die politische Sphäre aus dem außergesellschaftlichen Abseits der Familie, aus dem Abseits der Muttererziehung und Mutterliebe reformiert werden. Von Johann Heinrich Pestalozzi über Luise von Preußen bis zu den gesellschaftlich einflussreichen Frauenbewegungen, mit deren Ideologie Ina

Seidels Roman *Das Wunschkind* durchaus kompatibel war, ist die Mutter eine, wenn nicht die entscheidende gesellschaftsverbessernde, politische Kraft. Als welterrettende Agentur ist sie in protestantisch bestimmten Ländern letztes Säkularisat, verweltlichte Vernunft ehedem geistlicher Bestimmungen. In ihr schlagen religiöse Heilsversprechen in Diesseitigkeit um. Ihr Verhältnis zu ihren Kindern verkörpert das Band zwischen Staat und Bürgern. Ihre Kindererziehung sorgt für eine bessere Zukunft. Ihr Reich der Liebe erschafft im Hier und Jetzt eine bessere Welt. Dabei folgt sie nichts als der Stimme ihrer Natur. Die Mutter ist die Figur, in der Biologie ethisch und Ethik biologisch wird.

In Anbetracht dieser Situation ist es fatal, dass die bestimmende feministische Politik in Deutschland immer noch ein bioethisch begründeter Mütterfeminismus ist. Dieser partizipiert an deutscher Mütterpolitik und hält blind an der Figur der deutschen Mutter fest, statt sie zu analysieren. Statt auf biologisch vorgeprägten Wesensverschiedenheiten zu bestehen, die zivile Ungleichheit der Geschlechter nach sich ziehen, sollte man eine konsequente Politik der Gleichheit verfechten. Gleich können die Geschlechter selbstverständlich nur sein, wenn Ungleichheiten in Rechnung gestellt werden. Skeptisch sollten wir nicht auf Weltverbesserung hoffen, sondern daran arbeiten, dass Mütter als normale Erwachsene in einer Welt der normalen gesellschaftlichen Verpflichtungen, der politischen, erotischen, wirtschaftlichen Bewegungen und Attraktionen weiterleben können, statt im bestgeschützten Reservat der Welt, der deutschen Mutter-Kind-Symbiose, zu verschwinden. Die praktische Voraussetzung dafür ist ein Erziehungssystem, das zu Recht nach dem Standard des in Europa kulturell Erreichten europäisch genannt werden kann: Ganztagskinderkrippen, Ganztagskindergärten und Ganztagsschulen sind dieser Standard. Seine psychologische Voraussetzung ist ein Begriff von Mütterlichkeit, der Liebe nicht mit Dauerpräsenz verwechselt, sich Muttersein ohne Selbstaufgabe vorstellt und also Frauen kennt, die nicht grundsätzlich und wesenhaft als Mütter eine dritte Art Mensch sind.

Sicher wird noch viel Wasser den Rhein herunterfließen, bis sich eines Tages auch diesseits des Rheins die heillose Vermischung institutioneller, ethischer und pseudobiologischer Kategorien entwirrt. Vielleicht wird man auch hier eines Tages nicht mehr verstehen, wieso nur eine Geburt ohne schmerzstillende Mittel die wahre Mutter ausmacht, warum das unmittelbare Anlegen an die Brust fürs Leben prägend ist, der erste Blickkontakt zwischen Mutter und Kind für beider Beziehung grundlegend ist, die Liebesfähigkeit im Allgemeinen durch den ersten mütterlichen Körperkontakt festgelegt sein soll und das Glück des Menschen lebenslang am Rooming-in hängt. Vielleicht werden auch wir eines Tages wie unsere Nachbarn bei der Vorstellung eines dreijährigen Erziehungsurlaubs erstaunt die Augenbrauen hochziehen. Vielleicht lächelt man auch hier eines Tages ungläubig bei der Vorstellung, dass es eine Zeit gab, in der die Schulen einmal um acht, ein andermal um halb zehn beginnen und die Kinder zu jeder beliebigen Zeit nach Hause schicken konnten. Vielleicht wird auch uns das Lächeln vergehen und besorgten Falten Platz machen, wenn wir erfahren, dass Letzteres im Regelfall zwischen dreizehn und vierzehn Uhr ohne warmes Mittagessen passierte. Vielleicht stehen Frauen eines Tages nicht mehr vor der Alternative, nur Frau oder nicht ganz Frau zu sein. Vielleicht wird es auch hier einmal für Frauen normal sein, Karriere und Kinder zu haben. Vielleicht erreicht Deutschland auch in Sachen Mütterlichkeit einmal westeuropäisches Niveau. Ich hoffe, meine, unsere Kinder werden es erleben.

Danksagung

Viele Leute haben mir bei diesem Buch geholfen; einige seien genannt. Anselm Haverkamp, Gerhard Vinken und Beate Söntgen, Katharina Vinken, Bettine Menke und Barbara Hahn haben geduldig meine Ausführungen angehört und mich mit Material versorgt. Wichtige Impulse sind von einem konfliktreichen, aber spannenden Seminar in Venedig mit Ulla Haselstein und Albrecht Koschorke ausgegangen. Bei Petra Eggers möchte ich mich für ihr Vertrauen und bei Christiane Schmidt, Mechthild Modersohn und Hannes Schneider für ihre tatkräftige Unterstützung bedanken.

Anmerkungen

Einleitung: Vom ›Volk ohne Raum‹ zum ›Land ohne Leute‹

1 Darauf weist sogar der *Siebte Familienbericht – Familie zwischen Flexibilität und Verlässlichkeit*, Bundesministerium für Familie, Senioren, Frauen und Jugend, 2005 hin: »Das macht es außerordentlich wichtig, auch die politischen Strategien anderer Länder genauer zu untersuchen, insbesondere da, wo diese Länder sich zwar nicht erheblich, aber doch in bestimmten Punkten von Deutschland unterscheiden, wie etwa eine tendenziell höhere Geburtenrate oder möglicherweise geringere Einkommensdifferenzen zwischen Mann und Frau, nicht um diese Maßnahmen zu kopieren, sondern um zu lernen, wie sich solche unterschiedlichen Modelle auch in Deutschland möglicherweise entsprechend integrieren lassen.« (S. 107)

2 *Siebter Familienbericht*, S. 119.

3 Monika Bütler, »Arbeiten lohnt sich nicht – ein zweites Kind noch weniger«, in: *University of St. Gallen Department of Economics working paper series* 5 (2006).

4 Hierzu sehr witzig Thea Dorn, *Die neue F-Klasse – Wie die Zukunft von Frauen gemacht wird*, München 2006.

5 Stellungnahme der Bundesregierung zum Siebten Familienbericht, *Siebter Familienbericht – Familie zwischen Flexibilität und Verlässlichkeit*, Bundesministerium für Familie, Senioren, Frauen und Jugend, 2005, S. 23.

6 Wie das praktisch geht, zeigt sehr schön Birgit Ehrenberg, *Die Mami-Falle. Das etwas andere Handbuch für glückliche Mütter*, München 2006.

7 »Stellungnahme zum Siebten Familienbericht«, S. 11.

8 Siehe Johanna Hey, »Sind Familie und Wissenschaft als Beruf vereinbar?«, in: *Forschung und Lehre* 7 (2005), S. 355.

9 *Siebter Familienbericht*, S. 56.

10 Vgl. Institut für Demoskopie Allensbach, *Einflussfaktoren auf die Geburtenrate – Ergebnisse einer Repräsentativbefragung der 18–44-jährigen Bevölkerung*, Allensbach 2004.

11 *Die demografische Lage der Nation*, hg. vom Berlin-Institut für Bevölkerung und Entwicklung, München 2006.

12 Interessant ist hier eine schwedische Studie: Die Entscheidung für ein zweites und drittes Kind wird eher in Familien getroffen, in denen beide Eltern berufstätig sind oder in denen die Mutter ein höheres Einkommen erzielt als der Vater als in den Familien mit der klassischen Arbeitsteilung zwischen Hauptverdiener und Familienmutter. Zitiert im *Siebten Familienbericht*, S. 111.

13 Monika Sieverding, *Psychologische Barrieren in der beruflichen Entwicklung von Frauen*, Stuttgart 1990, S. 46.

Thema: Gleichberechtigung, Gleichstellung und Vereinbarkeit

1 »Die revolutionäre Rolle der Frauenerwerbsarbeit«, in: *Frauen-Beilage des Hamburger Echo* 7 (1929), zitiert nach Karen Hagemann, »Ausbildung für die ›weibliche Doppelrolle‹. Berufswünsche, Berufswahl und Berufschancen von Volksschülerinnen in der Weimarer Republik«, in: Karin Hausen (Hg.), *Geschlechterhierarchie und Arbeitsteilung. Zur Geschichte ungleicher Erwerbschancen von Männern und Frauen*, Göttingen 1993, S. 214–235, hier S. 214.

2 Zitiert nach Friedrich Bauer, »Frauen wollen beides«, in: *Frankfurter Allgemeine Zeitung*, 20. November 1996.

3 Elisabeth Motschmann, *»Nur« Hausfrau? Zeit haben für die Zukunft unserer Kinder*, Neuhausen-Stuttgart 1986, S. 15.

4 Vgl. Bundesministerium für Familie, Senioren, Frauen und Jugend (Hg.), *Gleichberechtigung von Frauen und Männern. Wirklichkeit und Einstellungen in der Bevölkerung*, Stuttgart 1995.

5 Karin Hausen, »Einleitung«, in: dies. (Hg.), *Geschlechterhierarchie und Arbeitsteilung*, a.a.O., S. 7–16, hier S. 7; vgl. dies., »Wirtschaften mit der Geschlechterordnung. Ein Essay«, ebd., S. 40–67.

6 Vgl. »Trend zu ungleichem Lohn nimmt wieder zu« (dpa-Meldung zum Bericht des Deutschen Verbandes Berufstätiger Frauen), in: *Die Tageszeitung*, 18. Oktober 1997.

7 Vgl. »Beschäftigungsgewinne sind nur die halbe Wahrheit«, *IAB Kurzbericht* 22, 24.11.2005.

8 Vgl. Brigitte Kassel, »Das Geschlecht der Qualifikation ist männlich. Ausbildung und Qualifikation in der Metallindustrie vor 1930«, in: Hausen (Hg.), *Geschlechterhierarchie und Arbeitsteilung*, a.a.O., S. 125–143.

9 Vgl. den zweiten *Bericht zur Umsetzung der Richtlinien zur beruflichen Förderung von Frauen in der Bundesverwaltung,* Bonn 1998.

10 Hausen, »Einleitung«, a.a.O., S. 8f., und dies., »Wirtschaften mit der Geschlechterordnung«, a.a.O., S. 56.

11 Vgl. Marguerite Thiibert, »The Economic Depression and the Employment of Women«, in: *International Labour Review* 27 (1933), S. 443–470 und 620–630, wieder aufgegriffen bei Karen Offen, »Body politics. Women, work and the politics of motherhood in France. 1920–1950«, in: Gisela Bock und Pat Thane (Hg.), *Maternity and Gender Politics. Women and the Rise of the European Welfare States. 1880s-1950s*, London u. a. 1991, S. 138–159, hier S. 144.

12 Hausen, »Wirtschaften mit der Geschlechterordnung«, a.a.O., S. 59.

13 Vgl. Elisabeth Meyer-Renschhausen, »Abschied von der Gleichheit. Die Neue Frauenbewegung als Gegenkultur«, in: Agnes Joester und Insa Schöningh (Hg.), *So nah beieinander und doch so fern. Frauenleben in Ost und West*, Pfaffenweiler 1992, S. 25–46.

14 Hildegard Maria Nickel, »Frauenarbeit im Beruf und in der Familie. Geschlechterpolarisierung in der DDR«, ebd., S. 11–23, hier S. 22.

15 Vgl. Ulrike Scheffer, »Frau Bankdirektorin arbeitet als Teilzeitkraft. Unternehmen und Mütter in Führungspositionen suchen nach neuen Wegen«, in: *Frankfurter Allgemeine Zeitung,* 17. Februar 1996.

16 Michel Domsch zitiert nach Petra Pinzler, »Kinder, Küche, Karriereknick«, in: *Die Zeit*, 18. Oktober 1996.

17 Vgl. »Beschäftigungsgewinne sind nur die halbe Wahrheit«, *IAB Kurzbericht* 22, 24.11.2005.

18 *Siebter Familienbericht*, S. 119.

19 Vgl. Institut National de la Statistique et des Études Économiques (INSEE) und Service des droits des femmes, *Les femmes. Portrait social*, Paris 1995, S. 134.

20 Vgl. Ute Frevert, *Frauen-Geschichte. Zwischen Bürgerlicher Verbesserung und Neuer Weiblichkeit*, Frankfurt a. M. 1986.

21 Expertise Schaeper, 2004, S. 144 des *Siebten Familienberichtes.*

22 Bundesministerium für Familie, Senioren, Frauen und Jugend (Hg.), *Familiengründung. Datensammlung*, November 1995. Vgl. *Siebter Familienbericht*, S. 183.

23 Vgl. Gisela Notz, *»Du bist als Frau um einiges mehr gebunden als der Mann«. Die Auswirkungen der Geburt des ersten Kindes auf die Lebens- und Arbeitsplanung von Müttern und Vätern*, Bonn 1991.

Vergleich: Die Familienpolitik der DDR und der BRD im europäischen Kontext

1 Siebter Familienbericht, S. 14.
2 Hans Bertram (Hg.), *Die Familie in Westdeutschland. Stabilität und Wandel familialer Lebensformen*, Opladen 1991.
3 »Familiale Arbeitsteilung in den Ländern der Europäischen Union: Länderstudie Deutschland«, DFG – Projekt, Soziologie, Uni Würzburg, www.soziologie.uni-wuerzburg.de.
4 *Kinderwunsch- und Wachstumsstudie* (1998–2000), Deutsches Ärzteblatt, 10.3.2006.
5 »Familiale Arbeitsteilung in den Ländern der Europäischen Union: Länderstudie Deutschland«, DFG – Projekt, Soziologie. Für eine grundsätzliche Infragestellung des emanzipatorischen Wertes des DDR-Projektes siehe z.B. Barbara König, »Die gemeinsamen Erfahrungen der ungleichen Schwestern. Deutsch-deutsche Familienpolitik gestern, heute und morgen«, *Zeitschrift für Sozialistische Politik und Wirtschaft* 98 (1997).
6 Bundesministerium für Familie, Senioren, Frauen und Jugend (Hg.), *Bericht der Bundesrepublik Deutschland für die 4. Weltfrauenkonferenz 1995*, a.a.O., S. 31.
7 Vgl. Statistisches Bundesamt, *Familien heute. Strukturen, Verläufe und Einstellungen*, Stuttgart 1990, S. 3.
8 Vgl. etwa Gisela Bock, »Antinatalism, Maternity and Paternity in National Socialist Racism«, in: Bock und Thane (Hg.), *Maternity and Gender Politics*, a.a.O., S. 233–255, hier S. 215.
9 Sabine Berghahn, »Frauen, Recht und langer Atem. Bilanz nach über 40 Jahren Gleichstellungsgebot in Deutschland«, in: Gisela Helwig und Hildegard Maria Nickel (Hg.), *Frauen in Deutschland. 1945–1992*, Berlin 1993, S. 71–138, hier 71.
10 Vgl. Helga Strasser, »Von wegen Privatvergnügen«, in: *Die Zeit*, 26. Januar 1996, und Jacqueline Poetschke, Leserbrief zu Ute Scheub, »Mama-Mobbing« (*Die Tageszeitung*, 30. Januar 1996), in: *Die Tageszeitung*, 8. Februar 1996.
11 Anne-Marie Cattelain, *L'Europe au féminin. 172 millions d'Européennes au jour le jour*, Paris 1992, S. 20 und 25.
12 Vgl. Presse- und Informationsamt der Bundesregierung (Hg.), *Politik für Frauen*, Bonn 1986.
13 Hans-Joachim Maaz, *Der Gefühlsstau. Ein Psychogramm der DDR*, Berlin 1990.

14 Vgl. Monika Müller-Rieger (Hg.), *Wenn Mutti früh zur Arbeit geht. Zur Geschichte des Kindergartens in der DDR*, Eine Publikation des Deutschen Hygiene-Museums Dresden, Berlin 1997.
15 Vgl. Isabelle Azoulay, *Die Gewalt des Gebärens. Streitschrift wider den Mythos der glücklichen Geburt*, München 1998.
16 Maaz, *Der Gefühlsstau*, a.a.O., S. 34.
17 Alain de Benoist, *Aus rechter Sicht. Eine kritische Anthologie zeitgenössischer Ideen*, 2 Bde., Tübingen u.a. 1983/84, hier Bd. 1, S. 363, zitiert nach Regina Benjowski, »Politik, Soziobiologie und Nouvelle Droite«, in: Leonore Siegele-Wenschkewitz und Gerda Stuchlik (Hg.), *Frauen und Faschismus in Europa. Der faschistische Körper*, Pfaffenweiler 1990, S. 237–243 hier S. 243.
18 Marianne Kempeneers und Eva Lelièvre, *Employment and Family within the Twelve*, Brüssel 1991.
19 *IAB Kurzbericht* 22, 24.11. 2005.
20 Franz Schultheis, »Fatale Strategien und ungeplante Konsequenzen beim Aushandeln familialer Risiken zwischen Mutter, Kind und Vater Staat«, in: *Soziale Welt* 38, 1987, S. 40–56.
21 Hans Bertram (Hg.), *Die Familie in Westdeutschland. Stabilität und Wandel familialer Lebensformen*, a.a.O., und Ilona Ostner, »Slow Motion. Women, Work and the Family in Germany«, in: Jane Lewis (Hg.), *Women and Social Policies in Europe. Work, Family and the State*, Aldershot und Brookfield 1993, S. 92–115.
22 Vgl. Dorothea Dieckmann, *Unter Müttern. Eine Schmähschrift*, Berlin 1993.
23 Susanne Schunter-Kleemann, »Wohlfahrtsstaat und Patriarchat. Ein Vergleich europäischer Länder«, in: Susanne Schunter-Kleemann (Hg.), *Herrenhaus Europa. Geschlechterverhältnisse im Wohlfahrtsstaat*, Berlin 1992, S. 141–327, hier S. 225.
24 Frevert, *Frauen-Geschichte*, a.a.O., S. 14.
25 Jacqueline Hénard, »Hand in Hand nach oben«, in: *Die Zeit*, 11. September 1997.
26 Domsch zitiert nach Pinzler, »Kinder, Küche, Karriereknick«, a.a.O.
27 Schunter-Kleemann, »Wohlfahrtsstaat und Patriarchat«, a.a.O., S. 145ff., und Leibfried/Ostherr, zitiert nach ebd., S. 159, 160, 162.

Werte: Ehe, Familie und das Kind

1 Franz Wuermeling zitiert nach Ingrid Langer, »Familienpolitik. Ein Kind der 50er Jahre«, in: Angela Delille und Andrea Grohn (Hg.), *Perlonzeit. Wie die Frauen ihr Wirtschaftswunder erlebten*, Berlin 1985, S. 109–119, hier S. 116; vgl. Priemel und Schuster, *Frauen zwischen Erwerbstätigkeit und Familie*, a.a.O., S. 138.

2 Norbert Blüm zitiert nach Notz, *»Du bist als Frau um einiges mehr gebunden als der Mann«*, a.a.O., S. 172.

3 Heiner Geissler zitiert nach ebd., S. 172.

4 *Die öffentliche Meinung der Europäer über die Familie und den Wunsch nach Kindern*, Brüssel 1990.

5 Vgl. Jeanne Fagnani, »Family Policies and Working Mothers. A Comparison of France and West Germany«, in: Maria Dolores García-Ramon und Janice Monk (Hg.), *Women of the European Union. The Politics of Work and Daily Life*, London und New York 1996, S. 126–137, hier S. 132.

6 *Einflussfaktoren auf die Geburtenrate – Ergebnisse einer Repräsentativbefragung der 18–44-jährigen Bevölkerung*, Institut für Demoskopie Allensbach, 2004.

7 Vgl. den Bericht des Statistischen Bundesamtes Wiesbaden, *Abstand zwischen Männer- und Frauenverdiensten*, April 1996, S. 3.

8 Margarete Landenberger, »Erziehungsurlaub. Instrument selektiver Ausgliederung und Wiedereingliederung von Frauen«, Beitrag zur Tagung des Max-Planck-Instituts für Bildungsforschung »Berufsverlauf und Familienentwicklung von Frauen« vom 23. bis 27. 10. 1989, Schloß Ringberg (Tegernsee), unveröffentl. Manuskript, zitiert nach Notz, *»Du bist als Frau um einiges mehr gebunden als der Mann«*, a.a.O., S. 173.

9 Werner Röger, unter Mitarbeit von Margot Körper-Weik, *Frauenerwerbstätigkeit und Strukturwandel in der Bundesrepublik Deutschland*, Gutachten im Auftrag des Bundesministers für Wirtschaft, Tübingen 1991, S. 123 und 134.

10 Vgl. Schunter-Kleemann, »Wohlfahrtsstaat und Patriarchat«, a.a.O., S. 160.

11 *IAB Kurzbericht*, »Beschäftigungsgewinne nur die halbe Wahrheit«, 22/24.11. 2005

12 Röger, *Frauenerwerbstätigkeit und Strukturwandel in der Bundesrepublik Deutschland*, a.a.O., S. 134.

13 Ebd., S. 161.

14 Vgl. Notz, *»Du bist als Frau um einiges mehr gebunden als der Mann«*, a.a.O., S. 193ff.

Beispiel: Die Schriftstellerin

1 Barbara Sichtermann, *Vorsicht Kind. Eine Arbeitsplatzbeschreibung für Mütter, Väter und andere*, Berlin 1982, S. 190.
2 INSEE und Service des droits des femmes, *Les femmes,* a.a.O., S. 181.
3 Bärbel Schwertfeger, »Mit der schützenden Maske der Schwachen schnurstracks in die Karrierefalle«, *Frankfurter Allgemeine Zeitung*, 10. Mai 1997, S. 47.
4 Vgl. Mark Singer, »Mom Overboard. What Do Power Women Who Decide to Quit the Fast Track Do With Themselves All Day?«, in: *The New Yorker*, 26. Februar 1996, S. 65–76.
5 August Bebel, *Die Frau und der Sozialismus* (Leipzig 1879), Berlin und Bonn 1985, S. 138.
6 Vgl. Bundesministerium für Familie, Senioren, Frauen und Jugend (Hg.), *Gleichberechtigung von Frauen und Männern*, a.a.O.
7 Immanuel Kant, *Anthropologie in pragmatischer Hinsicht* (Königsberg 1798), in: *Kant's Werke* (Akademieausgabe), Bd. 7, Berlin 1907, S. 307.
8 Friedrich Schiller, »Die berühmte Frau«, in: *Schillers Werke* (Nationalausgabe), Bd. 1, *Gedichte in der Reihenfolge ihres Erscheinens.* 1776–1799, hg. von Julius Petersen und Friedrich Beißner, Weimar 1943, S. 196–200. Vgl. Friedrich Schiller, »Würde der Frauen«, ebd., S. 240–243.
9 Jean-Jacques Rousseau, *Emil oder Über die Erziehung*, vollständige Ausgabe in neuer deutscher Fassung besorgt von Ludwig Schmidt, Paderborn u.a. [12]1995, S. 447, folgendes Zitat S. 421.
10 Vgl. Jean-Jacques Rousseau, *Emil oder Über die Erziehung*, a.a.O., S. 421 und Friedrich Schiller, »Der beste Staat«, in: *Schillers Werke*, Bd. 1, a.a.O., S. 238.
11 Schiller, »Würde der Frauen«, a.a.O.
12 Schiller, »Die berühmte Frau«, a.a.O.
13 Adela Turin (Text) und Annie Goetzinger (Zeichnungen), *Aurora. Aurore Dupin diventa George Sand*, Mailand 1978.
14 Hera Lind, *Das Superweib*, Frankfurt a.M. 1994.
15 *Die Tageszeitung. Magazin*, 18. Oktober 1997.

Epoche 1: Die reformierte Mutter (Luther)

1 Jules Michelet, *Histoire de France*, Bd. 10, *La Ligue et Henri IV*, Paris 1856, S. 101. Für die Identifikation Michelets mit Luther vgl. Éric Fauquet, *Michelet ou La gloire du professeur d'histoire*, Paris 1990, S. 200.

2 Vgl. Susanna Elm, *Virgins of God. The Making of Asceticism in Late Antiquity*, Oxford 1994.

3 Gregor von Nyssa, »Über die Jungfräulichkeit«, in: Ders., *Über das Wesen des christlichen Bekenntnisses. Über die Vollkommenheit. Über die Jungfräulichkeit*, eingel., übers. und mit Anm. vers. von Wilhelm Blum, Stuttgart 1977, S. 81–153.

4 Aurelius Augustinus, *Confessiones. Bekenntnisse. Lateinisch und deutsch*, eingel., übers. und erl. von Joseph Bernhart, München 1955, Lib. V,8,15, S. 217–219; V,9,16, S. 221; IX,8,17, S. 451; IX,9,22, S. 461.

5 Bernhard von Clairvaux, »Sermones super Cantica Canticorum. Predigten über das Hohe Lied«, in: *Sämtliche Werke. Lateinisch/deutsch*, hg. von Gerhard B. Winkler, Bd. 5 und 6, Innsbruck 1994/95, hier Bd. 5, S. 137–147.

6 Zitiert nach Jacques Maître, *L'Orpheline de la Bérésina. Thérèse de Lisieux (1873–1897). Essai de psychanalyse socio-historique*, Paris 1995, S. 30.

7 Vgl. Hoheslied 1,1, ein Vers, der durch Bernhards »Sermones super Cantica Canticorum«, a.a.O., S. 137ff., vielleicht am bekanntesten geworden ist und noch von Franz von Sales zitiert wird »Abhandlung über die Gottesliebe. Theotimus«, in: *Deutsche Ausgabe der Werke des hl. Franz von Sales*, hg. von den Oblaten des hl. Franz von Sales unter der Leitung von P. Dr. Franz Reisinger OSFS, Bd. 3 und 4, Eichstätt und Wien 1957–60, hier Bd. 4, VII,1, S. 33). Vgl. Klaus Schreiner, »Deine Brüste sind süßer als Wein. Ikonographie, religiöse Bedeutung und soziale Funktion eines Mariensymbols«, in: *Pictura quasi Fictura. Die Rolle des Bildes in der Erforschung von Alltag und Sachkultur des Mittelalters und der frühen Neuzeit*, Internationales Round-Table-Gespräch, Krems an der Donau, 3. Oktober 1994, Wien 1996, S. 89–127, ferner André Cabassut, »Une dévotion médiévale peu connue. La devotion à Jésus notre mère,« in: *Revue d'ascétique et de mystique* 25 (1949), S. 234–295, sowie Caroline Walker Bynum, *Jesus as Mother. Studies in the Spirituality of the High Middle Ages*, Berkeley, Los Angeles und London 1982.

8 Erasmus von Rotterdam, »The New Mother«, in: *The Colloquies of Erasmus*, übersetzt von Craig R. Thompson, Toronto u. a. 1997, S. 590–618.

9 Martin Luther, »Vom ehelichen Leben« (1522), in: ders., *Vom ehelichen Leben und andere Schriften über die Ehe*, hg. von Dagmar C. G. Lorenz, bibliogr. erg. Aufl., Stuttgart 1997, S. 31–44, hier S. 36.

10 Vgl. Clarissa W. Atkinson, *The Oldest Vocation. Christian Motherhood in the Middle Ages*, Ithaca und London 1991.

11 Vgl. Lyndal Roper, *Das fromme Haus. Frauen und Moral in der Reformation*, aus dem Englischen von Wolfgang Kaiser, Frankfurt a.M. und New York 1995, sowie ders., »Luther. Sex, Marriage and Motherhood«, in: *History Today* 33 (1983), S. 3–38.

12 Vgl. Allison P. Coudert, »The Myth of the Improved Status of protestant Women. The Case of the Witchcraze«, in: Jean R. Brink, Allison P. Coudert und Maryanne C. Horowitz (Hg.), *The Politics of Gender in Early Modern Europe*, Kirksville 1989, S. 61–89.

13 Donald R. Kelley, *The Beginning of Ideology. Consciousness and Society in the French Reformation,* Cambridge u.a. 1981, S. 31.

14 Albert Christian Sellner, *Immerwährender Heiligenkalender*, Frankfurt a.M. 1993, S. 388.

15 Jacobus de Voragine, *Legenda Aurea. Heiligenlegenden*, Ausw., Übers. aus dem Lat., Anm. und Nachw. von Jacques Laager, Zürich 1982, S. 384–408, bes. S. 393 ff., Zitat S. 396.

16 Sellner, *Immerwährender Heiligenkalender*, a.a.O., S. 363.

17 Dieses und die folgenden Zitate Sellner, *Immerwährender Heiligenkalender*, a.a.O., S. 363–364.

18 Antonio Romeo, »Dorotea di Montau«, in: *Bibliotheca Sanctorum*, Bd. 4, Rom [1964], Sp. 816–820.

19 Martin Luther, »Auslegung des ersten und zweiten Kapitel Johannis in Predigten 1537 und 1538«, in: *Martin Luthers Werke*, Bd. 46, Weimar 1912, S. 538–789, hier S. 663.

20 Dieses und die folgenden Zitate ders., *Ein Sermon von dem ehelichen Stand* (1519), in: ders., *Vom ehelichen Leben und andere Schriften über die Ehe*, a.a.O., S. 3–10, hier S. 6.

21 Ders., *Vom ehelichen Leben*, a.a.O., S. 35 f.

22 Ders., *Ein Sermon von dem ehelichen Stand*, a.a.O., S. 5 f. Vgl. Marianne Weber, *Ehefrau und Mutter in der Rechtsentwicklung*, Tübingen 1907, Nachdr. Aalen 1971.

23 Dieses und die folgenden Zitate Luther, *Vom ehelichen Leben*, a.a.O., S. 14 f., 17 f. und 42.

24 Ebd., S. 34 f.

25 Ders., *Ein Sermon von dem ehelichen Stand*, a.a.O., S. 8 und 10.
26 Ders., zitiert nach *Lutherlexikon*, hg. Kurt Aland, Göttingen 1983, S. 86.
27 Ders., *Ein Sermon von dem ehelichen Stand*, a.a.O., S. 9.
28 Ders., a.a.O., S. 8f.

Epoche 2 : Revolution der Mutter (Rousseau)

1 Rousseau, *Emil*, a.a.O., S. 19.
2 Ebd., S. 17f.; vgl. Jacques Derrida, *Grammatologie*, Frankfurt a.M. 1974.
3 Ebd., S. 423.
4 Rousseau, *Emil*, a.a.O., S. 389ff.
5 Vgl. Barbara Vinken, »Rhetoric, Republic, Sexual Difference«, in: Anselm Haverkamp (Hg.), *Deconstruction Is/In America*, New York (NY) 1994, S. 181–199.
6 Elisabeth Badinter, *Die Mutterliebe. Geschichte eines Gefühls vom 17. Jahrhundert bis heute*, München ^{4}1999; Philippe Aries, *Geschichte der Kindheit*, München 1975.
7 Michel Foucault, *Psychologie und Geisteskrankheit*, Frankfurt a.M. 1968, S. 122f.
8 Rousseau, *Emil*, a.a.O., S. 9.
9 Ebd.
10 Ebd., S. 399.
11 Dieses und die folgenden Zitate ebd., S. 421.
12 Ebd., S. 396.

Epoche 3: Erlösung durch die Mutter (Pestalozzi)

1 Vgl. Karl Pestalozzi, »Gesellschaftsreform im Zeichen der Mutter. Zu Johann Heinrich Pestalozzis Roman *Lienhard und Gertrud*«, in: Irmgard Roebling und Wolfram Mauser (Hg.), *Mutter und Mütterlichkeit. Wandel und Wirksamkeit einer Phantasie in der deutschen Literatur*, Würzburg 1996, S. 99–112, hier S. 100.
2 Johann Heinrich Pestalozzi, »[Weltweib und Mutter] (1804)«, in: *Werke*, nach dem Text der Erstdrucke hg. und komm. von Gertrude Cepl-Kaufmann und Manfred Windfuhr, mit einem Nachw. von Manfred Windfuhr, Bd. 2, *Schriften zur Menschenbildung und Gesellschaftsentwicklung*, München 1977, S. 127–140, hier S.133, alle folgenden Zitate S. 127–131.

3 Ders., *Lienhard und Gertrud,* in: *Werke*, a.a.O., Bd. 1, S. 9; folgende beiden Zitate S. 244.
4 Ders., »[Weltweib und Mutter]«, a.a.O., S. 128.
5 Ders., »[Denkschrift an die Pariser Freunde über Wesen und Zweck der Methode]« (1802), in: *Werke*, Bd. 2, a.a.O., S. 72–103, hier S. 102.
6 Ebd., S. 97f. und 101.
7 Ders., »Bericht an die Eltern und an das Publikum über den gegenwärtigen Zustand und die Einrichtung der Pestalozzischen Anstalt in Iferten«, in: *Werke*, Bd. 2, a.a.O., S. 219–257, hier S. 254.
8 Ders., »[Weltweib und Mutter]«, a.a.O., S. 132.
9 Ebd., S. 132f., und ders., »Bericht an die Eltern«, a.a.O., S. 253f.
10 Ders., »[Denkschrift an die Pariser Freunde]«, a.a.O., S. 98f.
11 Ders., »Vorrede zum Buch der Mütter« (1803), in: *Werke*, Bd. 2, a.a.O., S. 104–109, hier S. 106; folgendes Zitat ebd.
12 Ders. »[Denkschrift an die Pariser Freunde]« a.a.O., S. 100; folgendes Zitat ebd., S. 101; vgl. Friedrich A. Kittler, *Aufschreibesysteme 1800/1900*, München 1985, S. 60f.
13 Pestalozzi, »Vorrede zum Buch der Mütter«, a.a.O., S. 106.
14 Campe zitiert nach Sabine Toppe, »Mutterschaft und Erziehung zur Mütterlichkeit in der zweiten Hälfte des 18. Jahrhunderts«, in: *Geschichte der Mädchen- und Frauenbildung*, Bd. 1, *Vom Mittelalter bis zur Aufklärung*, hg. von Elke Kleinau, Frankfurt a.M. 1996, S. 346–359, S. 354.
15 Dieses und die folgenden Zitate nach Kittler, *Aufschreibesysteme*, a.a.O., S. 68.
16 Gustav Adolf von Harnack, *Kinderheilkunde*, 5., neubearb. Aufl., Berlin 1980, S. 11.
17 Pestalozzi, »[Weltweib und Mutter]«, a.a.O., S. 132.

Epoche 4: Adel der Mütter (Königin Luise)

1 Novalis [Friedrich von Hardenberg], »Glaube und Liebe oder Der König und die Königin«, in: *Glaube und Liebe und Politische Aphorismen* (1798), in: *Werke, Tagebücher und Briefe Friedrich von Hardenbergs*, Bd. 2, Das philosophisch-theoretische Werk, hg. von Hans-Joachim Mähl, München 1978, S. 291–304.
2 Vgl. Ethel Matala de Mazza, *Der verfaßte Körper – Zum Projekt einer organischen Gemeinschaft in der politischen Romantik*, Freiburg 1999, S. 131ff.

3 Carl Röchling, Richard Knötel und Woldemar Friedrich, *Die Königin Louise. In 50 Bildern für jung und alt*, Berlin 1896.
4 Zitiert nach Ludwig Brunier, *Louise. Eine deutsche Königin*, Bremen 1871, S. 24.
5 Novalis, »Blumen«, in: *Glaube und Liebe und Politische Aphorismen*, a.a.O., S. 288f., hier S. 288; folgende beiden Zitate ders., »Glauben und Liebe oder Der König und die Königin«, a.a.O., S. 301 und 304.
6 Brunier, *Louise*, a.a.O., S. 96.
7 Ebd., S. III.
8 Ebd.
9 Novalis, *Glaube und Liebe*, a.a.O., S. 298.
10 Brunier, *Louise*, a.a.O., S. 51.
11 Werner Hofmann, *Luther und die Folgen für die Kunst*, München 1983.
12 Novalis, *Glaube und Liebe,* a.a.O., S. 297 und das nächste Zitat Brunier, *Louise*, a.a.O., S. 29.
13 Theodor Fontane, *Schach von Wuthenow*, in: *Sämtliche Werke,* Abt. 1, *Romane, Erzählungen, Gedichte*, Bd. 1, hg. von Walter Keitel, München 1962, S. 555–684, hier S. 621f. und 666f.
14 Novalis, *Glaube und Liebe*, a.a.O., S. 299f.; folg. Zitat ebd.
15 August Wilhelm Iffland, zitiert nach Brunier, *Louise*, a.a.O., S. 18.
16 Katharina Sykora, »Ambivalente Versprechungen. Die Figur der Königin Luise im Film«, in: Barbara Determann, Ulrike Hammer und Doron Kiesel (Hg.), *Verdeckte Überlieferungen. Weiblichkeitsbilder zwischen Weimarer Republik, Nationalsozialismus und Fünfziger Jahren*, Frankfurt a.M. 1991, S. 137–168.
17 Novalis, *Glaube und Liebe,* a.a.O., S. 297.
18 Friedrich Schleiermacher zitiert nach Brunier, S. 266.
19 August Wilhelm Iffland zitiert nach Brunier, S. 261.
20 Nach Wolf Kittler, *Die Geburt des Partisanen aus dem Geiste der Poesie*, Freiburg 1987, S. 257ff.
21 Brunier, *Louise*, a. a. O., S. 218.
22 Ebd., S. 256.
23 Friedrich de la Motte Fouqué, zitiert nach ebd., S. 263.
24 Ebd., S. 23.
25 Ebd., S. VII.; vgl. Wulf Wülfing, Karin Bruns und Rolf Parr, *Historische Mythologie der Deutschen. 1798–1918*, München 1991.

Politik 1: Bürgerliche Frauenbewegung und neue Mütterlichkeit

1 Richard J. Evans, *The Feminist Movement in Germany 1894–1933*, London 1976.
2 Ann Taylor Allen, »Mother of the New Generation. Adele Schreiber, Helene Stöcker, and the Evolution of a German Idea of Motherhood. 1900–1914«, in: *Signs* 10 (1985), S. 418–438.
3 Sabine Hering, *»Makel, Mühsal, Privileg?« Eine hundertjährige Geschichte des Alleinerziehens*, Frankfurt a.M. 1998.
4 Ellen Swoboda, »Es ist an der Zeit für eine neue Frauenbewegung. Aber es ist alles schon einmal dagewesen«, in: *beiträge zur feministischen theorie und praxis* II (1988), S. 29–42.
5 Heide Schlüpmann, »Radikalisierung der Philosophie«, in: *Feministische Studien I* (1984), S. 10–32.
6 Max Planck zitiert nach Frevert, *Frauen-Geschichte*, a.a.O., S. 121.
7 Otto Gierke zitiert nach ebd., S. 121.
8 Helene Stöcker, »Zur Reform der sexuellen Ethik«, in: *Mutterschutz. Zeitschrift zur Reform der sexuellen Ethik* I (1905), S. 1–12, hier S. 6–7.
9 Hedwig Dohm, *Die Antifeministin*, Berlin 1902, S. 168.
10 Helene Stöcker, *Die Liebe und die Frauen*, München 1906, S. 7ff.
11 Gertrud Bäumer, *Frauenaufgaben im zukünftigen Deutschland*, zitiert nach Ilse Erika Korotin, *»Am Muttergeist soll die Welt genesen«. Philosophische Dispositionen zum Frauenbild im Nationalsozialismus*, Wien 1992, S. 192.
12 Irene Stoehr, »Housework and Motherhood. Debates and Policies in the Women's Movement in Imperial Germany and the Weimar Republic«, in: Gisela Bock und Pat Thane (Hg.), *Maternity and Gender Politics. Women and the Rise of the European Welfare States. 1880s-1950s*, London u.a. 1991, S. 212–232.
13 Ellen Key, »Mütterlichkeit«, in: Adele Schreiber (Hg.), *Mutterschaft. Ein Sammelwerk für die Probleme des Weibes als Mutter*, München 1912, S. 587–601, hier S. 591.
14 Vgl. Albrecht Koschorke, *Die heilige Familie und ihre Folgen – Ein Versuch*, Frankfurt a.M. 2000.
15 Ellen Key, »Mütterlichkeit«, a.a.O., S. 594.
16 Ebd., S. 593, 595f., 597ff. und 601.
17 Simone de Beauvoir, *Das andere Geschlecht*, Hamburg 1951, S. 483.
18 Gertrude Bäumer, *Frauenaufgaben im zukünftigen Deutschland*, a.a.O.

19 Helene Stöcker, *Die Liebe und die Frauen*, a.a.O., S. 155.
20 Stöcker, *Zur Reform der sexuellen Ethik*, a.a.O., S. 6 und 9.
21 Weinberg in *Die Neue Generation,* 1905, S. 317. Zitiert nach Susan Zimmermann, »Weibliches Selbstbestimmungsrecht und auf Qualität abzielende Bevölkerungspolitik«, in: *beiträge zur feministischen theorie und praxis* II (1988), S. 58.
22 Helene Stöcker, *Die Liebe und die Frauen*, a.a.O., S. 82.
23 Rosemary Betterton, »Maternal Figures. The Maternal Nude in the Work of Käthe Kollwitz and Paula Modersohn-Becker«, in: Griselda Pollock (Hg.), *Geographies*, London 1996, S. 159–179.
24 Adele Schreiber, »Mißbrauchte und unwillkommene Mutterschaft« in: Mutterschaft. S. 201–220, hier S. 204.
25 *Die Neue Generation,* 1905, S. 30 und S. 291. Zitiert nach Zimmermann, a.a.O., S. 62 und 65.
26 Stöcker, »Zur Reform der sexuellen Ethik«, a. a.O., S. 9.
27 Stöcker in: *Die Neue Generation*, 1913, S. 596f. und 599f., zitiert nach Zimmermann, a.a.O., S. 67.
28 Schreiber, »Mißbrauchte und unwillkommene Mutterschaft«, a.a.O., S. 204.
29 Susan Zimmermann, a.a.O, S. 53–72.
30 Stöcker in: *Die Neue Generation*, 1905, S. 132, zitiert nach Zimmermann, a.a.O., S. 67.

Politik 2: Inzest und totaler Krieg

1 Ina Seidel, zitiert nach Karl August Horst, *Ina Seidel. Wesen und Werk*, Stuttgart 1956, S. 41.
2 Regina Dackweiler, »Zur Rezeptionsgeschichte von Ina Seidels *Das Wunschkind*«, in: Barbara Determann u. a. (Hg.), *Verdeckte Überlieferungen. Weiblichkeitsbilder zwischen Weimarer Republik, Nationalsozialismus und fünfziger Jahren*, Frankfurt a. M. 1991, S. 83–106.
3 Irmgard Hölscher, »Geschichtskonstruktion und Weiblichkeitsbilder in Ina Seidels Roman *Das Wunschkind*«, ebd., S. 41–82.
4 Godele von der Decken, *Emanzipation auf Abwegen. Frauenkultur und Frauenliteratur im Umkreis des Nationalsozialismus,* Frankfurt a. M. 1988; Gudrun Brockhaus, »Männerbilder und weibliche Sehnsüchte. Beispiele aus der NS-Literatur von Frauen«, in: *Die Philosophin. Forum für feministische Theorie und Philosophie* 8 (1993), S. 823.

5 Ina Seidel, *Das Wunschkind*, Hamburg 1954, S. 99; folgendes Zitat S. 98.
6 Karl August Horst, *Ina Seidel. Wesen und Werk*, Stuttgart 1956, S. 41.
7 Seidel, *Das Wunschkind*, a.a.O., S. 327; folgendes Zitat S. 549.
8 Ebd., S. 536.
9 Ebd., S. 436 und 421.
10 Ebd., S. 7.
11 Ebd., S. 73.
12 Ebd.
13 Ebd., S. 11.
14 Ebd., S. 73.
15 Ebd., S. 129; folgendes Zitat S. 99.
16 Ebd., S. 132.
17 Ebd., S. 264.
18 Ebd., S. 502.
19 Ebd., S. 531.
20 Ernst Bergmann, *Die 25 Thesen der Deutschreligion. Ein Katechismus*, Breslau 1934, S. 78.
21 Seidel, *Das Wunschkind*, S. 502.
22 Ernst Bergmann, *Die 25 Thesen der Deutschreligion. Ein Katechismus*, a.a.O., S. 78.
23 Seidel, *Das Wunschkind*, a.a.O., S. 544.
24 Vgl. Victoria Schmith-Linsenhoff, »Kohl und Kollwitz. Staats- und Weiblichkeitsdiskurse in der Neuen Wache 1993«, in: Annette Graczyk (Hg.), *Das Volk. Abbild, Konstruktion, Phantasma*, Berlin 1996, S. 185–203.

Politik 3: Deutschland als Mutterland des Nationalsozialismus

1 Brockhaus, »Männerbilder und weibliche Sehnsüchte«, a.a.O.
2 Bergmann, *Erkenntnisgeist und Muttergeist*, a.a.O., S. 95; die beiden folgenden Zitate ebd. und S. 413.
3 Adolf Hitler, *Mein Kampf*, München 1943.
4 Erich Ludendorff, *Mathilde Ludendorff. Ihr Werk und Wirken*, München 1937, S. 47, 52, 60 und 196.
5 Liliane Crisp, »Modeschöpfung und Frauenbild am Beispiel von zwei nationalsozialistischen Zeitschriften. Deutsche Mutter versus Dame von Welt«, in: *Frau und Faschismus in Europa. Der faschistische Körper*, hg. von Leonore Siegele-Wenschkewitz u.a., Pfaffenweiler 1990, S. 228–235.

6 Alfred Rosenberg, *Der Mythus des 20. Jahrhunderts*, München 1942, S. 512.
7 Helene Lange, *Lebenserinnerungen*, Berlin 1925, zitiert nach Korotin, *»Am Muttergeist soll die Welt genesen«*, a.a.O., S. 191
8 Bäumer, *Frauenaufgaben im zukünftigen Deutschland*, a.a.O.
9 Lydia Gottschewski, zitiert nach Claudia Koonz, *Mütter im Vaterland. Frauen im Dritten Reich*, Reinbek bei Hamburg 1994 (1991) S. 97.
10 Ebd.
11 Hitler, *Mein Kampf*, a.a.O., S. 34.
12 *Das Schwarze Korps* vom 12. 3. 1939. Zitiert nach Liliane Crisp, a.a.O., S. 232.
13 Alfred Bäumler, *Bildung und Gesellschaft*, Berlin 1942, S. 57 und 128f.
14 Eric Rentschler, »Emotional Engineering. Hitler Youth Quex«, in: *Modernism/Modernity* 2/3 (1995) S. 23–44.
15 Bergmann, *Erkenntnis und Muttergeist*, a.a.O., S. 404; folgendes Zitat ebd.
16 Hitler, Rede vor der NS-Frauenschaft 1934, zitiert nach Ute Frevert, »Frauen an der Heimatfront«. In: Christoph Kleßmann (Hg.), *Nicht nur Hitlers Krieg. Der Zweite Weltkrieg und die Deutschen*, Düsseldorf 1989, S. 53.
17 Vgl. Sigrid Chamberlain, *Adolf Hitler, die deutsche Mutter und ihr erstes Kind. Über zwei NS-Erziehungsbücher*, Gießen 1997.
18 Bergmann, *Erkenntnis und Muttergeist*, a.a.O., S. 196.
19 Hitler, *Mein Kampf*, a.a.O., S. 769.
20 Bergmann, *Die 25 Thesen der Deutschreligion. Ein Katechismus*, a.a.O.; folgende Zitate S. 69 und 85.
21 Vgl. Irmgard Weyrather, *Muttertag und Mutterkreuz. Der Kult um die »deutsche Mutter« im Nationalsozialismus*, Frankfurt a.M. 1993.
22 Zitiert nach ebd., S. 65; folgende Zitate S. 183 und 185.
23 Alfred Bäumler, *Alfred Rosenberg und der Mythos des 20. Jahrhunderts*, München 1943, S. 84–85.
24 Bergmann, *Die 25 Thesen der Deutschreligion*, a.a.O., S. 82.
25 *Frau und Mutter. Lebensquell des Volkes*, Katalog hg. in Zusammenarbeit mit dem NSF, DAF und den Ämtern für Rassenpolitik und Schrifttumspflege, 1938, S. 94, nach Decken, *Emanzipation auf Abwegen*, a.a.O., S. 130; folgendes Zitat ebd.
26 Rosenberg, *Der Mythus des 20. Jahrhunderts*, a.a.O., S. 114; folgendes Zitat S. 511.

27 Bergmann, *Erkenntnisgeist und Muttergeist*, a.a.O., S. 43; folgendes Zitat ebd.

28 Hitler, *Mein Kampf*, a.a.O., S. 272.

29 Gisela Bock, »Antinatalism, Maternity and Paternity in National Socialist Racism«, in: dies. und Pat Thane (Hg.), *Maternity and Gender Politics. Women and the Rise of European Welfare States. 1880s–1950s*, London u.a. 1991, S. 233–255.

30 Vgl. Miranda Pollard, *Reign of Virtue. Mobilizing Gender in Vichy France*, Chicago und London 1998.

31 Peter Fritzsche, »Nazi Modern«, in: *Modernism/Modernity* 3/1 (1996), S. 1–21.

32 Hitler (1936), zitiert nach Godele von der Decken, *Emanzipation auf Abwegen*, a. a. O., S. 118.

33 Vgl. für diese Richtung stellvertretend Richard J. Evans, *The Feminist Movement in Germany 1894–1933*, London 1976, und Koonz, *Mütter im Vaterland*, a.a.O.

34 Irene Stoehr, »Mütterfeminismus. Ein alter Hut. Die Frauenbewegung und die Mütterfrage seit der Jahrhundertwende«, in: Dorothee Pass-Weingartz und Gisela Erler (Hg.), *Mütter an die Macht*, Reinbek bei Hamburg 1989, S. 73–79, hier S. 74.

35 Bock, »Antinatalism, Maternity and Paternity in National Socialist Racism«, a.a.O., S. 250f. (Übers. B. Vinken).

36 Koonz, *Mütter im Vaterland*, a.a.O.; folgendes Zitat ebd., S. 164 und 275ff.

Ausblick

1 Monika Sieverding, *Psychologische Barrieren in der beruflichen Entwicklung von Frauen – Das Beispiel der Medizinerinnen*, Stuttgart 1990, S. 46.

2 Vgl. Pascale Hugues, »Frauenfrühstück berlinois«, in: *Le bonheur allemand*, Paris 1998 (*Deutsches Glück. Reportagen*, Stuttgart [1]2000).